教育行政學

林文達 著

學歷：國立台灣師範大學教育學士、碩士
　　　美國威斯康辛大學科學碩士、哲學博士
　　　英國倫敦大學研究
現職：國立政治大學教授

三民書局印行

國家圖書館出版品預行編目資料

教育行政學／林文達著. --六版. --臺
北市：三民,民87
　　面；　　公分
ISBN 957-14-0331-8 (平裝)

網際網路位址　http://www.sanmin.com.tw

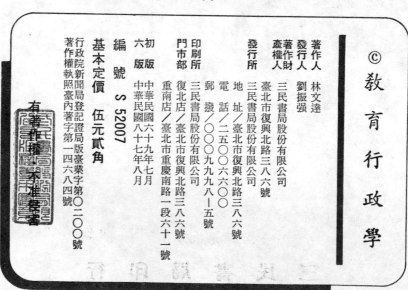

ⓒ 教育行政學

發行所　三民書局股份有限公司
　　　　地址／臺北市復興北路三八六號
　　　　電話／二五○○六六○○
　　　　郵撥／○○○九九九八─五號
印刷所　三民書局股份有限公司
門市部　復北店／臺北市復興北路三八六號
　　　　重南店／臺北市重慶南路一段六十一號

產權人財
著作　劉振強
發行人
著作人　林文達

初版　中華民國六十九年七月
六版　中華民國八十七年八月

編　號　S 52007

基本定價　伍元貳角

行政院新聞局登記證局版臺業字第○二○○號
著作權執照臺內著字第一四六八四號

ISBN 957-14-0331-8 (平裝)

自　序

　　教育問題經緯萬端，不能僅依持傳統有限的哲學，歷史及心理智識來提供一切答案。爲了解這類問題眞象，以科學方法，從多種社會科學知識中尋根究源，實有必要。

　　本書試着從旣有行政、管理、政治、經濟、財政、哲學、心理及社會等相關知識出發，描繪敎育行政的動態組成及運作基礎並儘可能使觀念迎合事實；其終極目的乃希望敎育行政能眞正成爲一門嚴謹的科學。由於實證資料有限，諸多論說固仍止於推論階段；但作者深信行遠必自邇，能朝敎育行政科學化工作邁開一步，便能心滿意足了。

　　知識浩瀚，管見偏陋，謬誤難免，尙祈不吝指正爲幸。

教育行政學　目次

附表索引

本書重要參考書目

Abmann, J. Stanley. Educational Evaluation (London:Allyn And Bacon, Inc.; 1975)

Baron, William, E. et. al. The Government And Management of School (London: The Athlone Press, University of London, 1974)

Belcher, David W. Compensation Administration (Englewood Cliffs, New Jersey: Prentice Hall, Inc.; 1977)

Bell, Robert et. al. Patterns of Education in the British Isles (London: George Allen & Unwin, 1977)

Benson, Charles S. et. al. Planning for Educational Reform: Financial And Social Alternative (New York: Dodd, Mead & Company, 1974)

Bereday, George Z. F. et. al. (ed.) Educational Planning (New York: Harcourt, Brace And World Inc., 1967)

Boles, Harold W. (ed.) Multidiciplinary Readings in Educational Leadership (New York: MSS Information Corporation, 1976)

Borich, Gary D. Appraising of Teaching Concepts And Process (California: Addison-Wesley Publishing Company, 1977)

Brown, R. G. S. The Administrative Process (London: Methnen & Co. Ltd.; 1970)

Callahan, Raymond E. Education And The Cult of Efficiency (Chiago And London: The University of Chicago Press, 1962)

Campbell, Roald F. The Organization And Schools (Columbo, Ohio:

A Bell & Howell Company, 1975)

Carter, Gwendolen M. The Government of France (New York: Harcourt Brace Jovanovich, Inc., 1972)

Casetetter, William B. The Personnell Function in Educational Administration (New York: McMillian Publishing Co., 1976)

Chapman, Richard A. The Higher Civil Service in Britain (London: The Anchor Press, Ltd., 1970)

Chase, Clinton I. Measurement of Educational Evaluation (Massachusettes: Addison Wisley Publishing Company, 1978)

Coombs, Phillip. What is Educational Planning? (Paris: UNESCO 1970)

Coombs, phillip. et. al. Managing Educational Costs (London:Oxford University Press, 1972)

Cunningham, Luvern L. et. al. (ed.) Educational Administration (Berkeley, California: Mr-Cuthan Publishing Co., 1977)

Davis, Ivor K. Objectives in Curriculum Design (Englewood: McGraw-Hill Book Company Ltd., 1976)

Faber, Charles F. et. al. Elementary School Administration (New York: Holt, Rinehart And Winston, Inc., 1970)

Frisbie, K. G. A. Study of the Functions of Supervision As perceived by principles And Teachers in Class AAA (Dissertation Abstracts Interational, Vol. 30, No. 6. 2286-A, 1969)

Gordon, Richard A. School Administration (Dubuque, Iowa: Wm C. Company, 1976)

Halls, W. D. Education; Culture And Politics in Mode ʊ France

(Oxford: Pergamon Press, 1976)

Harbison, Frederick H. Human Resources As the Wealth of Nations
(New York: Oxford University Press, 1973)

Harrison, Raymond H. Supervisery Leadership in Education (New
York: American Book Co., 1968)

Hartley, Harry J. Educational-Planning-Programming-Budgeting: A
System Approach (Englewood cliffs, N. J.: Prentice Hall, Inc., 1968)

Haubarich, Vernon F. Freedom, Bureacracy & Schooling (Washin-
gton, ASCD: NEA, 1971)

HEW Principles of Public School Accounting (U. S.: Government
Printing Office, 1967)

Hicks, Herbert G. et. al. Organization: Theory And Behavior
(New York: McGraw-Hill Company, 1975)

Hughes, Meredydd. Administering Education: International Challenge
(London W. CI: The Athlone Press, University of London, 1975)

Javis, Oscar T. et. al. Organizing, Supervising And Adminstering the
Elementary School (West Nyack: Parker Publishing Co. Inc., 1969)

Javis, Oscar T. et. al. Public School Business Administration And
Finance (West Nyack: Parker Publishing Co. Inc., 1967)

John, Roe E. et. al. The Econmics And Financing of Education
(Englewood Cliffs: Prentice Hall, Inc., 1969)

Jordan, K. Forbis et. al (ed.) Futures in School Finance: Working
Toward A Common Goal (Bloominington, Indiana: Phi Deta
Kappa, Inc., 1975)

Jordan, K. Forbis. School Business Administration (New York:

The Ronald Press Company, 1969)

Kliebard, Herbert M. "Bureacracy And Curriculum" Freedom, Bureaucracy And Schooling (ed.) Vernon F. Haubeur (Washington, D. C.: ASCD, NEA, 1971)

Knezevich, Stephen J. Administration of Public Education (New York: Harper & Rows, publishers, 1968)

Le Breton, Preston P. et. al. Planning Theory (Englewood Cliffs: N. J.: Prentice Hall, Inc. 1961)

Lawrence, Bernard. The Administration of Education in Britain (London: B. T. Batsford Ltd., 1972)

Maxon, Robert C. et. al. A System Approach to Educational Administration (Dubugul, Iowa: WMC, Brown Company Publishers, 1973)

McCarty, Donald J. et. al. New Perspectives on Teacher Education (London: Jossey-Bass Publishers, 1973)

Minoque, Martin. Documents on Contemporary British Government Vol II. Local Government in Britain (Cambridge University Press, 1977)

Morphet, Edgar L. et. al. Planning And Effecting Needed Changes in Education (New York: Citation Press, 1967)

NEA. Estimates of School Statistics (Washington: Survey of Business, 1971)

Nelson, Lloyd. School Business Administration (Lexington D. C. Heath & Company, 1972)

OECD. New Patterns of Teacher Education And Tasks (Paris:

OECD, 1974)

OECD. Recent Trends in Teacher Education (Paris: OECD, 1974)

Owen, John D. School Inequality And the Welfare State (Baltim-
ore And London: The John Hopkins Press, 1974)

Owens, Robert G. et. al. Administering Change in Schools (Engle-
wood Cliffs: Prentice-Hall, Inc., 1976)

Phillips, Gerald M. et. al. Communication in Education (New York:
Holt Rinehart And Winston, Inc., 1974)

Pigors. Paul et. al. Personnell Administration (New York: McGraw-
Hill Book Company, 1977)

Popham, W. James. Educational Evaluation (London: Elsevier
Scientific Publishing Company, 1973)

Rich, John Martin. Challenge And Response: Education in Amer-
ican Culture (New York: John Wiley & Sons, Inc., 1974)

Robbins, Stephen P. Administrative Process (Englewood Cliffs:
Prentice Hall Inc., 1976)

Roggers, Daniel C. (ed.) Economics And Education (New York:
The Free Press, 1971)

Schofield, Harry. The Philosophy of Education (London:George
Allen And Unwin Ltd., 1972)

Self, Peter. Administrative Theories And Politics (Toronto: George
Allen And Unwin Ltd., 1972)

Sorkins, Alan L. Education, Unemployment And Economic Growth
(Luxington: D. C. Heath And Company, 1974)

Taylor, William. Research And Reform in Teacher Education

(Windsor, Berks: NFER Publishing Comany, Ltd., 1978)

Thierant, Robert J. Decision-Making Through Operation Research (Taiwan:John Wiley And Sons, Inc., 1972)

Thompson, John Thomas, Policy-Making in American Public Education (Englewood Cliffs: Prentice Hall, Inc., 1976)

Vaizey, John. The Political Economy of Education (New York: John Wiley And Sons, 1972)

Weis, Carol H. Evaluation Research (Englewood Cliffs: Prentice-Hall, Inc., 1972)

Wilson, Robert E. Educational Administration (Columbs, Ohio: Charles E. Merrill Books, Inc., 1966)

第一章　教育行政學的建立與發展

　　教育行政學是行政學的一種應用科學。它的建立與發展歷程，自始即受行政學的左右。二十世紀之前，行政學未能成立爲一門獨立科學；其運用科學之一——教育行政學更乏蛛絲馬跡可尋。

　　教育行政學固然未見踪影，卻不能因此認爲無教育行政。教育是人類傳遞與改造經驗的活動；爲了使人類經驗前後相承，建立學校並辦理教育活動，即要求組織資源，處理事務。教育資源的組織及事務的處理可以看做是教育行政的基本形態。這種基本形態只見於教育行政事實，卻未有學理根據。教育行政未建立學理根據之前，爲了實施教育活動而從事行政事務處理及組織資源的活動的這一段時間可以說是以教育事務管理爲重心的時期。

　　二十世紀初葉，一般行政受了科學管理思潮影響，使行政學有了科學化的學理根據，間接也使其它應用行政戮力於澄清概念，樹立學理基礎。因此，教育行政在一般行政科學化影響下，邁入一個新的里程；它以科學行政原理爲起點，奠定了理論的初步根據。

　　科學行政過份熱衷於行政工作分析及工作效率，使行政過程陷入機

械化的泥沼，在一九三○年之後逐漸暴露了缺點。傳統人文思想在過度厭惡機械化觀念的意識形態下，再度使人的本位觀念擡頭。一九三○年代崛起的人文思想與傳統人本思想精神相同，但方法不一樣。傳統人本思想以哲學為方法；而一九三○年代崛起的人文思想改用科學方法。許多科學實驗證實了行政過程中人的因素對於行政效率具有決定性的影響。工作分析及工作效率的講求不再一味偏重一切機械化的程序的研究。凡事欲求效率尚得兼顧人的因素。人的因素及人際關係的引進增闢了教育行政學理的另一章。

自二十世紀初葉到一九五○年代，由行政程序及人的因素所做科學研究雖然奠定了教育行政理論的基礎，但由於成果有限，時機未成熟，建立教育行政學的趨力仍未形成。這段時間只能說是教育行政學理論奠基時期。

一九五○年代之後，各種科學研究方法科學化，研究成績日積月累，教育行政問題的解決逐漸由心理、哲學、財政、經濟、政治及其他科學研究獲得曙光。教育行政學的建立不再依持有限的行政原理而透過科學系統觀念及科際整合思想以開拓教育行政學理的廣泛領域。這一種系統化及科際整合的觀點使得教育行政學者能將行政事實、行政理論及科際智識融會貫通。一九五○年代之後，建立教育行政學的意圖逐漸明朗。時至今日，教育行政學已以一種嶄新的姿態出現；而在各國教育行政的理論及實際亦不斷的革新與進步；這都是有目共睹的事。

第一節　教育事務管理時期

二十世紀以前，教育行政旨在替教育活動，組合資源並且管理其有

關事務。這是偏向敎育事務管理時期。

　　敎育事務的管理在有學校之初並未設專門管理人員，亦未設置專門機關；敎育事務管理大多委由一般行政機關及一般行政人員兼理。專門負責敎育行政的機關及人員的設置應是遲至十九世紀以後的事。

　　中國秦漢之前，司徒掌五敎。所謂五敎者：父子有親，君臣有義，夫婦有別，長幼有序，朋友有信。這都是人倫，並非一般人所知的敎育。漢興太學置國子博士；隋設國子寺，置國子祭酒。國子博士及國子祭酒皆中央學官；職掌除敎育外，尚有祭祀、禮樂、選舉等。州、縣以司功為地方學官。據辭海所載，司功掌祭祀、禮樂、學校及選舉等事。唐、宋中央設禮部。禮部亦掌祭祀，朝會、學校、貢舉等事項。由此可見，中國古時敎育行政機關及人員均非專責敎育行政事項。宋立科舉。科舉制度之敎育與選舉並重，一般行政與敎育不分。此一制度一直延襲到清末廢棄。光緒二十一年廢科舉設學部；學部才能算作專責敎育性質的機關。

　　英國敎育一向由敎會及私人辦理。辦理敎育的主體，無論私人、英國敎會或異敎團體 (Non-Conformist) 均反對政府干預。政府為補助敎育曾在一八三九年設立私人委員會 (Privy Council)，但遭受激烈反對。即使由英國政府補助私人辦理敎育亦非由敎育專責機關或人員主其事。一八五六年成立敎育部 (Education Department) 之前，英國並無一專責敎育的行政機關❶。英國政府補助大學敎育是由財政部辦理而補助私人辦理學校則由一般行政官員執行。

　　美國一般行政與學校行政分開時間約在一八二七年左右。學校校長一職出現在一八三八至一八四七年間；敎育局長一職也遲到一九三九年

---

❶ Bernard Lawrence. The Administration of Education in Britain. (London: B. T. Batsford Ltd., 1972), pp. 13-14。

才設置。未設學校專責人員之前，教育行政事務是由其它行政人員兼理的。

美國聯邦一直到一八六七年才由國會立法建立教育署 (Department of Education)，但此部門仍由內政部門兼理。一九三九年教育部劃歸聯邦安全局 (Federal Security Agency)，一九五三年劃歸衞生教育福利部 (HEW)。可見，美國近代教育部門雖設專責機構，但仍與其它行政合併設置。

德國在威瑪共和國 (Weimer Republic) 時代，才於一九一九年在內政部成立文化局掌理教育決策事項；但文化局仍是與掌一般行政之內政部合爲一家。❷

綜觀中外各國，教育行政機關及人員的設立以適應事務管理的需要爲主旨。十九世紀之前多數由一般行政機關或人員兼理教育行政事務；即使在十九世紀之後設立專責機構，亦因教育事務管理不獲重視，往往與其它行政合併成爲一個行政部門。二十世紀以前，教育行政事務管理並未能成立獨立教育行政部門，其重要性之受到輕忽可見一斑。行政事實如此，理論之發展更不必置評，這也就是教育行政理論之奠基一直要延遲至二十世紀一般行政理論大力開展之時的重要理由了。

第二節　教育行政理論奠基時期

教育行政理論奠基起因於行政學理論的推展。由一九一一年行政學科學管理運動開始所展開的管理歷程分析，經過一九三〇年崛起的人際關係運動，才使教育行政學有了理論的基礎。本質上，研究教育行政的

❷ Arthur Hearchden. Education, Culture And Politics in West Germany (Oxford:Pergamon Press, 1976), pp. 3-5。

學者有一個共同的認識: 教育行政學是行政學的一門應用科學, 行政學原理自然可以適用於教育行政學; 這便是教育行政學者在建立教育行政學過程中所持的基本立場。將行政學由一九一一年到一九五〇年所研究出來的行政基本理論轉化爲教育行政可用原理遂成爲奠定教育行政理論初期的中心工作了。

　　教育行政學者將此一時期可用的行政學原理及運用合併爲二大項。一是強調科學管理精神, 二是強調人際關係精神。科學管理由泰勒 (Frederick Taylor) 開其端。他早在一八九五年卽在全美機械工程學會 (The American Society of Mechanical Engineering) 宣讀其第一篇工業論文「單價制」(Piece Rate System), 以倡行管理工作過程的分析❸。單價制旨在計量每一工作最小時間單位; 工人依其在最小時間工作單位的表現獲得應付工資。一九一一年, 他繼續發表科學管理原理 (The Principles of Scientific Management) 一書, 強調行政工作效率的重要性。爲了獲得工作效率, 行政過程及工作項目分析最需考慮。針對行政過程及工作項目加以分析就是所謂工作分析 (Job Analysis)。他認爲惟有透過工作分析才能改進行政技術, 杜絕浪費並防止無效率情事的發生。工作分析應根據下列原理:

　　一、時間研究原理　所有工作應精確分析其過程, 確立時間標準, 以爲衡量效率的指標。

　　二、分等給付原理　工資應比照其產出而給付。工人應分配以其最高能力所及的工作, 如此, 才能使每一工人發揮其最大生產力。每一工人依產出給付工資, 負擔其最高能力所及的工作; 工人將獲得最大酬

---

❸　Herbert M. Kliebard. "Bureaucracy and Curriculum Theory:Freedom, Bureaucracy, and Schooling (ed.) Venon F. Hauberiur. (Washington D. C.; ASCD, NEA. 1971), p75。

報，同時也將有最高的生產量。

三、計劃與執行分開原理 計劃應由管理人員負責；計劃需要專門知識，執行人員不克勝任。

四、科學工作方法原理 工人的工作方法應由行政人員決定。行政人員採取最有效的方法去訓練工人。

五、管理、控制原理 管理人員應施以科學行政及控制的訓練。

六、功能管理原理 重視行政功能的協調及統一。

泰勒的科學管理精神，重點放在行政技術的分析。爲了使行政發生效率，必須對於工作進行過程、項目、時間及工作量作分析和控制；要求執行者專心致志；分開計劃與管理功能，以便使計劃、研究由管理者負責，以發現最有效方法。執行者應能採用最有效技術，掌握工作程序，步步謹嚴踏實，以防止時間及精力的浪費。

踵隨泰勒之後，費葉 (Henri Fayol) 在一九一六年發表工業與一般行政 (Administiation Industriélle et Générale) 一書。他與泰勒一樣重視科學管理及行政分析。不過，泰勒對於行政管理的技術層次貢獻特多，而費氏則特別戮力於管理階層的研究。費氏認爲行政的主要過程因素爲計劃、組織、命令、協調及控制。同時，行政管理應遵循下列原則❹：

一、分工 (Division of Work) 只有透過分工才能達成專業化的目標。

二、權責分明 (Authority And Responsibility) 授權與責任是對等的。有責任必須賦以權威。有責無權或有權無責都是不適當的。

三、服從守紀 (Discipline)

---

❹ Herbert G. Hicks et. al. Organization: Theory And Behavior (New York: McGraw-Hill Company, 1975), pp. 165-6。

　　四、命令統一 (Unity of Command) 命令統一才能使行政行為上下一致。

　　五、捨小我成大我 (Subordination of Individual Interest to General Interest)

　　六、信賞必罰 (Remuneration of Personnell)

　　七、集權 (Centralization)

　　八、階級分明 (Scalar Chain)

　　九、守秩序 (Order)

　　十、公平 (Equity)

　　十一、任期保障 (Stability of Tennure of Personnell)

　　十二、制機 (Initiative)

　　十三、鼓舞士氣 (Ésprit de Coups)

　　十四、其它 (Others)

　　由所列行政管理原則，足見費葉從教育行政組織運用原則及組織行為原理方面描述加強行政效率的方法上頗有見地。分工、職責分明、服從守紀、命令統一、階級分明都可以說是行政學上部層制 (Bureaucracy) 運用的基礎。部層制一向為行政人員傳統上公認為達成行政目的最有效的組織；而費葉能以部層制特質為管理上重要運用的基礎，足見其睿智之一般。

　　教育行政受到了科學管理精神的影響，以在科學先進國家－美國表現得最為清楚。一九一〇年柏格烈出版教室管理 (Classroom Management) 一書即在要求分析學校每一單位投入的成本，使它都能獲得最大產出。泰勒科學管理原理出版後，費葉之工業與一般行政一書不久亦被譯為英文。綜合一九一一年至一九二五年間，科學管理運動在美國教育行政上所發生的影響至少有下列事實：

　　一、批評當時學校系統的浪費無效率而要求效率的觀念受到重視。爲了重視效率，當時出現了很多診斷教育效率的專家，對於學校老師要求建立一定生產力標準。對於學校建築、設備要求計算其使用率。

　　二、針對工作分析觀念提出學校活動分析、預算分析及產品程序分析等觀念。史奈敦 (David Snelden) 曾將各種行業課程標準化成爲不同脈絡 (Peth) 所組成的腱 (Strands)。每一行職業組成脈絡不同，課程設計因而不同❺。這可說是課程活動分析的代表。

　　預算及成本分析在當時更是受到普遍重視。巴比特 (Franklin Bobbitt) 計算二十五個中學數學教學單位成本約在三〇至一六九美元之數；而拉丁教學成本約爲數學教學的百分之二十卽是一個很好的例子。

　　三、講求管理效率學校的普受歡迎。這一種學校就是一九〇八年魏爾特 (William A. Wirt) 在印第安那州格里 (Gary) 地區設計出來的。後來哈特威爾 (S. C. Hartwell) 採用分隊學校 (Platoon School) 的名稱將之發揚光大。

　　分隊學校的建立基於四大原則：

　　一、全時運用學校建築　延長白天、假期、及寒暑假學校建築的運用。

　　二、學校工作人員的最大運用　採用分科、分隊充分配合課程分工。一方面發揮工作人員特長，一方面充分利用工作時間。

　　三、減少浪費　設法補救不良學習情況。

　　四、適應學童能力　提供適當教學內容，使學童獲得最大的能力適應。

　　這種學校由一九一五年開始獲得大量認識，並在一九二九年推廣到

---

❺　Herbert M. Kiebard. op. cit., pp. 85-87。

了巔峯。全美在巔峯時期有四十一個州，二百零二個市，一千個學校採用❻它。

　　一九二五年以後，科學管理運動逐漸暴露其缺點，並在一九三〇年代漸失去其影響力；但它在教育行政所播下的理論幼苗卻仍不斷在受滋潤並且繼續成長。一九五〇年代之後，當教育行政學者努力建立新學問之際，這一股力量再獲提攜，並成為以後教育行政學發展的一個主力。

　　人的因素及其在行政行為的重要性是由新古典派學者重新體認並加發揚的。一九一三年孟斯特伯里 (Hugo Munsterbery) 著心理與工業效率一書，剖析工人心理差異與工作的關係。他認為如果要發揮工人工作效率，惟有利用心理測驗，了解工人心理特質，以便安排適當的工作環境。工人心理與工作情境相互配合便是發揮工人工作效率的主要條件。一九二四年忽烈特 (M. P. Follett) 相繼發表創造的經驗 (Creative Experience) 一書。她主張由人的心理研究作為引導改進工作效率的途徑。她發現行政工作中，適當的協調以造成工作氣氛的和協有利於工作效率的提高。因此，她大膽的說：「組織原理可以包括在協調 (Coordination) 一詞之中。」新古典派的學者，無論是重視工人心理與工作配合或者強調工作協調，均以人際關係的維持與運用作為改進工作效率的重點。因之，有人將一九三〇年代以後，受人的因素影響的行政理論時期，叫做人際關係理論時期。這一個時期持續了近三十年之久。

　　人際關係理論時期，最著名的理論及實驗研究應推一九二四年至一九三二年間，梅葉 (Elton Mayo) 在美國伊利諾州西方電氣公司豪山廠 (Hawthorne Work of the Western Electric Company) 所主持的豪

---

❻　Raymond E. Callahan. Education and the Cult of Efficiency (Chicago and London: The University of Chicago Press, 1962), pp. 95–125 及 pp. 129–146。

山實驗 (Hawthorne Experiments)。此實驗計分三部份。第一部份是一九二四年所完成的；結果發現工人生產力的增進與工人工作環境中燈光的增減無關。第二部份是一九二九年所做的；報告中指出為了改善工人生產力，工人的社會及人事關係的了解及改進遠比工作環境的改善為重要。第三部份在一九三一年完成；其結論顯示，經濟因素之外，工人的社會及情感因素對於工作效率的增進具有舉足輕重的地位。此項試驗的結果打破了古典派的機械論點，同時啓開了工人內部世界的重要性。三部份的試驗說明一項事實：工作效率的增進並非如古典派學者所強調嚴謹工作分析及機械性控制卽可以獲得。工作環境及程序分析與掌握固然重要，工作主體一工人的知覺、情感及行為參與更為工作效率增進與否的關鍵所在。泰勒認為工人本身不能使工作改進；改進工作依持專才。專才研究工作方法，計劃並安排工作程序，訓練並掌握工人卽能提高工人工作效率。但是，此項實驗恰巧產生相反的結果。工作程序及環境的適當安排，如果未獲工人知覺、情感及行為參與仍不能保證有工作效率發生。工人情感的投入及行為的積極參與才是行政效率提高的關鍵所在。

人際關係理論在過份機械化的科學管理運動白熱化時，重新提出人的因素的重要，使行政理論不致畸形發展。強調人的參與及人際關係的維持，使教育行政理論在奠基時期考慮到：

一、行政決策過程為了使成員充分參與必須利用溝通及協調技術。一九四七年美國教育行政教授會議 (National Conference for Professor of Educational Administrators) 便為此撥款成立專案，研究意見溝通理論的發展。

二、為了結合行政人員的情感與期望，並使其在行政過程中自我實現，在行政組織中不僅要重視正式組織 (Formal Organization) 的健全

發展，更要求善用非正式組織 (Informal Organization) 以助行政目的之完成。

三、組織及行為效率的決定在於人員生活的適應，而不限於行政技術及經濟誘因。

不過，人際關係理論過份熱衷組織內部團體動力的維持，末免忽視組織發展的環境因素。組織發展由於環境變化加劇，如果一味加强內部動力的維持而忽視多元環境變化，終不免使組織不能適應發展及變化的需要❼。這也就是考慮人際關係理論時所不能不善自警惕的了。

第三節　教育行政學的建立及發展

教育行政學的建立並沒有一個確定的年數可以代表。二十世紀之前僅有教育行政事務管理事實，並無理論可言。二次大戰以前教育行政仍停留在談論經驗的階段。這種在學校教授行政經驗，未有理論根據作基礎的教育行政研究；柯林漢 (Luvern L. Cunningham) 把它叫做傳說故事(Folklore)。美國最先努力將教育行政由傳說故事改變成為一門科學。一九四七年美國教育行政教授會議成立，旋即接受基羅基金 (Kellog Foundation) 補助，在五所著名大學成立教育行政合作計劃 (Cooperative Program in Educational Administration) 著手教育行政學術研究。研究者即以行政學中科學管理及人際關係理論為經，再以經驗為緯著手開創教育行政理論。一九五四年美國教育行政教授會議在丹佛市召開，決定將威斯康辛大學教授郭立 (Russell T. Gregg) 及康伯 (Roald

❼　Luvern L. Cunningham et. al. (ed.) Educational Administration (Ber keley, Calif: MrCuthan Phlishing Co., 1977) pp. 247-9。

F. Campbell) 等所著教育行政行為 (Administative Behavior in Education) 一書在一九五七年出版; 這便是第一部涉及教育行政理論的書籍。一九六〇年以後美國大學便開設有教育行政理論研究課程。如果以事實上教授教育行政理論為決定建立教育行政學時間的依據,則教育行政學建立的時間應在一九五〇年代。

如果以教育行政理論奠基時期,年代又畧有不同。今日教育行政理論根據來自行政學。行政學奠基時期應在一九一〇年至一九五〇年之間。只是這一時期並未有任何人具有建立教育行政學的企圖。建立教育行政學的企圖仍在一九五〇年代以後。一九五〇年代以後,建立教育行政學由系統理論出發而系統理論的建立則在一九三三年至一九五五年之間。

柯如斯基 (Alfred Korzybski) 在一九三三年卽曾說明動態歷程的重要性; 英國更於一九四〇年代採用作業研究方法; 但系統理論引進社會科學則起於一九五五年白泰蘭菲 (Ludwig Von Butalanffy) 介紹的一般系統理論。動態歷程、作業研究卽是一般系統理論的精神。此項發現雖在一九五五年之前,但今日建立教育行政學的根本學理一系統理論則應由一九五五年白氏所提一般系統理論開始。因之,建立教育行政學由基本理論出發也應在一九五〇年代之後。

由上可見,無論就事實或理論出發,教育行政學的建立都應以一九五〇年代為標準。教育行政學自一九五〇年代著手建立,到今天已近三十年。三十年之間學者的努力加上社會科學研究成果日夥,使教育行政學領域漸漸拓寬。教育行政學術著作極多,大學無分中外都有高深研究課程; 教育行政實際亦多受教育行政學術影響; 因此,教育行政學的發展已不是三言兩語所能盡言。大致上,近三十年教育行政學的發展至少有下列幾個主要方向:

一、教育行政理論及模式的建立　　一般系統理論重視存在間相互依存、關聯及互動的歷程。爲了了解教育行政事象間相互依存、相互關係及互動屬性，只有依賴能解釋此類屬性之理論與模式的建立。一九六〇年代開始，教育行政學者卽承襲早經有的科學管理及人際關係所建樹的理論根據，企圖從各項社會科學研究成果中尋找解釋教育行政事象的各種線索，並由各種線索中創造解釋教育行政現實問題的各種模式及理論。

模式是指眞實世界的簡單說明；這種說明可以由仿製體、相似體及抽象符號來代表。教育行政所面對的眞實世界，透過模式說明卽能獲得簡要的認識。爲了解決教育行政問題，必須由各種模式建立著手。

理論一詞，據柯林格 (F. N. Kerlinger) ❽ 的解說，意指一群相關的結構、定義與命題；充分表示了因素相關及事象的一種系統觀念。此種觀念將有利於事象的解說及預測。近三十年教育行政學不斷有新的理論出現，其目的卽在對教育行政事象作充分解釋，並期能由模式運用，預測並掌握教育行政事象。

二、利用國際合作及交流，交換教育行政經驗並作理論探討　　國際合作及交流由美國大學教育行政聯合會在一九六六年創始；當年卽在美國及加拿大分別召開國際交流研究會 (International Intervision Program)，並決定以後每四年召開一次。第二屆及第三屆亦分別於一九七〇年及一九七四年在奧大利及英國召開❾。此種會議主旨在本著系統理論及科際整合的要旨，替教育行政開拓領域。

---

❽　Stephen J. Knezevich. Administration of Public Education (New York: Harper & Rows, Publishers, 1968), p 51。

❾　Meredydd Hughes Administering Education: International Challenge (London WCI: The Athlone Press, University of London, 1975), p1-3。

三、繼續科學管理理論精神　由行政技術改進轉向目標管理(Management By Objective)，追求績效責任 (Accountability) 之行政。這種理論隨著經濟學、財政學及統計學之發展在計劃、預算及資訊處理方面均有長足的進步。

四、繼續人際關係理論走向行政組織發展　(Organization Development) 之研究；組織發展研究在消除組織機械性，走向機體性❿。

組織機械性與機體性之差異，依柏尼斯 (Warren G. Bennis) 的見解是：

機械性強調個人，權威及服從，嚴格授權及責任分工，階級監督及壓制衝突等組織特性；而機體性則尊重群體關係，互信互賴，共同責任及運用交涉以協調衝突等。

佛蘭斯 (Wendall C. French) 等則以機械性爲加強權責區分、階級控制、下行命令及單一領導爲組織特性而機體性則以交互責任、溝通協調、多邊交流及集體領導爲組織特性。

二氏對機械性及機體性的描寫雖然畧有差異，但基本上都以機械性來自嚴格組織工作分析、分工及管理的科學管理精神的追求；而機體性則爲強調人際溝通及自我實現的人際關係精神的發揚。消除組織機械性走向機體性毋寧說使組織發展掀起人際關係運動高峯。

五、開拓教育行政學領域走向科際整合　教育行政不再以行政學運用爲重心。教育行政的理論將結合行政、財政、經濟、政治、法律、心理、生態及其它科學以開創新的學術領域。教育行政在利用計劃、組織領導及評鑑等活動，在教育目的與其它目的協合下，追求教育問題的圓滿解決以實踐教育目的。因此，教育行政的理論必須結合人類各方面的

---

❿　Robert G. Owens et. al. Administering Change in Schools (Englewood Cliffs: Prentice-Hall, Inc., 1976), pp. 113-114。

知識與技術,才能在各項目的協合下,眞正解決敎育問題,實踐敎育理想。

　　六、採用量化技術使敎育行政科學化　要使敎育行政邁入新的里程，走向科學化的境界，只有從量化技術的採用著手。所謂量化技術便是用數量來表示敎育行政事象，並且用模式將事象間相互關聯的特性解析出來。量化技術以敎育行政事象爲解析的客體；它是以實際發生的問題及其相互關聯的因素爲起點著手分析。其次，事象的解析是以能量化者爲範圍。量化可使事象的解析更客觀、更精確。以量化方式解析敎育行政事象將更能了解敎育行政。再者，以模式解析敎育行政事象，可使事象關係特性簡明，有利於事象的掌握與運用。因此，量化技術的採用可以使敎育行政的理解及掌握合於實際事象而至於客觀精確。

　　不過，量化技術的採用並不意味著敎育行政將忽視非量化的範圍。敎育行政採用量化技術當以強調計量研究爲優先；一切非計量方法的運用將退居次要地位。未來敎育行政不論是學理的探討或行政行爲的掌握都以量化技術的運用爲優先；只有不能以量化技術處理者才求諸其它方法。所以，其它方法如比較法及直觀法等在未來敎育行政的科學化過程中，均退居次要地位。

　　敎育行政運用量化技術以走向科學化有二個主要方向，一是以量化技術建立敎育行政的可用模式與學理根據，以便建立敎育行政理論。由量化技術所建立的敎育行政理論是以敎育行政事象爲根據，它是客觀而精確的。這種敎育行政理論是合乎科學的。二是以量化技術建立可用模式，以做爲掌握敎育行政行爲的根據。運用模式以利敎育行政行爲的掌握，將有利於行政效率的提高。因之，敎育行政運用量化技術以走向科學化的第二個方向在運用模式以促進敎育行政行爲的效率。

　　（一）以量化技術建立敎育行政模式及理論

　　建立敎育行政模式及理論由界定問題、研擬模式、考驗模式、提出

假說、證驗假說到確定理論等六個步驟始克完成。

界定問題由事實探討著手。探討事實須根據文獻檢查所了解的問題，以確定事實的範圍一包括問題有關的變數及可以量化的資料。事實的範圍確定之後卽應將可量化的資料加以檢查以便決定量化的尺度及單位。

研擬模式在尋找描繪事實相互關聯特性的方式、運用抽象符號將變數間的相關特性具體的表示出來。研擬模式卽在描繪事實間變數量的相互關聯方式。關聯方式的提出當以最能描繪事實間變數相關特性者為代表。適於量化技術的模式當以能描繪量的相關特性者為限。

考驗模式在以事實資料驗證模式的眞實性。模式的眞實性意指模式描繪事實的正確性。考驗模式可以利用二種方法。一是由事實中蒐集資料，再以資料間相關特性驗證模式的正確性。資料的蒐集可以透過調查法、直接觀察法、個案研究法及訪問法等方法去進行。採用此類方法的用意只在獲得事實資料，並由事實資料的相關分析中確實把握事實的相關特性，以便發掘一個完全符合事實的模式。

考驗模式的另一個方法是模擬。模擬在安排一個與事實相同的情境以確認事實相關特性。爲了進一步了解模式的眞實性，在第一種考驗方法之後，將有關變數安排在一個類似事實情境的模擬情境中，以證驗變數間的實際相關。模擬方法有利於模式的進一步考驗。此外，在不可能蒐集資料或利用第一種考驗的情境之下。模擬方法往往是最有效的。

模式經過考驗而確定其符合眞實情境並能描繪事實特性之後，便可以發揮二種用途。一種用途是作爲建立教育行政理論的根據，一種用途是作爲掌握行政行爲的工具。模式作爲掌握行政行爲的工具將在下文再行論述。本文將先說明模式作爲建立教育行政理論的根據。

模式是對於事實中變數相關特性的描繪，其任務只在將事實作明確

的表示；而通常模式是最簡捷的事實映象。事實的複雜相關與整體相關經由簡單的模式描繪便可一目了然。因此，它是有利於理論的建立的。理論的建立在透過定義、命題、原理及公式將事實相關及因果表示出來。模式旣是最簡捷的描繪事實相關特性的方式；模式的建立卽已成就了建立理論的初步工作。教育行政理論的建立可以利用旣經考驗的模式作基礎，由事實的解釋及推估來建立理論的架構。

模式因只限於事實相關的描繪而不作事實解釋的探討及事實因果的追踪；它的用途自然有限。它只能提供教育行政理論建立者把握事實關聯的工具罷了。

提出假說是教育行政理論建立的起步。理論建立者根據所界定的問題，澄淸觀念，並考慮可用模式之後提出事實解釋及因果問題的假說。假說的提出受觀念及模式解釋的影響。提出假說的人，往往由一些定義開始，再由定義導出不同命題，然後參照模式而提出解釋的構想。因此，同一模式，因運用的人觀念及解釋不同，均可能出現不同的假說。假說雖因人而不同，但模式是眞實的，切合模式解說的說法也只有一個。這便是假說可以因人而不同，而所要找尋的說法僅限於一個。假說是否是所要建立的原理或法則則有待進一步的證驗。

證驗假說卽在確立假說是否能充分解釋事實，指出事實的因果特性。假說如經證實是解釋事實的說法或闡明因果的學說便構成理論基礎的原理或法則，證驗假說須透過資料蒐集、分析及證驗等步驟。

資料分成二類，一是已成事實的資料，一是未成事實的資料。已成事實的資料可以透過調查、訪問及個案研究等方法進行蒐集。此類資料可用於事實的解釋及因果的推測。未成事實的資料則須要建立實驗情境，安排實驗對象在適當控制變數條件下了解事實，從中蒐集可用資料。這一類的資料適合於因果的探討，於學理之考證有莫大的助益。

　　此地資料分析旨在確定變數間的因果關聯。它不像在模式分析下的資料分析工作。模式分析所用的資料分析方法限於相關分析，因為模式的建立僅在具體表示事實的相關特性，因此，資料分析工作亦只在確認模式確能代表變數間的相關即可以滿足其要求。證驗假說的資料分析工作不可以確認事實具有相關特性便為已足；它應能指出事實的因果關係。指出因果關係的過程不只是要確認變數決定因果關係的程度，更應了解其決定量，如此，才可以真正決定假說的真實性。

　　考驗假說往往需要不斷地重複資料蒐集、分析及證驗等步驟。這是因為在考驗過程中往往受到抽樣技術限制，分析工具限制以至於影響考驗假說的準確性程度。為了使得所考驗的假說真正成為可以普遍被接受的原理或法則，應使經過證驗的原理或法則具有充分客觀性。原理或法則的客觀性是指其解釋事實的程度不因時、地及適應範圍而改變。原理或法則不能經由不斷重複蒐集資料分析及證驗步驟而繼續維持其客觀性者，是不可以做為建立理論的根據的。

　　確定理論在把和問題有關的定義、命題、模式及原理或法則滙合組成一統一而一致的結構。此一結構便是教育行政所要建立的理論。一個理論的建立牽涉到許多不同原理或法則；每一原理或法則又受到模式、命題及定義的限制。相互矛盾的定義、命題卽使有了相關的原理或法則也不可以統一成為一致性的理論。理論的建立不止要求原理或法則之間相輔相成，更要求限制原理或法則的定義、命題間不相抵斥。一個理論可以包括許多不同的模式；因為模式在表示事實的相關。它的存在是有利於理論的表達的。

　　教育行政模式及理論的建立的每一步驟均需要量化技術的幫助。量化技術可以使模式及理論的建立至於客觀與正確。

　　為了促成量化技術在教育行政模式及理論建立方面的運用，教育行

政學的研究將特別重視應用數學、統計及電腦科學智識的學習。

（二）運用模式以促進教育行政行為的效率。

模式對於教育行政行為有二種用途，一在便利行政行為的了解，一在便利行政行為的管制。這二者都可以促進行政行為的效率。

模式不論是促進行政行為的了解或管制，都可以表現在行政歷程的每一活動上面。行政歷程的活動從目標釐訂開始，經過策畫設計，決策，經領導的溝通、協調、控制、到組織與評鑑無不可以因應用模式而受益。目前透過量化技術所發展出來而可被運用的模式已經不少，以下將擇其要者就其模式內容及運用範圍加以介紹：

1. 目標具體化的模式。目標由抽象而具體以至於量化可以由宗旨 (Goal)、目的 (Aim) 導出經目標 (Objective) 至鵠的目標 (Target-objective) 而完成具體化過程，使每一個目標變成可以測量的量化目標。這種目標有利於計劃策略的研擬及產出計算。

2. 策畫的設計、選擇及決策模式通常考慮到教育行政行為的產出及投入。模式的設計主要在求出產出與投入間具有最大收益。一般考慮三種情形：一是產出一定時，要求投入最少；二是投入一定時要求產出最大，三是投入及產出二者之比率會使收益最好。這一類的可用模式極多。線性規劃 (Linear Programming) 及成本效益 (Cost-Effectiveness) 方法是最常見的；其它決策樹 (Decision Tree) 及機遇率決策技術更是比比皆是。

3. 執行管制模式應以規劃評鑑檢查技術 (Program Evaluation Review Technique) 及緊要路線法 (Critical Path Method) 為代表。這種技術適用於計劃管制及評鑑。此一模式旨在管制資源運用及調配並掌握執行進度。其它如等候技術 (Queueing Technique) 等事務管理技術在協助安排行政事務的管理。諸如此類都以促進執行效率為目標。

　以上都是目前量化技術所發展出來的可用模式；它們對於教育行政行爲的了解及管制都有莫大裨益。尤其在資源受到限制，而要求績效責任的行政思潮日漸受重視的情況下，量化技術的運用將愈形重要。爲了提高教育行政效率以量化技術發展可用模式，乃是未來教育行政學急待開展的路。

本章主要參考書目

一、Luvern L. Cunninghan et. al. (ed.) Educational Administration (Berkeley, California: MrCuthan Publishing Co. 1977)。

二、Meredydd Hughes. Administering Education: International Challenge (London WCI: The Athlone Press, University of London, 1975)。

三、Robert G. Owens et. al. Administering Changes in Schools (Englewood Cliffs: Prentice Hall, Inc., 1976)。

四、Stephen J. Knezevich. Administration of Public Education (New York: Harper & Rows, Publishers, 1968)。

第二章　教育行政學的意義與範圍

　　一九五〇年代開始，學者由系統理論出發，著手進行教育行政學的研究。系統理論強調事象間因素的相互關聯及相互作用；為求解決教育行政問題，了解教育行政事象，無不從科際智識的探討，多方觀察並理解教育行政事象。三十年來，學者從行政學、財政學、經濟學、政治學、生態學和社會學觀點去了解教育行政所面對的各種事象，採用科學方法去尋找解決教育行政所面臨問題的答案，其中不乏成果輝煌者。研究成果出版頗多，但都以某一觀點出發而探討教育行政的片面或部份事象者為主。一直到今天並沒有任何一個學者試圖將教育行政學的全貌描繪出來。所以，教育行政學的有關研究諸如行政人員行為、教育事務管理、教育視導、教育評鑑、教育領導及教育人事等理論出版品極為常見；即使針對一國教育行政事象加以報導者亦所在多有；只是從來就沒有一個教育行政學 (Science in Educational Administration) 的著作出現。

　　到底三十年來，學者由各方面探討教育行政學所獲的全部成就為何？本章即在將三十年來學者企圖利用科學方法，從科際智識各角度研

究的教育行政學的意義及範圍畧作介紹。

第一節　教育行政學的意義

　　教育行政學旨在以科際智識及科學方法為基礎，建立系統智識以了解教育行政事象，謀求教育行政之改進。

一、教育行政學是以科際智識及科學方法為研究的基礎

　　學者深信，教育行政事象受多重因素的影響，並且在各因素間相互作用及依存情況下發生。如果要了解教育行政事象，就必須由各種學理及智識觀點出發去找尋各有關的決定性及機遇性因素；因此，教育行政事象的了解就得求助於各有關科學智識，包括行政、政治、經濟、財政、心理、哲學及社會等科學。藉著科際智識的幫助，教育行政事象的相互關聯因素就不難發現。了解教育行政事象的相互關聯因素之後，教育行政的基本原理及作業法則就能獲得。理解了教育行政的基本原理及作業法則之後，教育行政的掌握也就能得心應手了。

　　教育行政採用科學方法是指推理及歸納並用，由問題的探討及發現始，再由科際智識的協助提出概念及假說，然後由教育行政事象中求證，以便獲得教育行政事象解釋的原理，並求發現其作業法則。

　　科學方法與科際智識並用以求其相輔相成是教育行政學建立學理的基本方式。

二、教育行政學在建立了解教育行政事象的系統智識

欲理解教育行政事象有三大內容：

　　（一）事實及演進　各國教育行政的存在各具特質；教育行政學在了解不同教育行政特質並追求其演進方向，以便對未來教育行政事實的發展加以定向。

　　（二）作業方式　教育行政是透過各種活動而進行；了解其進行的方式以發現其利弊，以便尋找作業改進之道。

　　（三）原理及法則　教育行政事實的結合及作業定有其共同遵循的原理及法則。這些原理及法則乃是一個優良教育行政活動的根本。理解這些原理及法則之後，辦理教育行政將能運用自如而達成目的。

　　教育行政學即在將有關教育行政事實及演進，作業方式和原理及法則作深入研究；在多因素相關聯的情境限制下，了解其眞正事象。

三、教育行政學的研究是以教育行政所有的事象為對象

　　教育行政所指爲何？爲了解教育行政學所研究的事象，應從教育行政的意義來探討。

　　教育行政原係行政觀念的運用；欲了解教育行政，就得先說明何謂行政。

　　行政一辭涵義的演進，大體上可以一九六〇年代作一個分界點。一九六〇年代以前，行政一辭的解說皆依行政功能而片面立論；一九六〇

年代以後，行政一辭的內涵則以動態組成的觀點去理解。

（一）**由功能立論解釋行政** 早期的行政觀念都將行政看做是一種對事務加以支配的行為；卽使在行政觀念邁向科學化的時期，行政一詞仍然與管理（Management）一字等而視之。尤其在一九一〇年至一九三〇年間，行政與管理常被相互運用以說明支配事務的活動。其實，從今日觀點看，行政與管理並非相同的觀念。行政範圍廣，在事務處理活動中應屬較高階層人員所做的支配事務活動；而管理一詞，則應為較低階層的技術性作業。這種將管理視同行政的說法，可謂以偏概全。

一九三〇年代到一九五〇年代之間，行政學者在管理科學機械化的缺陷暴露無遺之後，發現行政內容的另一層面——人際關係的協調及士氣的重要；這才對於行政功能的另一層次作深入探討。因此，學者才把行政看做是組織。所謂組織，在他們的觀念中是指將工作組合及將人員編組以完成任務；教育行政卽在透過組織功能集合人力物力，利用各種技術發揮人力物力的最大生產力，這便是將行政看做是組織的另一極端，在人際關係的研究中，學者發現行政過程允許工人參預決定策畧有利於增加行政效率；同時決策是行政成敗與否的關鍵；為了強調決策的重要，也有學者把行政看做是決策（Decision-Making）。所謂決策是指策畧選擇及決定的過程。策畧選擇及決定是行政成敗的樞紐，因此，行政應指決策功能。

一九五〇年代開始，另一種行政功能受到重視。行政學者發覺良好的決策，技巧的管理及妥善的組織仍未能使行政發揮最高度效率；其間，各種激勵行動的因素及手段更是行政效率的決勝關鍵。這種激發行動，運用資源以達成目的活動——領導（Leadership）才是行政的最主要功能；遂有學者把行政看做是領導。

其實，不管將行政看做是管理、組織、決策或領導，無非儘是學者

倚輕倚重的說法; 此類說法僅能晷見行政的一端而不能窺見其全貌。

　　（二）由動態組成觀念看行政　　從動態組成觀念看行政是把行政看做是一種活動歷程; 歷程中是由不同的活動因素所組成的。這種觀念最早是一九一六年由費葉所提出的。他在工業與一般行政書中指出: 行政乃是計劃、組織、命令、協調及控制等活動所組成的歷程。此種觀念經過古立克 (Luther Gulick) 等不斷努力發揚; 到了一九五〇年代漸被重視, 而在一九六〇年代科際整合及系統觀念推廣之後, 乃成爲敎育行政研究中, 對於行政觀念解說的主要論證。

　　由動態組成觀點論行政者, 雖然把行政看做是不同活動所組成的歷程; 但各家持論及時代背景不同, 有關行政活動所包含的內容, 說法也就不一致。從一九一六年到一九六七年, 各主要說法的內容經柯乃資維 (Stephen J. Knezevich) ❷ 整理之後, 臚列成一表, 轉錄如下:

　　綜觀表中各家所舉行政活動內容, 不出計劃、組織、領導及評鑑等項目。

　　決策及計劃分開提出爲一九五七年郭立 (R. T. Gregg) 所持有, 其餘各家論計劃一詞均涵蓋了決策的內容。其實, 決策一詞應由計劃所涵蓋。雖然決策與計劃所指活動不盡相同, 但決策實爲計劃活動的一環, 不必另外在計劃活動外標示決策活動, 將決策活動在計劃項下說明卽可。

　　組織一辭應指人力、物力、財力、時間及空間等資源的結合運用及其架構; 有些學者在行政過程中標出組織活動, 分別提出人力組合及及物質組合。這並沒有必要。其次, 美國敎育行政人員協會在一九五五年曾經想用資源分配一詞來替代組織活動所涵蓋的意義, 這仍不如用組織一詞恰當。因爲組織一辭實具有資源分配的意義在內, 同時組織一詞更易被人了解。然而, 資源分配一詞易於使人僅注意資源分配的行爲而忽

表一、各家論教育行政的主要活動內容表

論者	年代	活動內容
Henri Fayol	1916	Planning Organizing Commanding Coordinating Controlling
L. Gulick et L. Urwick	1937	Planning {Organizing Staffing} Directing Coordinating {Reporting Budgeting}
W. H. Newman	1950	Planning {Organizing Assembling Resources} Directing Coordinating Controlling
Jesse B. Sears	1950	Planning Organizing Directing Coordinating Controlling
AASA	1955	Planning {Allocating Resources} Stimulating Coordinating Evaluating
R. T. Gregg	1957	{Decision-Making Organizing Planning} {Communicating Influencing} Coordinating {Evaluating Appraising}
R. F. Campbell et al.	1958	{Decision-Making} Programming Stimulating Coordinating Appraising
W. H. Newman et al.	1961	Planning Organizing Leading-Controlling
R. A. Johnson et al.	1967	Planning Organizing Communicating-Controlling

視資源分配的架構；同時，這一辭字不易爲人所理解，因而在它被提出用以替代組織的觀念之後，只能曇花一現，終究不能替代組織活動的觀念。

　　一九五八年康伯等 (R. F. Campbell et al.) 用決策及規劃來替代計劃及組織二種活動也是無法被人接受的。前文提過計劃一詞遠比決策範圍廣，而規劃一詞內容究何所指也不易被人理解。因此，一九六○年代所有想用新辭彙替代計劃及組織二種活動傳統觀念的嘗試，都無結果。

　　教育行政活動中另一個重要的活動自是領導。命令、協調及控制等應是領導活動中的實質行爲，此等行爲皆爲領導的一個內容，運用領導一詞卽可將此等行爲有關的用字均包括在內。

　　從一九三七年開始，多數學者埋怨命令一詞具有專制意味，乃採用指導、激發、溝通、影響等辭彙來說明行政過程中民主領導行爲的重要，而協調一詞原係行政行爲中至關緊要者，遂一直被人所樂於沿用。控制一詞與命令同樣具專制色彩，它代表領導行爲中管制的活動；至於如何管制，各家看法不同。有些提出預算及報告的重要，有些則強調指導及控制活動的適當。如果將這些活動皆看成領導行爲中的一環，則領導一詞卽能代表行政行爲中上述有關的活動。領導的本質在激發並管制組織資源以達成組織目的，由此立論，用領導一詞來代表行政行爲中的溝通、協調、管制等活動已恰當不過了。

　　評鑑一詞，曾由少數學者提出，但一直未獲重規。一九七六年羅賓士 (Stephen P. Robbins) 在行政歷程書中，曾在計劃、組織及領導三項活動之外，特別標出評鑑 (Evaluation) 活動的重要性❶。事實上評

　　❶ Stephen P. Robbins. Administrative Process (Englewood Cliffs: Prentice Hall, 1976), p. 15。

鑑活動應與計劃、組織、領導並列。一者評鑑乃對於計劃執行的一個偵測、報告及糾正活動；它可以包括在計劃的廣義內涵上，但不能包括在計劃的初步段落。因此，將評鑑從計劃過程中提出更能切合行政的實際。二者評鑑的糾正活動固然有時由領導活動一併執行；但領導活動並不能涵蓋評鑑的全部。將評鑑獨立成一種行政活動，除了觀念上更清晰外，尚可因專門評鑑行政單位的設立而加强其活動效果。

綜上所述，行政一詞如從動態觀點立論應係指計劃、組織、領導及評鑑等重要活動。計劃中涵蓋決策活動；組織中具有資源結合的架構與方式；領導包括指導、協調、控制等活動而評鑑則為執行過程中的資訊偵測、傳送、報告與糾正。

今日教育行政已邁向系統理論及科際整合的時代，以行政中片面的功能來解說行政內涵一事已不再受重視；為了替行政一詞下定義，應從動態組成觀念著手。

動態組成觀念既將行政看做是一種歷程，歷程中是由計劃、組織、領導及評鑑等活動相互關聯所組成的，則在行政目的引導下，行政歷程應不斷進行，以追求行政目標的實現。行政目標由行政目的所嚮導：目標達成之後，目的未必完成；行政目的未完成，行政活動永不終止。任何行政活動，因階段不同而設立不同的目標；任何階段目標的達成相繼有次一階段目標的出現；而行政的終極目的，並不易達成。在行政目的引導下，行政活動因而呈現連續不斷的歷程。

行政既然是計劃、組織、領導及評鑑等活動相繼結合，以達成行政目的的連續歷程；則教育行政一詞的定義也可以由是引申而出。

教育行政所以與其它行政有別主要是因為教育行政有其自己的目的。雖然在社會整體發展之下，教育行政須兼顧其它政治、民政、財政等行政目的的實現，但教育行政仍以教育目的為主要導向南針。因此，

教育行政與其它行政的第一個區別應是目的導向的不同。教育行政是以教育目的爲導向。

其次，教育行政是以教育情境爲其生存及活動的中心，它所處理的是教育問題，而影響其活動的有關因素亦是教育情境及問題中有關的因素，這就是教育行政所以異於其它行政的第二個主要不同點。

除了所述二種主要不同點之外，教育行政仍然與一般行政一樣，須透過計劃、組織、領導及評鑑等活動不斷連續的歷程，才能達成其行政目的。本此，教育行政的定義應可以由這樣一句話來說明：

「教育行政是在教育情境及問題的限定之下，透過計劃、組織、領導及評鑑等活動以完成教育目的的連續歷程。」

準此，教育行政的定義應具有下列重要組成因素：

（一）**教育目的**　教育目的是教育行政的導向指南，卽使教育行政因各種國情、制度因素而不同，行政目的互有差異，但任何教育行政均有其特定的目的一由教育目的導出。

（二）**教育計劃**　爲了實現教育目的，教育行政應有妥切的計劃。計劃是教育行政活動的關鍵因素；良好的計劃，透過決策過程，便能產生各種教育政策；教育政策是教育行政的活動原則。爲了要釐訂出完善的教育政策，教育計劃應特別強調完整的計劃過程，而計劃過程應以教育決策爲重心。

（三）**教育組織**　教育組織是指結合人力、物力、財力、時間及空間等資源的架構和方式。因此，教育組織應包括教育組織架構及資源結合之運用方式。

（四）**教育領導**　領導是激發並管制教育組織力量以達成教育行政目標的動力；此項活動可以透過各種領導手段去進行。激發、協調、溝通、視導及控制均是領導所需的手段。

（五）教育評鑑　評鑑是對於教育計劃執行過程中資訊的偵測、傳送及糾正，使執行效果切合目標。

除了上列五種組成因素之外，教育行政應強調的是繼續不斷的活動歷程，並且歷程的發生是在教育情境及問題有關因素限定之下進行的。

學者對於教育行政的定義，雖然因所處教育情境及所面對教育問題畧有不同，但是，教育行政定義的內涵則不出所列五項組成因素。

威爾遜 (Robert E. Wilson) 在教育行政一書中指出「教育行政是將一個學校組織中全部學童所需良好教學的一切力量協調成統一的計劃，以便完成學校目標，並確保目標充分的實現❷。

威爾遜與許多美國學者一樣，所談論的教育行政偏向學校行政；這是因為美國是地方分權的國家，一般行政組織及其功能較少受人重視，因此，談到教育行政組織，逐以學校組織為主。定義中，威爾遜除了強調教育行政是在學校組織中發生外，也以學校目標做為行政活動導向的指南；教育行政既以學校組織為情境，教育目的逐也採用學校目標為南針。當然，在教育行政一辭的理解上，不應限定在狹隘的學校行政；威爾遜以學校目標代替教育目的，以學校組織代替教育組織，只能解釋教育行政之學校行政部份，換句話說，威爾遜是以學校行政為教育行政才會有如是的定義。

至於行政過程所需的計劃及領導活動，從威爾遜的定義中也可看出。他認為教育行政必須將一個學校組織中全部學童所需良好教學的一切力量協調成統一的計劃，這便是他強調教育行政過程領導及計劃因素的地位。不過他以協調一詞來解說領導活動，僅能道出領導的一面。在教育行政程序中，有些國家的領導中央特別尊重地方，上級特別尊重下級，

❷　Robert E. Wilson. Educational Administration (Columbus, Ohio: Charles E. Merrill Books, Inc., 1966), p.9。

不採用監督的字彙來表示上級對下級的權限而以協調作為公共活動的基礎；但協調並不能涵蓋領導的全部意義。威爾遜以美國學校行政為基礎，特別強調學校組織行為中協調以獲共同行動的重要，遂以協調標出領導的內涵；他忽略了學校行政中一般行政領導一督導及指導等的重要性。同時，他也未說明評鑑的重要性。

柯乃資維 (Stephen J. Knezevich) 也是一個美國教育行政學者。他在公共教育行政書中並未替教育行政下定義。他也僅替學校行政下定義，和威爾遜一樣，將學校行政與教育行政看做一件事。

柯氏指出：「學校行政是在一個統一的系統（學校）中，創造、維持、激發、控制及聯合正式與非正式組織的人力及物力，以達成既定目標的社會歷程。」❸ 定義中，他標示出學校行政是一種社會歷程。學校是社會的雛形，個人在學校中社會化而社會化的過程是一繼續不斷的歷程；學校行政的過程在使個人社會化，其歷程也是不斷進行的。學校行政歷程在達成學校系統既定目標，因之它是以學校目標為導向的。他描寫學校組織分成二方面：一是正式組織，一是非正式組織；這在定義中失之過繁。其次，他又把組織中的資源分成人力及物力。其實組織運用的資源在人力及物力之外，尚有由時間及空間表示的資源。定義中採用列舉法猶可，如欲強行舉出全部項目，未免失之偏。

組織一詞不止涵蓋組織架構，又包括組織資源及二者的交互作用，大可不必為其架構、資源及二者之交互作用在定義內多費周章，否則，定義將冗長而不簡潔，偏舉而不周全，有違定義的本意。柯氏對組織的描繪即犯下此項錯誤。

另外，他用創造、維持、激發、控制及聯合等詞彙來解釋組織行為

---

❸　Luvern L. Cunninghan. et. al. (ed.) Educational Administration (Berkeley, California: MrCuthan Publishing Co., 1977), pp. 302-9。

中領導的活動，也與他替組織解說一樣失之過於繁瑣。創造、維持、激發、控制及聯合都是組織中領導行為的一端；想將領導行為全部列舉，並納入定義之中，著實不可能。這種定義方法極易引發誤解，使人認為領導行為僅限於他所列舉的活動項目而誤入歧途。另外，他也未提評鑑活動。

最近另一美國學者尹莫葛 (Glen L. Immegart) 在教育行政研究文中，對教育行政作一個非學校行政的定義。他認為「教育行政是關係教育運作或一個教育組織所有事務的組織、指導、控制及管理。」這一個定義與前引二學者偏重學校行政定義者有別。它是一個可適用於學校行政及一般教育行政的定義。定義中，他指出教育行政是以教育運作及教育組織為範圍；這說明決定教育行政的情境及因素。同時，教育行政活動中，他列舉組織、指導、控制及管理活動實已涵蓋組織及領導行為的大部。只是全部定義中，他並不替教育行政目的、計劃、評鑑安排其應有地位，實在不當。

由上列美國學者對於教育行政的定義可見，多數替教育行政下定義的學者，往往因受到經驗及環境限制，將教育行政與學校行政視為一體；即使未將二者視為一體，也因觀念不清，未能道出教育行政的全部內涵。

美國以外的國家，對於教育行政學研究尚未有成就，很難舉出一個具有代表性的定義。但在未來教育行政的定義中，一個較能為人接受的定義至少應滿足下列條件：

（一）定義不僅能解說學校行政，又能充分說明一般教育行政。

（二）定義須能標出教育行政特色與其它政治、外交、經濟及財務行政有別。

（三）定義須簡賅而能充分說明教育行政的主要活動內涵。它至少

應包括目的導向、計劃、組織、領導及評鑑。

　　（四）定義須强調教育行政繼續的活動歷程。

　　基於上列四個條件，本書教育行政的定義將以「教育行政是在教育情境及問題限定之下，透過計劃、組織、領導及評鑑等活動以完成教育目的的連續歷程」爲初步結語。

　　教育行政學既然以教育行政事象爲研究對象，顯然，在教育歷程中，舉凡發生在教育目的之釐訂、教育計劃、教育組織、教育領導及教育評鑑等活動之一切事象，均在研究之列。

四、教育行政學的研究在謀求教育行政之改進

　　教育行政學是一種運用科學。它了解現有教育行政事象，並不在接受其事實，而是在了解其事實及演進動向，以作未來行政導向的指南，了解其作業方式以謀取改善之途徑，了解其基本原理與法則以作興替之更張。

第二節　教育行政學研究的範圍

　　教育行政學是以教育行政事象爲研究對象。教育行政事象有五個主要範圍：教育行政目的、教育計劃、教育組織、教育領導及教育評鑑。

　　教育行政目的源自教育目的。教育目的因學者論點不一而有不同說法。教育行政固然在實施教育目的，其行政目的的決定也就離不開各種教育目的的討論。探討不同時代、人物及國家的教育目的，以做爲決定教育行政目的的基礎應是教育行政的一種研究課題。

其次，教育行政乃國家實施教育目的的工具。一國立國皆有其理想；教育的運用旨在實現其立國理想；除外，爲了與世界各國並駕齊驅，一國的教育理想必須與各國教育理想相互配合，因此，教育行政研究的另一課題應是找尋各國教育目的發展的事實及動向，以做爲決定一國教育行政目的的參考。再者，爲了使教育行政目的獲得實施，其釐訂方式亦應成爲教育行政研究的課題之一。

教育行政目的研究約有上述三種範圍，本書第三章教育行政目的將僅以一般教育目的爲基礎，引申理論教育目的，並探討英、美、法三國教育行政目的發展方向，以觀測未來教育行政目的的動向。有關理論教育目的的討論及教育行政目的的釐訂及實施則不論述。

教育計劃所探討的主要課題應包括教育目標的釐訂、策略的研擬、決策、實施及控制、再設計等項目；舉凡各國有關上列項目的作業均應予以分析，以便了解作業的優劣，提出改進之道。本書第四章教育計劃將先介紹教育計劃的基本概念，再就實施教育計劃的作業方式、原則及預算作淺近的說明。至於計劃其它主要課題，實非本書所能盡述。

教育組織是指人力、物力、財力、時間及空間等各項資源的結合方式及運用情形。它應包括資源結合相互依存的一種架構 (Frame-Work)、資源運用及資源在這一架構中交互作用而產生的一些功能。因此，本書第五章討論教育組織的理論及其架構，先從組織的原理及法則說起，再解析合於原理及法則的組織架構，然後，以各國教育行政事象作爲印證。其目的在替教育行政組織架構作一簡畧的描繪，以做爲了解教育組織的基本知識。最後當然希望透過教育組織架構的理解，讓有志者深入研究以找尋改進教育組織行爲的方法。接著在第六章本書將把教育資源運用的基本概念作一簡介，做爲解釋組織資源運用的一個起點。

至於教育資源在教育組織架構中的結合及其所發揮的功能，可以從

二方面來討論。人力以外，不論財力、物力、時間或空間等資源大致可以區分爲二類：一是由經費所表示的資源。這一類資源的運用及管理應是教育行政學所探討的。本書第七章教育經費的籌措與分配就是針對這一個題目而發揮的。內容除了討論教育經費籌措及分配的基本概念之外，更由英、美、法三國教育經費的籌措及分配事實的研討，進而發現可供教育行政運用經費的參考資料。

另一類不能以經費表示的資源，其管理應是教育行政的重要課題。本書將以第八章教育事務管理專文引介。教育事務管理將事務分成業務及庶務；二者的管理方式是不同的。

人應是組織中最具重要性的資源。他的養成及運用攸關組織成敗。本書將於第九章教育人力的培育及運用中畧作介紹。

教育領導可以說是決定教育行政成敗的重要關鍵。領導者、領導方式及情境都可能決定領導行爲的效果。如何才能產生有效的教育領導？其中相關因素極多。目前許多學者從因素分析及科際知識出發去了解領導的實質，發現雖然不少，但並未有定論。本書第十章教育領導將介紹領導的基本概念及其在教育上的運用。由於教育領導研究不多，迄未有若何成就，因此，本書內容偏向一般領導概念的說明。

教育評鑑可以說是決定教育行政執行效果的關鍵。本書第十一章將簡介教育評鑑的作業方式，以做爲執行教育評鑑的參考。

教育行政學在五種主要範圍內研究主題極多，本書所介紹的僅限於目前筆者有限時間及資料所整理而出者，其內容自然有限。

除了五種主要研究範圍外，有關教育行政學史的一面，也是教育行政學應討論的題目。本書第一章遂先介紹教育行政學的建立及發展。再者，教育行政欲成立一門科學必先正名。正名的行動在確定教育行政學的內涵及本質。由於國內外均未曾替教育行政學驗明正身。作者乃不揣

淺陋，在第二章塑造了教育行政學的意義與範圍，以便拋磚引玉。

本書僅摘要選論教育行政學五種範圍的部份主題。最後，除了表明全書十一章並不能涵蓋教育行政學所有主要課題外，但願今後有人將教育行政學的基礎學科與研究方法陸續介紹，以裨益教育行政學的催生工作。

本章主要參考書目

一、Robert E. Wilson Educational Administration (Columbus, Ohio: Charles E. Merrill Books, Inc., 1966)。

二、Stephen J. Knezevich. Administration of Public Education (New York: Harper & Rows, Publishers, 1969)。

三、Luvern L. Cunninghan. et. al. Educational Administration (Berkeley, California: MrCuthan Publishing Co., 1977)。

第三章　教育行政目的

　　教育行政是由教育目的做導向的。理論上，教育行政卽在實施教育目的；因此，教育行政目的可從教育目的導出。由教育目的導出的教育行政目的可以說是理論的教育行政目的。實際上，各國教育行政目的與理論教育行政目的未必能全部脗合；本章因此將先由教育目的導出理論教育行政目的，然後再討論各國教育行政目的。

第一節　理論教育行政目的

　　教育行政是以教育目的爲導向的。教育行政歷程中的主要活動由計劃、組織、領導到評鑑無非在實施教育目的。

　　教育目的因學者立論不同，自古衆說紛紜，莫衷一是。教育行政既以執行教育目的爲任務；一旦目的不同，行政活動安排也自有別。教育以人爲對象；如果由受教對象來說明教育目的，大體可從二方面著眼。一個是由個體立論；一個則由群體解說。

個體係指受教育的個人。個體天生因機體結構及其功能差異而具有不同發展潛力。教育的目的之一卽在使得個體稟賦的潛力獲得自我實現的機會。教育行政卽在透過計劃、組織、領導及評鑑過程安排個人獲得充分發展的機會。以教育力量使個人獲得充分發展與自我實現的機會應是教育行政的第一個主要目的。

群體是指個體共同生活所形成的有機結合體。個體為了從事共同活動而結合成家庭、社團及國家。組成結合體的個人是相互關聯、相互依存與相互作用的。組成家庭的個人角色分明，彼此間活動息息相關，思想與行為交互作用；同時，每一家庭成員間維繫著井然有序的體系。社團及國家亦然。這種具有角色分明，活動相關及井然有序的體系的特性皆說明個體為共同活動所組成的結合體是一種有機的結構。

任何有機的結構仍然有目的作導向，群體既是由個體共同活動所結合而成的有機結合體，自然有其導向的目的產生。人類為共同生活所形成的群體，不論是家庭、社團、各種社會或國家皆會有不同的目的形成。為了這些目的能圓滿獲得實現，群體必須借助於各種行政力量。教育行政僅是群體賴以進行其目的的行政力量之一。

教育行政僅是行政的一種，群體目的能經由教育行政力量去實現者亦僅限於群體的教育目的。

群體的第一主要目的卽是自我生存。群體共同活動的第一要求卽是希望群體生命的綿延不絕。共同活動的結果產生群體所賴以維繫的理念及生活模式。理念的形成為群體共同生活的最高指針。最高指針為公同生活的最根本力量。它在群體生活中無所不在。它是群體生命所繫、亦是群體生命的源泉。家庭所賴以維持生存的最高指針應是骨肉親情，社會所賴以維持生存的最高指針是倫理道德，國家所賴以維繫生存的最高指針則為建國主義或理念。為了達到群體自我生存的目的，群體必須透

過教育力量，將生活最高指針普遍深植於個體的心坎並且使其影響生活的每一個角落。這便是以教育力量來達成群體的政治目的。

其次，群體共同生活的模式、言論與思想，在不斷獲得個體的適應、協調、改進之後亦成為群□生活中個體所□接受的各種生活標準。這些生活標準是群體所賴以維持合理性的行為的根據；群體也希望透過教育力量將它們深植於成員心坎上，使它們成為規範群體行為的根據。以教育力量來傳遞並發揚群體生活標準可以說是群體利用教育來達成文化目的。

除了群體自我生存外，群體生活的繁榮應是群體進一步追求的目的。

群體的繁榮植基於社會的財政及經濟活動的推進。群體的繁榮不止在求生活的富，更希望富能為個體所共同分享。由個體分享富的結果便是均。群體繁榮的目的是富與均。利用教育使群體既富又均也是群體運用教育力量的另一目的。

由群體自我生存及繁榮所衍生的教育目的兼具政治、文化及財政、經濟目的；則群體利用教育計劃、組織、領導及評鑑來實施教育目的亦應以實現群體的政治目的、文化目的及財政、經濟目的為要務。

總之，由受教對象來觀察教育行政目的可歸納為四：一是教育行政在促進個體充分自我實現。二是教育行政在實現政治目的。三是教育行政在實現文化目的。四是教育行政在實現財政、經濟目的。

一、教育行政在促進個體充分自我實現

個體充分自我實現所指為何？自從實施目標教學及績效責任之後，為了充分實現並發展個體潛能，學者從多方面研擬個體自我實現的

目標。一九五六年布倫 (B. S. Bloom) 首先探討個體認知範圍 (Cogn-itive Domain) 的能力分類; 希望由這些分類導引出教學目標, 使得教學有助於個體自我實現。一九六四年又有柯累渥 (D. R. Krathwohle) 等對於個體情意範圍 (Affective Domain) 作項目分析, 來探討人類潛能發展的另一層面。一九七二年哈羅 (A. J. Harrow) 又從心動範圍 (Psychomotor Domain) 解說人的潛能❶。這些目標項目, 無非針對人的潛能加以刻劃, 並希望經由這些方面設計教學目標, 然後利用教學計劃來達成個人潛力開發的目的。但是, 任何目標分類皆不能對人類整體潛力作充分的描繪, 由這些目標作導向從事教學, 自然不可能充分發展個體潛能。

當然, 從具體項目分析探討人類潛能發展方向是有助於個體發展的。不過如果能由教育行政措施透過計劃、組織及領導使教育資源更有利於個體潛能充分發展, 將必更具宏效。

個體潛能發展不外基於三種假定: 一是個體具有不同潛力; 而且個體間充分顯示個別差異。二是個體雖具不同能力, 但不同能力間的發展是相輔相成的; 因此, 整體發展甚為重要。三是個體不論能力大小, 都應有充分的發展機會。

根據三種假定, 教育行政從教學組織及教育制度方面可以有不同的策略運用, 以促成個體發展的目的的實現。

初等教育方面, 教學組織為了適應個別差異, 在縱的組織方面有不分級學校(Non-Graded School) 及複級學校 (Multi-Graded School) 等安排。在橫的組織方面則有協合分組 (Homogeneous Sectionning), 合作教學 (Cooperative Teaching) 及差異分組 (Heterogeneous

❶ Ivor K. Davis. Objectives in Curriculum Design (England: McGraw-Hill Book Company Ltd., 1976), pp. 148-9。

Sectionning) 等措施。爲了適應整體發展，在縱的組織方面有分級學校 (Graded School) 而橫的組織方面亦有個別教室 (Self-Contained classroom) 組織❷。爲了使個體不論能力大小都有充分發展機會，在初等教育教學方面亦有特殊教育組織給不同智力者和不同肢體能力者自我實現的機會。

中等教育階段學校教學組織亦常依學生性向分別施以不同教育，以迎合個體差異、整體及充分發展的需要。法國中學分古典、技術及現代三種類型；此外，尚有專爲技術及師範教育而設立的中學。英國亦有文法中學、現代中學及綜合中學之設立，以滿足個體差異、整體及充分發展的需要。美國中學分科，多方適應個體需求更是不遺餘力。

近年大學教育組織的發展，由單一組織到聯合結構，逐漸擴大規模，增加專業系科；由單一價值到複價值體系，從主價值發展到附價值的增加；由非專業到專業化，分科分系，以實現多種功能，滿足多種需要，並由功能分歧中，經協調獲得統一。這一切無不以適應個體差異、整體及充分發展的需要爲前提。

此外，窺諸初等教育、中等教育到高等教育制度的演變中，謀求教育機會的增加所作的努力，不僅重視常態個體亦同時兼顧特殊兒童。

總之，教育行政爲了促進個體充分自我實現的教育目的，乃從決策上不斷提供個體差異、整體及充分發展的教育機會。

二、教育行政在達成政治目的

政治目的起因於群體欲求個體體認群體活動的最高指針。群體經由

❷ Oscar T. Javis et. al. Organizing, and Administering the Elementary School (West Nyack: Parker Publishing Co. Inc., 1969), pp.64-65。

教育力量要求個體認識群體的最高活動指針，並以之作為共同活動的最後依據。這便是教育的政治目的。今日組織的形態中，國家往往是結合各種群體的核心。國家也就要求其涵蓋的任何群體以其最高活動指針為所有群體的行為依據。一切群體的活動皆以歸附國家最高活動指針為原則。這便是國家要求教育行政去追求的政治目的。

每一個國家建國皆設有最高活動指導方針，凡服膺國家最高指導方針的國民便是公民。一個人生而為一國國民，但由國民變成為公民仍然有一段時間；這段時間中，國家要透過教育行政力量使一個國民轉變為接受並實踐國家最高活動指針的公民。杜威在民本主義與教育書中提出教育二種結果，即在造成公民（Citizenship）及具有社會效率（Social Efficiency）的人。公民的養成便是國家對於其國民所殷懷的政治期望。這個期望的實施有賴於教育。透過教育力量達成這一個期望乃是教育行政的重要工作。甚於這項理由，任何國家皆以養成公民為教育行政的最重要目的。當然，每一個國家對於養成公民的條件常有不同。這些條件皆透過學校政治課程而實施。除外，社會教育往往是教育行政用以達成政治目的的最有力工具。國家最高活動指針常經由全生涯而不拘方式的社會教育，使國民心領神會而奉行不渝。

三、教育行政在實踐文化目的

文化是由許多因素及特質所組成。這些因素及特質係人類行為、思想及言論的精華所構成的。社會學者如愛麗生（Davis Allison）以人類公同認可的行為來解釋文化❸。他認為人與他所處的群相一致的行為即

---

❸ Harry Schofield. The Philosophy of Education: George Allen And Unwin Ltd., 1972), p. 108。

是文化。人在群體中共同生活、產生一些公同認可而要求一致的行爲標
準，如習俗、制度、法規等皆構成人類文化的一部份，這些共同認可的
行爲，在群體中不止要能被接受，尙且要求能不斷適應新的改變。教育
的功能卽在使群中的個人接受群體行爲的標準，並適應環境，加以協調
與改變。

　　文化學者如馬度（Arnold Mathew）則以爲文化是過去言論與思想
的精華。人類古往聖哲睿智思考及言語亦構成人類共同認可的行爲標
準，如哲學、宗教等之類；除外，它們亦帶來了人類文化美的因素如文
學、藝術及音樂等。這些思想與言論的結晶亦構成人類文化特質的一部
份，必須借助於教育力量以期保存並發揚光大其效果。

　　當然，文化的精華不論來自行爲或言論、思想都是群體共同生活所
產生的。群體由小而大，由小的社會到大的國家，甚至於全人類，歷經
千萬年的歲月，也不知累積了多少文化。一個國家辦理教育行政所欲擔
負文化傳遞及發揚的責任就更爲艱巨。一個國家首先，應就國內代代相
傳的文化加以整理以求存精去蕪；其次，應使國內文化與人類全體文化
相銜接，以求人類文化的整體生存。教育行政的文化目的不止在保存並
發揚一國的文化，更要求實踐人類整體文化的精粹。因此，教育行政的
文化目的具有双重任務，一是對內的，一是對外的。對內旨在求一國文
化的整理、保存及發揚。對外則以文化交流與發展以追求全人類文化精
神的實現。

四、教育行政的財政、經濟目的

　　教育行政的財政、經濟目的在利用教育力量完成富與均。由教育力
量求富卽經由教育措施促進經濟穩定並成長。

　　經濟成長是世界各國財經政策所共同追求的目的之一。經濟成長泛指國民總生產量的增加。爲了求得人民生活改善並且眞正享受經濟成長的福祉，在求富過程中，更要求人民能充分就業，物價穩定。在物價穩定、人民充分就業情況下所獲的經濟成長才是財經政策運用的目的。運用教育力量協助完成求富的目的，自以求得經濟穩定並成長爲至要。

　　水能載舟亦能覆舟。教育對於經濟穩定並成長也與水及舟間的關係相似。教育可以促進經濟穩定並成長；可是教育投資不當則會得到相反的結果。換言之，教育可以有利於經濟穩定並成長，亦可能不利於經濟穩定並成長。

　　教育對於經濟穩定並成長是有利的。這一句話有二層意義。一是指教育有利於經濟成長。一是指教育有助於經濟穩定。

　　教育有利於經濟成長大體可由兩方面觀察。一方面受過教育者獲取所得的能力增加；個人獲取所得能力增加即可導致經濟成長。教育行政爲了完成財經目的必須以配合經濟發展需要的教育，增加個人獲取所得的能力，使國民經濟獲得成長。另一方面，受過教育者因爲人力資本形成的結果，發揮資本生產的功能，導致國民經濟成長。教育行政爲了完成財經目的必須適量的增加人力資本的累積，提高國民受教年限及內容，增加國民人力資本儲量，使國民經濟獲得成長。

　　教育有利於經濟穩定是因爲教育具有調節人力及轉變個人行爲二種功能。教育是一種規模極爲龐大的產業。這一產業雇用人力極多；同時，它也是大量儲備人力的場所。教育行政即在以教育產業作爲人力市場供需調節的緩衝地，運用彈性學制，人力規劃技術及人力運用方法調節潛在勞動力及實際勞動力的供需，使人力高度發揮生產力。這便是教育行政運用教育力量達成人力調節功能，實踐經濟穩定的財政、經濟目的。

　　教育可以改變個人行爲；它對於個人生產及消費行爲具有極大的影

響力量。教育行政卽在運用生計教育，培養個人正確投資觀念及工作熱忱並養成正當的消費習慣，以實踐經濟的穩定目的。

教育不利於經濟穩定並成長主要有下列五種情況❹。

（一）教育不足

教育不足指經濟、社會發展需要某類科學智能及技術的人員，而人員因教育投資不足造成低生產力或者因所需人力未經投資養成，以致所需人力無法取得。教育不足是不利於經濟穩定並成長的，貧窮國家及封閉社會往往不能踵隨世界經濟發展之後，策勵教育充分投資，極易產生教育不足現象。

（二）教育過多

教育過多是決策者過份熱衷教育投資所造成的結果。經社發展並未達到一個特定階段，決策者一味強調教育，以致教育超前過多，導致投資浪費，並妨碍其它投資機會，影響全體經濟成長。

（三）名器教育

名器教育是形式教育的代號，受教育者把教育看做是名貴寶器；旣得之，便覺身價百倍，待價而沽。這種結果是因受教者錯覺及不良社會態度所造成的。有些國家，往往受教育者受過教育後便以為自己身價不同，不自動參與經建行列，並自持一定工作待遇，寧失業而不願屈就低待遇工作。據席爾（Seers）報告，一九六九至一九七〇年的一次調查顯示，錫蘭許多受過大量教育者寧願失業不願屈就手工藝工作，導致國內幾乎有五十萬人失業情況下，錫蘭政府還得由印度招徠數千個場地作業人員。這便是名器教育的最佳寫照。

（四）教育利益外移

---

❹　林文達，教育財政學研究（臺北：教育部計劃小組，六十七年十二月），頁六十三—六十四。

教育利益外移，是投資地區付出成本，教育利益卻由其它地區獲得。這種教育投資是一種損失。留學生在本國受教育後，遠留他國，使本國喪失投資成本，又不獲投資利益，便是教育利益外移的說明。

（五）呆板的教育制度

呆板的教育制度是指學生入學、畢業、課程及教育時間缺乏彈性，不能因應經濟、社會發展需要。此種教育制度無法發揮人力調節功能。

教育行政為了避免教育不利於經濟穩定並成長，亟應著手計劃，使人力與經濟發展配合；建立彈性學制，改變國民生產觀念，避免發生上述五項結果。

由教育力量求取國民財富差異減少卽在使國民所得及財富經由教育程序獲得重新分配。

教育對於國民所得及財富不止有消極的重分配效果，也有積極的重分配效果。教育由於本身是一種公共財，它和其它公共財一樣可以經由公共收入來支持與經營。其經費的籌措及分配過程中，凡關於重分配的有關公共政策措施包括租稅移轉 (Tax Transfer)、現金移轉 (Cash Transfer)、及分類移轉 (In Kind Transfer)，均可以被用來達成教育的消極重分配效果。

租稅移轉是將辦理公共財貨或勞務所需的經費，根據財富及所得差異情況，由租稅中累進收取。公共財貨或勞務是為全體社會人所提供的；不分貧窮或富有者都可由此獲得相同及相等的受益機會。由於支持此類財貨或勞務的經費在徵稅過程中，隨著財富及所得多寡而多徵及少徵，無形中使富有者財富及所得移轉入貧窮者手中。教育因為是一種準公共財貨；它的經營大部份依賴租稅收入。教育由公共稅入經營時，低收入者能在公共辦理的學校獲得均等的教育機會，則辦學經費由租稅

因累進收取的結果，就有利於國民所得及財富的重分配。教育行政欲使教育達成租稅移轉效果，卽應增加低所得者及貧窮者子女受公共教育的機會。

　　現金移轉是由公共策略將公共收入的一部份，不用在提供公共財貨或勞務上，而將它直接分配給低所得者及貧窮者。教育行政運用教育程序達成現金移轉的效果是直接以現金補助低所得者及貧窮者，排除其求學困難，爭取其受教育機會。爲了達到此項目的，教育行政可以建立獎學金、貸款、工讀及教育券制度。

　　分類移轉則是依低收入者的需要而提供公共財貨或勞務。它所提供給低收入者不是現金，而是滿足貧窮者需求的財貨或勞務。教育行政辦理分類移轉，卽爲由公共收入直接辦理爲低所得者及貧窮者子女受教育機會的各類學校及服務，如美國所創辦的社區學院 (Community College) 便是[5]。美國二年制社區學院在一九五〇至一九七〇年間大量擴充，其課程專門設計，以配合工人及中低收入子女需要爲主。這種二年制社區學院使大量低收入者及貧窮者子女擁有資本的量增加。教育可以增加人力資本。人力資本與物質資本一樣皆能獲得所得及財富的分配。教育行政欲達成所得與財富重分配的積極效果應由增加低所得及貧窮者子女獲得人力資本的機會著手。這就是增加低所得及貧窮者子女受教育的機會。

　　低所得及貧窮者子女因爲就學動機偏低，學業成就偏低，財力偏低，其接近並擁有教育機會的可能性及量也各偏低；教育行政對於這些子女如果不給予特別待遇，勢將減少其教育機會。從成本負擔及入學條件等給予低所得及貧窮子女特別待遇，從「不平中取平」，以符合「財

[5]　John D. Owen. School Inequality And Welfare State (Baltimore And London: The John Hopkins Press, 1974), p. 49。

政中性」(Financial Neutrality) 原則，應是教育行政達成縮短所得及財富差距所應做的努力方向。

第二節　各國教育行政目的

各國教育行政目的雖因國情、制度及歷史背景各有不同，但仍不免以個人發展，政治理想之實踐，文化之傳遞及發揚和財政、經濟目的之實踐等四種教育目的為導向。各國教育行政無非在透過計劃、組織領導及評鑑等種種行政活動來實踐四種教育目的。只是各國實踐方式及重點因不同發展階段而有倚輕倚重之別罷了。

一、法國教育行政目的

法國教育行政一向重視個人發展。從一九五九年教育法案開始，法國已將義務教育延長至十六歲。法國國民自六歲開始到十六歲可以免費受教育以充分發展其潛在能力。為了适應個別差異，使資優、資劣兒童均能因材施教，一九七五年初等與中等教育法案規定準許資優者提早入小學。中等教育階段為了探索個人性向，以利差異教學，原設有二年觀察期；復於一九六三年將觀察期延長為四年；這種行政措施，自以便利個人差異發展為旨歸。為了使個人在差異發展及充分發展之外，復於一九七五年法案規定中學設基幹課程，延遲過早分組，以利個體整體發展目的之實現。

其次，法國教育行政一向重視公民訓練，以民主及共和精神為訓練公民的最高原則。教育行政在替國家訓練民主及共和體制的領導人才及

鬥士。自大革命時期開始，法國卽將學校看做是實現自由、平等的工具。拿破崙時代則以教育為訓練國家領導人才的工具。一九〇五年教育同盟 (Ligue de l'En-seignment) 宣稱教育應以愛國主義為中心並以效忠民主為最高指導原則。戴高樂以後更揭櫫國家應用教育力量作為統一工具的重要性。教育行政在法國可以說是達成政治目的的一種手段。

另外，法國一向自認為是西方文化之長女，文明之源泉。教育目的卽在承襲西方古希臘、羅馬文化，並加以發揚光大。西方文化乃是理智程序的精華。為了維護傳統文化，必須由拉丁文的學習著手。拉丁文本身除了能啓開古希、羅文化之孔鑰外，本身更具訓練價值。卽使心理學者否定訓練說的今天，一九七〇年麗畢度總統 (President Pombido) 等人卻仍然認為拉丁文具有訓練的價值❻。可見法國所強調的文化是由拉丁文所代表的理智訓練及希臘、羅馬文化遺產。

一九六八年以後由於普通學校 (Common School) 的發展，拉丁文的重要性才漸被忽略。古典文化逐漸失卻其重要性，代之而起的是教育為一種投資以及財富創造的觀念。教育不再以探索並承襲古文化為全部重心。國家運用教育的力量來為國民創造財富，謀取人民生活福祉，逐漸成為一種新的價值觀念。創造財富，謀取人民福祉應由發展國民生產及消費功能著手，這就有待國民職業、技術教育的加強。職業、技術教育的加強由中下層中學的職業輔導開始，到上層中學的技術、職業課程透過教育計劃，務求其與經濟發展相互配合，使人力充分獲得運用，發揮其生產力，以創造財富。由一味強調文化目的轉向財政、經濟目的的重視，可以說是法國近年教育行政目的轉向的一個特徵。

---

❻ W. D. Hall. Education, Culture And Politics in Modern France (Oxford:Pergamon Press, 1976), pp. 23-33。

二、英國教育行政目的

英國一九四四年法案規定義務教育延長至十五歲，並得依發展需要提高至十六歲爲止；一九七三年國民得享有義務教育至十六歲的理想終獲實現；由此可見，英國對於提供國民充分發展機會的努力可以與法國並駕齊驅。關於個人差異性發展方面，一九四四年法案亦規定教育措施應適應學生年齡、能力及性向之需要。十一歲至十二歲之升學甄試 (11⁺ Examine) 即爲教育行政上適應個體差異性發展的政策。後來此項甄試過早決定個體差異發展，頗受詬病。過早差異發展實有碍個體整體發展；一九六五年開始，英國乃著手建立一貫綜合中學，並廢止該項升學甄試。這是英國近年教育行政克服差異發展的弊病，而追求個體整體及充分發展的一個新趨勢。

英國教育行政的政治目的在培養英國國民，使其在適當的社會發展環境中學習生活的知識、技能及精神態度，以成爲實施民主制度的一員。自一八五四年特韋寧 (Northcote Trevelyan) 報告建議英國公務 (Civil Service) 部門甄選行政人員應與教育制度配合之後，整個教育制度所養成的人才即成爲英國公務人員的最主要來源❼。高等教育的畢業生成爲高等公務人員取材的源泉。低等教育亦爲培養實施英國民主政治基層人力的養成所。一八七〇年由政府徵稅開始辦理學校之後，繼以强迫教育的實施；學校遂成爲民主訓練的道地機關。

二十世紀之前，英國教育可以說以希、羅文化爲主要內容，並以士紳的行爲及思想言論爲共同生活的範式。這可以說是傳統教育行政文化

---

❼ Richard A. Chapman. The Higher Civil Service in Britain. (London: The Anchor Press Ltd. 1970), pp. 38–39。

目的的一面。至於世俗化的技術性、科學性及生產性敎育目的的重視則遲至一九四四年法案公佈後，才見端倪。

一九四四年法案通過實施擴充敎育 (Further Education)，旨在要求地方敎育當局對於末滿十八歲的青年提供各種社會性及生產性的敎育機會，使所有國民能在國民經濟中扮演生產及消費者的角色。擴充敎育的辦理以郡學院 (County College) 爲重心；但由於戰後財力，物力奇缺；擴充敎育進展受到限制。一九六四年工業訓練法案 (Industrial Training Act) 通過並成立工業訓練委員會才致力實施職業訓練。一九六五年工黨政府發表國家五年經濟計劃，强調敎育爲投資事業，戮力推展擴充敎育，宣稱五年內要使擴充敎育的各技術專科或學院經常費增加百分之五十。一九七二年十二月英國政府發表白皮書標題是「擴展的綱領」，其序言第一句是「過去十年敎育服務工作，已眼見其大量擴充，今後十年將繼續推近。因爲要使敎育對於我們社會與經濟的活動能有充分貢獻；這擴展是必要的」❽。由這一段引言及一九四四年以後的敎育行政措施可見英國近年對於財政、經濟目的重視的一斑了。事實上，自一九七二年十二月白皮書發表之後，不僅多元技術學院地位大大提高，其它攸關經建學校亦大量增加。英國近年逐漸重視以技術、職業敎育增加國民生產力，以提高國家財富的努力，是極爲顯明而易見的。

三、美國敎育行政目的

美國中、小學敎育以學區爲中心。敎育行政目的的追求必因學區而不同。義務敎育在各學區少則八年，多則十二年；雖然各學區義務敎育

---

❽　孫亢曾"近年英國敎育發展的幾個動向"世界敎育改革動向（臺北：幼獅書局，六十五年一月），頁二十一——二十五。

年限有所不同，但提高義務教育年限，求得個體充分發展機會的努力殊無二致。

為了謀求個體整體性發展，不分級學校 (Non-Graded School) 組織已經歛跡而代之以分級學校 (Graded School)。分級學校自一八四八年仿照德國方式在波斯頓所辦的坤西文法中學 (Quincy Grammer School) 開始。此類學校根據學童成就分級，重視團體發展及學生全體能力平均發展，逐漸成為全美學校的基本類型。一九五五年雷渥特 (Walter Rehwoldt) 在加州推出複級學校 (Multi-Grading School)，打破生理年齡，以收相互學習之效。此類學校不僅可以適應個別差異之發展，亦能有助於整體發展之學習。一九六八年之後，此種學校教育組織由研究發展中心推動，逐漸為全美所接受。個體差異，整體及充分發展實在一直是美國教育行政的重要目的之一。

美國教育行政的政治目的在二十世紀初期即已重視公民的養成❾。一九一八年全美教育協會所頒佈的中等教育七大原則，即明白規定公民資格養成為中等教育的七大目的之一。一九三八年全美教育協會教育政策委員會進一步公佈美國民主教育目的 (The Purposes of Education in an American Democracy)，把美國民主教育目標分類為四：自我實現、經濟效率、公民責任及人際關係。顯然，美國教育行政被要求運用教育力量以養成美國民主制度下能肩負公民責任，實現民主的公民。一九六〇年中西部行政中心羅列公共教育工作 (The Task of Public Education) 四大領域 (Four Dimensions)，即以教育工作應養成個人、理智、生產及社會四大領域方面能充分發展的公民為目的。在社會領域中，尤其明白規定個人對人，對國家及對世界關係的認識與權利及義務

---

❾ Stephen J. Knezevich. Administration of Public Education (New York: Harper & Rows, Publishers, 1969), pp. 6-7。

的執行應為美國公民的責任所在。一九六六年美國學校行政人員協會 (AASA) 列舉教育重要工作 (Imperatives in Education) 計八項。有關公民教育的內容有二項： 實現民主制度及謀取人類福祉。美國教育行政所標示的政治目的以養成能實現民主制度並為人類謀取福祉的公民為最高指標； 這個事實是斑斑可考的。

文化目的方面，中等教育七大原則中早已重視善用休閒及倫理品德二大項目。一九五二年全美教育協會頒佈全美青年教育前瞻 (Education for All American Youth: A Further Look) 文中更舉出藝術（審美）目的的重要性。此後，美國教育行政文化目的總以善用休閒、倫理完整、健全情緒、道德重整及美育為重要項目。

財政與經濟目的方面的發展，美國比世界各國要早。職業教育在一九一八年即已成為中等教育七大原則所規定重要項目之一。一九三八年以後，財經目的不只強調職業教育，更要求職業教育能有助於經濟發展。因此，一九三八年所公佈美國民主教育目的四大項中，經濟效率成為指導全國教育行政的重要目的之一。今日美國教育行政的財經目標不僅要求美國公民能成為一個生產者，更要求其成為一個自由經濟中的消費者； 而其最終目的乃期望自由經濟制度下，美國能更富有、更強大。

一九五〇年以後，美國教育行政的財經目的又有了新的轉向。經濟發展結果，國民經濟固然逐漸富裕了，但卻產生了財富不均的嚴重問題； 同時，財政及經濟政策努力使所得、財富重分配的結果，財富不均的現象仍然未見改善。統計資料指出美國一九五〇年最低所得百分之二十人口所分配國民總所得比例為百分之四‧五，最高所得百分之二十人口所分配國民總所得比例則為百分之四十二‧六。到了一九七〇年，這個不均的情況，絲毫未有改變。一九七〇年美國最低所得百分之二十人口所分配國民所得比例為百分之五‧五，最高所得百分之二十人口所分

配國民所得比例仍爲百分之四十一‧六⑩。這種情況，使教育經濟及財政研究者逐漸發生疑問。他們懷疑教育因其具有所得財富重分配效果，會不會因機會不均使得均富的理想受阻？研究的結果顯示低所得者及貧窮者子女所獲教育機會較差。支持此一結果的論證有：

（一）貧窮學區教育單位成本低，影響學生素質及教育機會。

（二）低所得及貧窮者子女學業成就偏低。一般入學又以學業成就爲標準，不利於低所得及貧窮者子女入學。某一才智專案（Project Talent）研究結果發現學業成就在標準以下的高中畢業生中，貧窮者子女佔二分之一，而富有者子女僅得四分之一。畢業生在前百分之二名次者，貧窮者子女佔有百分之二機會，而富有者子女則有百分之七機會⑪。因之，依一定標準入學會使貧窮者子女獲較少就學機會。

（三）低所得及貧窮者子女入學動機低。一者貧窮者對未來投資折現率高，投資資金有限，投資的可選途徑範圍狹窄。首先，他們對於生活必需品的需求較迫切，對於眼前能看到的酬報比較熱衷；更因爲可用資金有限，未來投資折現率高，而教育是一種長期滋生利益的投資，在高的折現率下，極易顯出教育投資不利的一面。低所得者及貧窮者子女較富有者子女易於放棄教育投資的機會。

再者，教育投資本身具有許多消費利益，富有者子女資金充裕可作此項投資而低所得及貧窮者子女則不然。

（四）選擇性教育成本過高，阻碍低所得及貧窮者子女入學。

爲了增加低所得及貧窮者子女教育機會，使財富差距縮短的政策更

---

⑩ K. Forbis Jordan et al. (ed.) Futures in School Finance: Working Toward A. Common Goal (Bloomington, Indiana: Phi Delta Keppa, Inc., 1975), p. 60。

⑪ John D. Owen op. cit., p. 51。

易實現，美國近年教育行政戮力於運用教育力量求取均富的財經目的的追求。工作者努力的方向是（一）透過各個教育補助政策，縮短學區貧富差距，以提高貧窮學區教育學生單位成本以平均教育機會。

（二）利用獎學金、貸款及工讀機會的普及政策，以使低所得及貧窮者子女免於承受選擇性教育高成本的壓力。

（三）建立適合低所得及貧窮者子女接受教育機會的學校及服務項目，如社區學校，技術職業科目的開設等，以增加其教育機會。

（四）設法改變學生負擔學費方式如實施教育券等，以利公平教育機會的獲得。

一切努力爭取低所得及貧窮者子女教育機會的行政措施，無非教育行政追求均富理想的一種手段；對於這項工作的評價似嫌過早，但這一努力方向無疑是教育行政者在財政、經濟目的求富之外，又一新章。

綜觀法、英及美三國教育行政目的，實有共同的趨勢。個人潛能發展方面，三國皆盡其可能提高義務教育年齡，由受教育年限的增加使個體獲得更多教育機會，以充分發展各項潛在能力。為了適應個體差異性，教學組織多有變化，教育制度亦多元化。不過，在適應個體差異性發展之下，為了維護個體整體發展的需要各國不免有不同的教育行政安排出現。法國將觀察期延長並設共同基幹課程，英國取消升學甄試，建立一貫制綜合中學；美國採用綜合中學加強分科教育，無不在求取差異及整體發展目的的共同實現。三國教育行政在追求個體自我潛能發展方面可說是殊途同歸。

政治理想實現方面，三國皆重視公民資格的養成。法國在訓練忠於民主及共和體制的國民，其國家主義意味稍濃。英國則以個人充分社會發展，能扮演民主制度下所要求的角色的國民為其公民教育的基礎。英國政治目的在培養民主門士。美國公民養成重視人際關係的責任權利及

義務的執行。公民教育的目的在使每一個國民能對人、對社會、國家及世界了解其應有的責任、權利及義務。政治目的偏向大同思想。

文化保存及發揚方面，法國及英國皆以古代希臘及羅馬文化的衣缽傳者自居，並以西方聖哲言行爲倫理、道德規範。這可以說是一種士紳文化。美國則以人際關係的倫理、現實社會中的道德爲文化標準。近年國際往返頻繁，文化交流的活動日增；在交流中找尋人類文化的共同模式應是今後世界各國共同努力的方向。懷特 (Leslie A. White) 在文化系統概念 (The Concept of Cultural Systems) 一書中指出文化不能看做是習俗的集合體，或是一批人類奇觀，而應是一個相關連的活動整體。它不專爲人需要而存在，它本身有其生存法則⓬。如果文化眞的如懷特所說有一個自我存在的法則，並根據此法則存在而形成一個相關連的整體，則未來教育行政目的自以實現這一整體文化爲重要目標了。

富與均方面，美國早就重視職業教育並講求教育的經濟效率，遂使得美國經濟成長較英法二國爲速。法國運用教育力量求取國家經濟成長一直遲至一九六〇年代才實施；在第五共和的戮力建樹下，法國已逐漸走向一個機器主掌的時代。英國推廣與經濟發展有關的職業技術教育，雖在一九四四年法案即曾規定，但因受制於財經因素，也在最近二十年內才有大量進展。美、英、法三國雖然利用教育來發展經濟略有先後不同；但近年加重教育配合經濟發展以謀取國民財富增加的努力卻是一致的。

至於運用教育爲手段求取均的目的，美國仍然走在時代的先端。法、英二國雖然多少也有部份行政措施便利低所得及貧窮者子女就學；卻未將教育當做達成所得與財富重分配的手段。美國近年因爲教育經濟

⓬　Leslie A. White. The Concept of Cultural Systems (New York: Columbia University Press, 1975), pp. 149-159。

學及教育財政學的研究，逐漸體認教育在所得與財富重分配中所扮演角色的重要性。固然，目前已有許多教育行政措施，使教育對於求均的目的多少有所貢獻；但其實際效益仍然很難評價。美國教育行政學者對於這一個問題的重視不斷增加，相信爲了實現求均的教育財政與經濟目標，未來在美國教育行政措施方面必將有大的更張。同時各國逐漸體認以教育求均爲行政目的的重要性之後，亦將亦步亦趨朝向教育行政求均的財經目的的腳步前進。

本章主要參考書目

一、Ivor K. Davis. Objectives in Curriculum Design (England: McGraw-Hill Company, Ltd., 1976)

二、Lesile A. White. The Concept of Cultural System. (New York: Columbia University Press, 1975)

三、K. Forbis. Jordan et al. (ed.) Futures in School Finance: Working Toward A Common Goal (Bloommington, Indiana: Phi Delta Kappa, Inc., 1975)

四、Alan L. Sorkins. Education, Unemployment And Economic Growth (Lexington: D. C. Heath And Company, 1974)

第四章　教育計劃

　　社會變遷逐漸加劇，影響變遷的因素逐漸增多，因素間的關係逐漸複雜；這些都是動態社會的特性。為了適應社會變遷的需要，引導未來社會作適時適地的改變，亟需要一套理論與方法；計劃遂獲得重視。

　　計劃既然是引導未來社會變遷的理論與方法；從人類生活的早期開始，人就離不開計劃，只是當時未加注意罷了。後來文明日進，社會變遷日劇，人們才漸重視這一套適應與引導未來社會變遷的理論與方法，並且加以研究。當前社會結構複雜，社會功能多元化，引導這種社會變遷的理論與方法遂有不同的類型出現，計劃因之就有不同的類別，如企業計劃、城市計劃、經濟計劃與教育計劃等。

　　教育計劃是引導未來教育社會變遷的一種理論與方法。它的起源應與一般計劃相類似，只是為時稍晚。初期教育計劃偏重空間計劃(Spatial Planning)，其目的在為學校建築作一良好的設計，以便配合教育的需要。晚近教育計劃逐漸走向綜合性計劃，將空間計劃、財務計劃 (Financial Planning) 與規範計劃 (Programmatic Planning) 作一通盤考慮，兼顧教育多種功能變遷的需要，以便引導教育作多目標的適應與變

化，使得教育變遷顯得更和諧。

　　早期的教育計劃是局部性的、區域性的；自從聯合國經濟合作與開發組織成立二個專司研究教育經濟與教育投資計劃單位以來，教育計劃觀念逐漸推廣，計劃方法逐漸向全球傳佈，由局部性發展而成全面性，由區域性變成國際性。一九六〇年代開始，爲了普及開發中國家教育計劃的研究與實際推廣工作，聯合國的國際教育計劃研究院 (International Institute for Educational Planning) 在世界各地區設立訓練及推廣中心；在拉丁美洲有智利的聖地牙哥；在亞洲有印度的新德里；在中東有黎巴嫩的貝魯特；在非洲有達加 (Dakar)。這幾個中心對於教育計劃觀念的傳播，教育計劃方法的研究、採用及推廣都有很大的貢獻。

　　目前，教育計劃隨著科學技術的進步，人員要求專業化，方法要求科學化；教育計劃專業人員的培養與教育人員計劃知識的普及都被普遍認爲是十分重要的。本章爲了使初學者對於教育計劃有初步的認識，將依次介紹教育計劃基本概念與實施。

第一節　教育計劃的基本概念

本節將說明教育計劃的必要、意義與方法。

一、教育計劃的必要

　　教育是最爲大家所關切的事。它的影響所及遍及社會每一成員，它的施教過程又幾乎出現在個人一生中的每一時刻；因此，每一個人對其優劣都是十分注意的。

另一方面，決定教育成敗的因素卻極為複雜；教育實施的過程與產生效果所必經的途徑都不是能輕易決定的。同時，教育的最根本哲學也不是容易獲得一致協議的。

由於教育具有如上所述的社會性、繁複性及差異性，應否有一個計劃來作導向遂成為衆人爭議的焦點。反對者認為教育既然是一種複雜而為多數人關切的事業，為了適應不同情況，配合不同理念的發展，實在不宜有統一性的、全盤性的計劃。換言之，不應以統一性來抹殺差異性。

其次，統一性的計劃易流於權力的過份集中，產生壟斷；不只不能適應教育的差異性，還會使教育落入少數人或特殊利益集團手中，形成專斷與操縱，危害全民性與全面性教育的發展。

再者，為了從事教育計劃，難免要建立計劃機構，設立計劃專人。設事用人均要求大量資源的投入，形成大量額外資源的支出。

另外，計劃完成之後必須預先公佈。計劃一旦公佈將使反對者預先組成特殊利益集團，阻礙教育的正常發展。最後，任何計劃都是具有相當規模的。計劃如有不當或發生偏差，其影響範圍甚廣，招致損失極大。

贊成教育計劃的人雖然也承認教育的社會性、繁複性與差異性；但是他們認為社會性、繁複性與差異性間存在著有機相關性。因素間雖然有差異，體制間雖然極為繁複，理念間雖然有所不同，但差異是可以溝通的，複雜是可以尋獲一致相關的基礎的。整個教育系統無論如何繁複與差異。全系統因素間是相關的，有某種目的作導向的。由繁馭簡，由異求同，便能有機的引導全系統實現其目的。

贊成者認為在有機觀念引導下，計劃有六種優點：

（一）計劃能使教育發展具有一致性

一致性是指發展中的持續性與統一性。持續性是指行動的前後一

貫。持續性可以保證敎育發展前後相承，不致人存政擧，人亡政息。統一性是指行動相互協調與配合。統一性可以免除敎育發展過程中，任何措施發生相互抵斥、不週全現象，造成不當措施，發生浪費資源的弊端。

（二）計劃有利於敎育目標的澄淸與優先順序的安排

目標的澄淸是指目標的分析與確認。目標的澄淸有二種功能，一是引導敎育發展走向敎育目的。澄淸目標的過程中，使計劃者重複考慮資源分配與敎育目的的關係，不致只顧分配資源而忘卻資源分配的方向。二是使敎育目的具體化。計劃過程中，最緊要的工作是確立敎育計劃目標。目標太抽象、太籠統都會減少其可行性；敎育目標具體化是由敎育目的改造成行爲目標而後寫成具有時間限制，可以量化而可行的行動目標的過程。它可增加敎育計劃的可行性，有利於敎育目的的實現。計劃有利於敎育目標的澄淸，間接影響敎育目的的達成。

優先順序的安排即在決定某時期內敎育發展的重點。敎育發展目標有許多，每一時期要做的工作更不少，計劃即在決定本末先後。

事無重點的起因不外對事不明，以致各持己見，各據一理。計劃的過程中要求對目標的澄淸，比較策略優劣，附帶大量資料的蒐集與實證。這一連串的過程可使異中求同，從協調求證中認識輕重緩急。

（三）計劃有利於敎育結果的系統評鑑

計劃過程强調確立衡量標準與嚴格的程序控制。透過衡量標準，任何策略的採用都有其成本效益資料；透過嚴格程序控制，實施資料可迅速取得。取得資料後，無論是資源分配的偏差或策略與目標間的誤差，均可經由衡量標準及時獲得系統評鑑的結果，以利計劃的控制與再修正。

（四）計劃有利於敎育的革新

計劃公佈之後具有導向的潛力。革新的過程有許多資源及心理限制；計劃公佈後常能設法取得資源，建立心理方向，突破限制，達成革

新的效果。

（五）計劃可以集中分散的資源，充分發揮單位資源的效力

欲成就一事，往往需要相當的資源。資源分散，使得每一資源因量小而喪失其運用機會。計劃因事情輕重緩急而集中運用資源，可結合小量資源而成就一事。所以，計劃可使每一資源受到充分運用。

（六）計劃具有極大的心理效果，能突破資源的限制

計劃除了可以集中分散的資源以外，尚能集中意志獲得意想不到的無形資源。計劃過程要求有關人員積極參與計劃活動；這些人員一旦獲得參與機會，卽會與計劃目標認同，將計劃目標的完成看作是自己的責任，竭盡心力之外，更設法在已有資源限制下爭取更多的資源[1]。

教育計劃由目標澄清、策略的設計、選擇與決定到實施的過程中，如果能有效的激起教育系統內有關因素與資源的介入，必然能充分發揮上述贊成者所列舉的六項優點。至於反對者所列舉的劣點，在適當的計劃過程中都是可以泯除或減低其發生的可能性的。

其一，計劃過程中善用統整與分解式是可以補救權力過份集中所生的流弊的。其二，目標澄清過程中，採用目標溝通法可使上下左右意見溝通協調，也可消除過份權力集中的弊害。其三，計劃體制的建立及運用固然要投入許多資源，可是計劃消除策略重疊、矛盾所能節省的資源，加上其增加教育效果所生利益，在彌補此項支出之外，仍是綽綽有餘的。其四，計劃公佈之後所產生的阻力固不可免，但是在靈活的政治權力運用過程中，這些阻力仍是可以在妥當安排情況下，防止其發生，或者在發生之後逐次加以克服的。其五，計劃偏差所發生的損失倒是教育計劃者應亟力減輕或設法避免的。計劃時間愈長，其效果愈大；長期

---

[1]　Rogers, Daniel C. et. al. Economics And Education: Principles And Applications (New York: The Free, press 1971), pp. 221-224

計劃正是計劃者所嚮往的目標。可是，長期計劃往往植基於某些因素及情況的預估；而預估的誤差則是長期計劃發生偏失的主要原因。爲了彌補長期預估的誤差，計劃者強調計劃的連續性、修正與再設計，固然可以減輕誤差發生的尺度及其影響；可是，計劃的偏失，其影響是很大的。今後如何改進預估技術，控制計劃與修正工作乃是教育計劃的重點所在。

總之，今日的問題不在應否做教育計劃；計劃的觀念與方法的演進已讓大多數人確認教育計劃有其重要性。可是爲了眞正發揮教育計劃的效果，計劃歷程中如何有效運用各種資源，改進計劃方法與技術，以便充分發揮教育計劃的優點而防止其缺點的發生，才是大家所最爲關切的。

二、教育計劃的意義

教育計劃正如都市計劃、經濟計劃與社區計劃一樣，它是計劃觀念的運用與推廣。因此，要瞭解教育計劃的意義，只有先了解計劃一辭的意義。

（一）計劃的意義

什麼叫做計劃？一般人早就有計劃這一概念。可是人們心目中對於計劃一辭的理解恐就十分懸殊。人們對計劃的理解可以從一些流行的口語中看出。「凡是豫則立，不豫則廢」是眾所週知的，「一年之計在於春，一日之計在於晨」更是大多數人的口頭禪。這些「豫」與「計」便是一般人對於計劃一辭的概念；由這一概念加以理解，計劃二字在一般人的心目中，便是指「對事情預爲計謀」。

今天計劃一辭的涵義固已學術化，可是任何複雜的觀念都是由簡單的概念演變出來的；計劃一辭也不例外。計劃的最簡單概念是「對事情預爲計謀」；由這一概念可以演繹出：

1. 計劃在求問題的圓滿解決，因而必須預先籌謀計議。籌謀計議的目的在提出解決問題的策略。策略的提出可以經由演繹，也可經由歸納；演繹與歸納是計劃方法的根本；為了提出策略，計劃必須考慮各種經由演繹及歸納所發展出來的方法。

策略提出後，因問題繁簡不一，顯示的效果也就不同。事情簡單，問題容易解決，策略提出比較容易與實際配合，實施時也比較容易達成目的。事情複雜則不然，策略提出後，容易成為理想化，不易與實際配合，實施時就難達成目的。這時計劃便須修正，再設計，才能逐漸配合實際，解決問題，達成目的。所以，問題簡單，計劃可以只是一種構想，提出策略後不必等待實施便算竣事。問題複雜則不然，計劃不只是一種構想，提出策略後，有待實施及再設計才能圓滿解決問題，達成目的。

一個計劃的提出，目的在解決問題，達成事情的目的；評定計劃的標準，應以是否能圓滿解決問題，達成事情的目的為最終歸趣；不能以計劃是否是一種構想或是一種實施來品評。一般人常把行政過程分為設計、執行與考核三個階段；而以為計劃便是設計。這是一種錯誤的一偏之見。在行政與管理的程序中設計只是一個起點，由這一個起點著手提出整個過程的構想；這一個構想可能只是一個理想，有待執行並加以考核以後才能決定其是否能圓滿解決問題、達成事情既定的目的。凡是一個計劃，須有既定目的，既定目的未達成，該一計劃便未獲實現。初期設計所提出的策略，經過執行與考核，如果發現與目標或目的相去甚遠，必須修正目標或重新設計策略，直到達成目標，完成既定目的。因此，設計只是全部計劃中一個規劃活動而已。

2. 計劃在預為計謀，因此，須重視圓滿達成既定目的的策略。事情越簡單，達成既定目的也越容易，籌謀策略較少困難。事情越複雜，達成既定目的也越困難，籌謀策略便困難重重。今天的計劃所以與往昔

不同，在於今天科技進步神速，使籌謀策略的科技更精確、更有效。
籌謀策略包括活動的設計與各種活動運用方法的研擬。爲了設計活動，
爲了研擬策略，必須利用各種規劃技術。教育規劃技術一向採用理論分
析法，最近則以量的分析法爲發展的趨勢。

　　根據上面淺略說明一般人對於計劃的槪念，可以發現「對於事情預
爲計謀」顯示出計劃的主要因素不外是事情的「旣定目的」與圓滿達成
目的的「可行策略」。旣定目的與可行策略二者構成了計劃的最根本條
件，任何計劃文件的提出至少應該有旣定目的及可行策略；否則，便不
成爲計劃。

　　晚近，計劃漸漸成爲學術研究上的辭彙。學者由於研究重點不一，
實際計劃經驗不同，對於計劃一辭的定義與解說，頗有倚輕倚重之
別。

　　布里東及韓寧 (Le Breton, Preston P. And Henning, Dale A.)
在計劃理論 (Planning Theory) 一書中指出計劃在文件中的一個必要
條件。他們認爲：「一個計劃是指行動的一種旣定策略」[2]。他們用靜態
的觀念來表示計劃的內涵。一個完全的計劃須提供圓滿達成旣定目的的
一套行動策略。這一策略當然包括活動及途徑。只是在定義之中，他們
未提到活動及途徑。同時，他們將計劃的重點放在行動的旣定策略，對
計劃的另一必要條件─旣定目的卻未提及。

　　柯恩布 (Coombs, philip H.) 在什麼是敎育計劃？ (What is
Educational Planning) 一書中，强調計劃的動態特性；他認爲：「計劃
乃是一個繼續的歷程，不只有一個歷程的去處，尙且應考慮達成目的的

---

[2] Le Breton, Preston P. And Henning. Dale A. Planning Theory (Englewood Cliffs, N. J.; Prentice Hall, Inc., 1961), pp. 5-7.

方案和最好的途徑」❸。 他特別指出一個計劃方案和最好途徑的提出是
爲了達成旣定目的。這裏他已將計劃的二個必要條件說出來了。他所說
的計劃方案實際上便是完成計劃目的的一群活動； 方案加上途徑便是計
劃策略； 所以在他的定義裏面， 計劃有二個必要條件： 旣定目的與行動
的旣定策略——最好的策略。他指出最好的途徑一辭正是說明計劃中策
略設計和選擇的重要性。在一個計劃之中， 達成目的的計劃活動可能有
許多， 而每一個活動可能有許多可行途徑可供選擇。計劃不僅要研擬活
動， 尋找可行途徑， 也要考慮是否採用最好的途徑。可行途徑有很多，
但能否採用最好的途徑常是做計劃者應考慮的重要因素。在科技進步極
速的今天， 做一個計劃不是找出可行途徑就已令人滿意， 最重要的還是
要找出一個最好的途徑。所以， 今天的計劃必須研究規劃中擇優的技
術。

　　另外， 柯氏強調計劃是一個動態歷程的觀念。計劃的活動是繼續不
斷的， 除非達成目的， 規劃活動便不得休止。

　　根據柯氏的定義， 計劃應有四個條件； 二個必要條件， 二個附帶條
件。二個必要條件是一個計劃要有旣定目的和旣定策略。二個附帶條件
則強調計劃是一個繼續歷程， 同時須運用擇優的規劃技術。

　　哈特萊 (Hartley, Harry J.) 在「教育設計、規範、預算： 一種系
統方法」書中特別強調擇優方法的系統法。他指出：「計劃乃是由系統
的途徑研擬， 去找出合用的可行行動策略❹。」 他指出系統計劃方法是
找出合理行動策略的手段， 並且指出策略的選擇標準應考慮合理。換句

　　❸　Coombs, Philip H. What is Educational Planning? (Paris:
UNESCO, 1970), pp. 14–15

　　❹　Hartley, Harry J. Educational-Planning-programming-Budgeting:
A System Approach (Englewood Cliffs, N. J.; Prentice Hall, Inc.,
1968), p. 256.

話說，策略的選擇，須考慮多種因素，不限於狹義的優與劣，而是廣義的合理與不合理。當然，如果最合理的是最優的，則柯、哈二氏的說法就一致了。

有一部份人，把系統分析法解釋作狹義的作業研究技術；狹義的作業研究偏重擇優技術。可是今天系統分析已不再是狹義的觀念，它已變成一個合理分析的技術了。哈氏所強調計劃的系統法應是運用廣義的系統分析說法。在系統分析法成為當代計量方法綜合性運用工具後，有關計劃的擬定，不得不使用這一個潛力極大的工具，因此，許多學者如哈氏等便在計劃的觀念中融合了代表現代科技精神的系統法。

另外，有一些學者由於看到短期計劃只顧現實，不顧理想，希望計劃能對於未來有所貢獻；他們特別強調計劃的未來導向。同時，為了審慎決定計劃的目的，他們遂將重點放在目的的釐訂和未來導向方面，摩菲與萊恩等就是很顯明的例子。

摩菲與萊恩 (Morphet, Edgar L. and Ryan, Charles D.) 在「計劃與影響教育所需的改變」書中提出「計劃是企圖決定適當目的與目標的過程」；❺而歐貝克汗 (Ozebekhan H.) 在「計劃的前瞻」一書中的一篇論文：「計劃的一般理論」裏強調：「計劃是未來導向的決策歷程。」❻。他們將計劃看成是決定目標或目的，由目標或目的做導向與由未來做導向都是替長期計劃作鋪路的工作。目標導自目的，目標作為短期計劃的導向，目的則作為長期計劃的導向。未來常是代表不可知的。長期

---

❺　Morphet, Edgar L. And Ryan, Charles D. Planning And Effecting Needed Changes in Education (New York: Citation Press, 1967) p. xiii.

❻　Ozebekhan H. "Toward A General Theory of Planning" The Perspective of Planning (ed.) Erich Jantsch (Paris: UNESCO, 1968), p. 151.

的計劃中，不可知及不易控制的因素很多；近來由於科技進步，長期計劃的因素控制能力漸增，逐使計劃者對於未來計劃的準確度漸具信心。因此，學者才開始在計劃的觀念中加入目標、目的導向及未來導向等，使計劃更能達成預為計謀的效果；開拓長期計劃的領域。

　　根據以上許多學者對於計劃所作的定義，可以看出學者常因寫作目的不一，出發點不同，將計劃作重點式的解說，然而，計劃的基本條件是不變的。計劃的必要條件不外是既定目的和既定策略；至於計劃的附帶條件仍是計劃的連續性觀念和規劃技術的運用。他們偶而強調目的導向、目標導向、未來導向，只不過是既定目的的說明。他們強調擇優技術、合理選擇、無非是強調當代規劃技術的運用。

　　說完計劃的必要條件及附帶條件之後，對於經常使用的一些字彙如計劃、設計與規劃，宜作一個簡略的區別，否則計劃的意義不易明顯。設計是計劃的開始活動；規劃指計劃過程中一切的活動；而計劃是指一切規劃的活動與產物。這三個字彙意義並不相同。往昔分析未精之前，三個觀念均由計劃一個辭彙來代表。現在，為了適應計劃概念的詳細分析，為了使活動更確定，逐提出設計及規劃來彌補。如果用英文字彙為說明，動名詞 (Planning) 及名詞 (Plan) 譯作計劃。動名詞 (Planning) 引發計劃時譯作設計如 Planning Programming Budgeting System 中 Planning 譯作設計，它引發規範、預算、系統中各個規劃活動。至於規劃係指計劃中一切活動，凡如設計、規範、途徑分析、評估、修正與再設計等活動均包括在規劃的觀念之內。

　　綜合上述，計劃是達成既定目的的行動策略,此策略是由目的導向,運用規劃技術和方法所作規劃活動的歷程所獲得的。策略二字包括所擬進行的活動與所選定的可行途徑。計劃中所選定的策略便是一般所稱謂的政策。所以，計劃也可以說是決定政策以達成目的的連續規劃活動歷

程。

（二）教育計劃的意義

教育計劃是什麼？由於教育計劃是計劃二字的推廣運用，只要將教育與其它計劃類型相異處在計劃定義中標出即可。換句話說，教育計劃的定義只須在計劃一辭的定義中補上教育運用上的特色即得。很多學者提到教育計劃，喜歡採用這種方式來界說。

白雷德與勞偉里 （Bereday And Lauwerys） 指出教育計劃的定義是: 「準備未來一組教育決策的歷程」❼ 便是一個最好的例子。他們這一個定義便是由計劃的定義: 「準備未來一組決策的歷程中」 加上「教育」 二字以識別其它計劃而獲得的。當然，他們的計劃定義並不完全，加上教育二字自無從獲得完全的教育計劃定義。不過，在計劃定義中標出教育的特性仍是可資借鏡的。

計劃的第一個必要條件是目標導向或由目的導出的目標作導向。顯然教育計劃所以別於其它計劃者，在於其導向目標或目的是教育目標或目的。因此，教育計劃是由教育目標或目的出發的。

任何教育計劃須以教育目標或目的作導向。教育目的根據國情及人類教育理想而定；人類教育理想相同，國情卻不一致；根據人類教育理想及不同國情所導出的教育目的，當然因國家而不同。

教育目的通常比較抽象，比較理想化，適於作長期計劃的指針；作短期計劃時，必須由教育目的導出具體教育目標，而由目標作計劃的導向。教育計劃由目的作導向或由目標作導向，二者的意義都是相同的，只是運用時二者適用範圍不一致罷了。

計劃的第二個必要條件是策略；在教育計劃中策略的設計、選擇及

❼　Bereday, George Z. F., And Lauwarys, Joseph A (ed.) Educational Planning (New York: Harcourt, Brace And World, Inc., 1967), pp. 1-8.

決定須在教育環境中進行。教育環境中存在著不同教育因素，從事計劃活動時應特別考慮。影響教育規劃的教育因素不外是環境因素，引發問題的因素，學校及政府體制的因素等。

環境因素很多：學校環境因素，社區環境因素，社會經濟因素如人口移動、經濟變動等，家庭環境因素等都會影響到教育計劃。

引發問題的因素乃是教育計劃的焦點；教育結構與功能有令人不滿意的地方，個人對教育的期待及個人需求、動機的改變都會引發問題，影響規劃活動。

學校與政府體制的因素係指現有學校體制，政府機構與權限以及有關法令所能產生影響計劃的各種因素。

無論是環境因素、引發問題因素或學校與政府體制因素，都在教育計劃中實際影響策略的設計、選擇與決定的。因此，教育計劃與其它計劃另一個不同之處，便是影響策略計劃的教育情境與有關因素。

至於計劃的二個附帶條件：一是有關規劃方法與技術的使用，在教育計劃與其它計劃並無不同之處。規劃方法與技術強調科學化與系統化，其目的在解決問題，做好計劃工作，某些方法與技術也許適合於做教育計劃，可是並不排斥這些方法與技術在其它類型計劃上的運用。同樣，某些方法與技術適合於做其它類型計劃，也是可用於教育計劃的。

另一個附帶條件，強調計劃是一個連續不斷的歷程。教育是百年樹人的工作；其過程更是強調連續性與其它計劃更無差別。

綜上分析，教育計劃與其它計劃不同之處主要有二：一是教育計劃是由教育目標或目的作導向；二是教育計劃是在教育情境及有關因素限制下從事規劃活動。

如果將這二種特性與計劃定義配合，教育計劃的定義約如下文：

教育計劃是達成既定教育目的的行動策略，此策略是由教育目的作

導向，在教育情境及有關因素限制下，運用規劃技術和方法所作規劃活動歷程中所獲得的。換句話說：教育計劃是在教育情境及有關因素限制下，決定政策以達成教育目的的連續規劃活動歷程。

三、教育計劃的方法

　　教育計劃的方法，因設計及計劃者態度的差異而有不同的說法；有人將計劃所持的出發點與處理問題的方式看做是教育計劃的方法；有人則將教育計劃活動中採用的技術與模式看做是教育計劃的方法。其實教育計劃有三種問題處理方式，而每一處理方式都可能發展和運用各種規劃技術與模式，何況三種處理方式與各種規劃技術與模式實代表不同的範圍；二者都是教育計劃方法中各具不同性質的園地。任何一個都不可能代表另外一個。談到教育計劃方法，對於二者必須分開來說明。

　　（一）教育計劃的三種問題處理法

　　教育計劃有三個問題處理的基本出發點 (Approaches)。有人討論教育計劃方法時，容易將三種出發點看做是教育計劃的三種方法；這實在是錯誤的。

　　教育計劃的三種出發點，在大多數討論教育計劃的書刊或短文內都會提到；它們是社會需求處理法 (Social Demand Approach)、人力需求處理法 (Manpower Requirement Approach)，和成本利益分析法 (Cost-Benefit Analysis Approach) ❽。

　　社會需求處理法，要求教育計劃應該顧慮到社會、文化和政治需求。所謂社會需求是指廣大社會中每一個人的需要。傳統觀念以子女教

---

❽　Rogers, Daniel C. et. al. op. cit., pp. 224-231.

育是很重要的。教育是人人都需要的。在財經許可下，政府應使人人受教育；世界各國逾有國民義務教育的規定。所謂文化需求是指各國文化由上一代傳給下一代，並由下一代加以發揚光大的一種需要。基於這一種需要，每一個國家都有其文化，勢必要求每一個國民接受此等文化，並將它發揚光大。因此，每一個國民必須受教育，擔負起文化上承先啓後的責任。基於這一需求，政府便需編制文化課程，讓每一個國民受教育。所謂政治需求是指政府立國理想的樹立及策略上運用的需要。政府為了穩固國基，達成立國建國的理想並運用各種策略去實施建國立國的理想，必須使每一個國民獲得政治上一些必備知識，然後才能團結國民，實現建國立國的理想。

　　無論是從社會需求、文化需求或政治需求出發，都要求提供每一個國民一定年限，一定內容（課程）的教育。採用此法時，只要有一個需要教育的對象，便要提供一個教育機會，其教育機會的提供最具公平精神，這是此法的最大優點。至於政府提供多少的全民教育和多少國民基本知識的課程，完全看政府財經能力及策略上資源運用的情況而定。政府所應做的事情極多，而資源有限，不可能充分滿足各種社會需求，策略上必須考慮各種需求的優先順序。教育計劃由社會需求出發，既以全民為對象；任何策略的優先考慮都要附帶大量資源的投入；因此，便很難充分滿足各種需求，這便是由社會需求出發做教育計劃的最大困難了。

　　十幾年以前的教育計劃，大多數由社會需求出發。採用人力需求及成本利益分析觀點來做教育計劃，乃是近十數年計量科學研究及運用推廣的結果。正因為這二種處理法是最近計量科學的產物，一向疏忽計量知識的教育界人士對這二類計劃處理法就不太熟習了。

　　人力需求法強調教育須配合經濟成長中勞動力的需要。因此，教育

在培養經建所需要的人力。教育不一定要無限制地提供給全國國民，以滿足社會大衆的需要。換句話說，教育的提供，不是文化、政治和社會需求所能決定的。

它是由經濟成長來導向的。教育配合經濟成長中人力需求的主要理論是：人力的報酬取決於經濟成長，而經濟成長決定於人力的生產力。由於人力的酬報取決於經濟成長，人力的條件必須配合經濟成長的需求；否則人力無從獲得相當的酬報，便無法維持一定的生活水準。另外，經濟成長則取決於人力的生產力。教育是決定人力生產力的主要關鍵；為了維持一定的經濟成長，必須有一定生產力的人力；為了維持具有一定生產力的人力，必須提供一定人力需求的教育。這就是教育須配合經濟成長，由人力需求出發作教育計劃的說明。

教育配合經濟成長有兩方面❾：一是量的配合；一是人力條件的配合。在量的配合方面，一定的經濟成長量有一定的人力需求量。在一定計劃期間，為了配合經濟一定的成長數量；各級教育的畢業生不宜超過計劃期間人力市場所能吸進的人力需求量；否則便會造成畢業生失業。畢業生充分就業乃是教育計劃的量的主要目標；如果畢業生失業率過高，便是一種人力浪費，從經濟觀點來看也就是教育浪費。

人力條件配合方面要求各級教育畢業生能學用一致，教育條件與人力條件配合。一定的經濟成長有一定的經濟結構；不同的經濟結構有不同的人力條件。如果教育不能配合經濟結構改變的需要便會造成過份教育（Overeducated）及教育不足（Undereducated）的現象。過份教育及教育不足均是教育資源運用不當。換句話說，二者均說明教育計劃未能根據人力條件的需求，配合計劃期間經濟成長的人力條件來運用教育資

❾　林文達：從教育投資和個人所得相關的分析論教育的經濟價值（教育與文化四一〇期，六十三年十二月三十一日），頁一一五。

源。從經濟觀點來看，這便是教育資源運用不當。

教育不能配合經濟成長必然造成教育浪費及教育資源運用不當。教育浪費及教育資源運用不當便是計劃無效率。二者都是教育計劃所亟應避免的。

人力需求法所強調的是教育配合經濟成長，並由經濟成長引導各級教育計劃。其主要目的是希望在穩定的經濟成長下，教育能造成適量的畢業生及切合人力條件的勞動力，做到充分就業，高度發揮人力的生產力。採用此法最能避免資源浪費並充分發揮人力生產力。可是因為生產過程中，生產因素可以相互替代；人力市場受人力供需遲滯及用人習慣的影響❿；由人力需求出發作教育計劃對於經濟發展及人力條件的預估及人力運用之掌握頗為困難。這是會減低此法運用的價值的。

由成本利益分析觀點出發做教育計劃，其最大優點是能使教育資源作最有效運用。資源有效運用所涉及的問題，應考慮三方面：1.成本一定時，利益要求最大；2.利益一定時，成本要求最低；3.收益要求最高。大部份教育計劃都要牽涉到教育資源的運用問題。因此，教育計劃由成本利益分析出發處理教育資源的運用時，必須考慮：1.教育成本一定時，教育利益是否獲得最大的產出？2.教育利益一定時，教育成本支出是否最低？3.教育收益 (Returns to Education) 是否能滿足投資的要求？

要使教育利益獲得最大的產出，在教育投資方面必須防止無效率情況的出現。常常在二個學校間，單位成本支出相同，可是利益大小不一樣。此中原因固然有許多，學校經營的方式及資源運用的比率卻是最重

---

❿　John Vaizey. The Political Economy of Education (New York: John Wiley And Sons, 1972), pp. 108–114.

要的因素⓫。做敎育計劃時，爲了使敎育利益有最大的產出，務須重視學校經營技術的講求，並且加強資源使用的頻率。敎育行政制度是影響學校經營及資源使用的主要因素，爲了促進學校經營的技術及提高學校資源運用的比率，敎育行政制度的改進是很重要的。

要使敎育成本支出最少，在敎育投資方面必須善於運用經濟分析技巧。譬如，兩個學校畢業生素質相似，人數相等，很可能二校單位成本相差極懸殊。造成這種利益相等而成本懸殊的原因，很可能是由於二校規模大小不一致所致。甲校可能在規模經濟情況下經營，接近單位成本最低點，而乙校很可能未注意規模經濟的原理⓬。

敎育收益大小，直接反映出經濟市場對於各級敎育價值接受的情形。某一類敎育收益高表示該類敎育能配合經濟成長的需要，反之，收益低表示該類敎育不能滿足敎育投資的要求。敎育是政府各種投資途徑之一，爲了和其它投資競取資源，從經濟觀點來看，它的收益不得低於其它政府投資的收益。

敎育本身資源分配也同樣要考慮各級各類學校投資的收益；政府在分配資源時，當以投資收益高的等級和類科列爲優先。

除了政府外，私人也有投資收益。私人考慮是否投資某些敎育也得看收益的大小。收益大小可以影響私人求學的欲望。收益大時，私人求學的慾望將會提高；收益小時，私人求學的慾望也將降低。收益乃是經濟市場給予敎育的一種價格，這一個價格可以決定敎育的供需。政府可以由這一種價格的調整，制訂適當敎育政策，以配合經建的需要。由敎

⓫ 林文達：從敎育利益分析探討我國敎育資源運用的策略（政大學報第三十期，六十三年十二月），頁六三～一三九。
⓬ 林文達：規模經濟與敎育政策（新時代，十五卷五期，六十四年五月一日），頁六十一～六十五。

育收益出發做教育計劃，政府可以從學費的調整和薪資制度的釐訂，來誘導人力供需，配合經濟成長與社會需求。

判斷教育收益大小的方法有三：一是由教育收益現值來計算；二是由內在收益率來計算；三是由成本利益比例來計算。三種方法之中，有時用一種方法就能判定教育收益大小，作為投資決策的參考；有時須同時比較其它二種方法的結果，才能作成投資決策。三種方法的配合運用完全依分析的需要來決定。

成本利益分析處理法，字面上特別令人注目的是經濟學上的名詞一成本和利益。這二個名詞最容易使人聯想到錢字上面去。教育界一向標示清高，把錢和教育連接在一起難免立即有不好的反應。其實，用教育經濟學投資原則來解決教育問題，並不就是以錢來污染教育。在教育利益分析中。教育經濟學者還是重視利益以外的教育利益分析工作的，如政治利益、文化利益和社會利益等便是。採用成本利益分析觀點做教育計劃，旨在強調經濟計量和分析資源的有效運用，而不是將分析的內容限於金錢所能表示的內容。因此，有人提議用成本效益 (Cost-Effectiveness) 分析來代替成本利益分析；因為效益一辭較能涵蓋金錢以外的利益。

採用成本利益分析觀點作教育計劃，當然也有困難。教育利益很廣，在政治、文化和社會利益方面，目前雖然可以用假定的單位作分析；畢竟決定單位的尺度相對上準確性不夠，難免受人垢病。不過，隨著科技進步及有志者的努力，必然可以克服困難提高此種處理法的運用價值。

綜觀上述，教育計劃有三種出發點，卽：社會需求、人力需求及成本利益分析。這三種出發點，不是各自獨立、互不相干的。換句話說，做教育計劃時，不是採用社會需求觀點便可以不顧人力需求的，也不是

採用社會需求和人力需求的處理法便可以不顧成本利益分析的。

如果有人說我們現在採用人力需求法做教育計劃，便很容易被誤會為只顧經濟成長而不顧社會需要。因而這裏須特別強調三種立場在教育計劃過程中須兼籌並顧，配合運用的。例如，做國民教育計劃時，免費提供全民教育，編製基本教材，免費供應牛奶，補助貧苦學童生活費，便是考慮到社會需求。但九年國民教育畢業生已合於勞動人口的條件，必須就業，因此，須使國民教育配合經濟成長的需要，採用人力需求法，推測國民教育畢業生供應及職業需求情況，兼顧充分就業及學用一致的原則，使不升學的勞動力都能從事適合自己能力的經建工作。至於做教育計劃時，必須作途徑分析，更不能不用成本分析法了。

（二）教育計劃的三種分析法—規劃的技術與模式分析

無論從那一個處理法著手做教育計劃，都免不了做分析工作；這些分析工作要用到各種技術和模式才能達到計劃的目的。

教育計劃的分析法大致可以區分爲三種類:

1. 一般理論分析法: 這是本著一般推理演繹及歸納整理技術所做的問題解決方法。例如，杜威的問題解決方法、社會調查法、比較分析法等。傳統教育計劃方法大都屬於此類。

2. 量的分析法: 這是本著教育情境分析，利用統計，應用數學工具，從事計劃模式建立的方法。

模式譯名不一，最普遍的是模型及模式二種。本文採用模式。模式約可分爲三大類: 一是塑像模式 (Iconic Model) 是眞實世界的塑造品，如飛機模型便是; 二是類比模式 (Analogue Model) 是眞實世界的類似品，如影片便是; 三是符號模式 (Symbolic Model) 是眞實世界的抽象代表，由符號來表示，如文字、統計曲線和數學方程式便是。做教育計劃時，塑像模式及類比模式固然偶有採用，但大部分還是採用符號

模式⑬。

計劃模式建立的方法與技術很多；不同的教育目的可以導出不同的教育目標，不同的目標便有不同模式建立的需要。量的分析法當然在用量及模式來解釋眞實情境，結合資料及目標函數。

3. 綜合分析法：這是結合一般理論分析和量的分析而成的計劃方法。例如系統分析法便是結合一般系統理論分析及量的分析的一種綜合計劃方法。

教育計劃的分析方法一向延用一般理論分析法；因此，做計劃時常常藉比較分析及一般問題處理方式，由演繹及歸納，再輔以資料，然後做成決策。量的分析法，實際發揮效力是最近十數年的事。近十數年來，量的模式分析技術雖漸普及，但能普遍適用於不同教育背景的模式和技術，爲數仍然十分有限。當前許多國家，採用量的分析技術從事教育計劃，仍然停留在一般理論分析階段；利用資料調查來做決策的根據，卻沒有一定的模式來結合資料與計劃目標。因此，調查的結果，常常束之高閣，毫無運用價值；這類徒勞無功，浪費資源的方法，是從事教育計劃者亟應避免的。

量的分析法在依一定目標建立模式，運用各種技術使模式眞正代表眞實情境。量的資料旨在配合模式的建立，修正模式，使模式能實際結合目標與資料，代表眞實情境，以供計劃的設計與控制之用。模式的建立固然需要資料，可是資料的蒐集卻不見得能迎合模式制作的需要；因此，用量的分析法從事教育計劃時，資料的蒐集，必須謹愼將事。

凡是未建立量的分析法而想採用綜合分析法的國家，當先戮力量的分析法以建立可用的模式。一旦建立了可用的計劃模式，用綜合分析法

---

⑬ Thieraut, Rebort **J.** Decision-Making Through Operation Research (Taiwan: John Wiley And Sons, Inc., 1972), pp. 15–16.

做教育計劃便比較容易。但是未建立量的分析法的國家，也不是不可能採用綜合分析法的。只是綜合分析法的採用，沒有一些可用的計劃模式，當然不易發揮綜合分析法的效用。

綜上以觀，教育計劃的方法可以從兩方面看，一是將教育計劃的處理法看做是教育計劃的方法；一是將教育計劃的分析法看作是教育計劃的方法。本文教育計劃的方法，既指教育計劃的處理法，又指教育計劃的分析法。教育計劃的處理法有三種，無論做那一類教育計劃，這三種立場均得同時考慮。教育計劃分析法也大致可以分成三類；這三類分析法，無論採用那一種教育計劃處理法都可同時採用。可是教育計劃分析法中，比較近代化而較有效的當推綜合分析法了。

第二節　教育計劃的實施

本節依次介紹教育計劃的實施步序、作業方式與原則和預算。

一、教育計劃的實施步序

教育計劃是教育行政歷程的主要部份。一個國家教育目的既經決定之後，為了在時間上分期，在功能上分工，將教育目的付諸實施，必須有一套不同時間、不同工作的最高指導政策——教育政策。教育政策乃是教育行政透過組織及領導以達成教育目的的指導原則與實施策略。它的產生係透過教育計劃的初步段落而導出的。

教育計劃的初步段落係指由教育目的導出目標始，經個別考慮目標之可行策略後，再由決策選擇而決定的過程。教育計劃初步段落的產品

便是爲適應不同時期，不同任務所定的教育政策。教育政策爲實際教育行政歷程中、執行階段的指導原則。不過教育計劃在行政執行過程中，還得隨時取得執行的資訊以供評鑑後作爲再設計的依據。

教育計劃旣然是分期、分工實施教育目的；其作爲導向的教育目的當然期望以具體的、可行的並受時間限制的方式提出。一個抽象的教育目的往往須長時間才可逐步實現；它可能是一個無限期的方向指針，可作爲引導國家教育行政的南針，但不可以作爲分期計劃導向的依據。教育計劃的導向指南必須是具體的教育目標。

教育計劃的目的導向，雖然要求具體，但因它是由全國教育目的或教育行政目的導出的，它還是受抽象教育目的的指引。理論上，教育計劃仍然可以看作是由教育目的導向的。但實際上爲了計劃實施作業上的需要，教育計劃所據以導向的教育目的必須是由教育目的作引導而具體化了的教育目標。

一九六〇年代以後，管理科學上受目標管理 (Management By Objective) 運動的影響、加上提高行政效率觀念的呼聲，迫使教育計劃制作目標所要求的具體化程度加深。教育計劃所秉承的目標不只要具體，更要求它是可以衡量的。唯有以可以衡量的目標作導向，才可以使教育計劃運用現代科技智識作成評鑑，使計劃的執行更具效果。

當代教育計劃强調以教育目的導向，其實指的是要求建立可行的、具體的、有時間限制的並且是可以量化的行動目標。教育計劃目標的導出必須兼顧計劃時間及工作需要。不同時期的計劃當有不同的目標；同時，不同工作項目目標也自不同。根據不同時間及工作項目，訂定具體的、可行的及可以衡量的教育目標應是教育計劃歷程實施的第一步序。

教育目標確定之後，針對每一項目標，研擬可行策略──包括規範 (Programs) 及途徑 (Alternatives)，並蒐集各項策略的優劣佐證應是

教育計劃歷程實施的第二步序。此一工作的進行可以設立專案 (Projects) 委由專人負責，亦可經由行政組織中所設立的研究機構從事。

策略的研擬，不能憑空杜撰，宜考究實際教育問題及情境，了解癥結及有關因素之後才能提出。因此，策略研擬須藉科學研究方法的配合，利用現代科技及研究技術，廣蒐證據以探討可行策略，並分析策略的優劣。

策略一經選擇、決定之後卽成教育行政所依恃的政策；因此，策略研擬時卽應了解每一策略資源的需求及限制，才不致使策略流入形式。為了避免所擬策略流入形式，策略研擬的作業應有預算單位及財政分析人員的配合。諺云：「巧婦難為無米之炊」，再好的策略，如果沒有資源的充分配合，也將淪為畫餅充飢之議。教育計劃實施過程，考慮如何在策略研擬步序中，與財經、預算單位及人員獲得充分溝通、協調與配合，應是決定教育計劃實施成敗的關鍵。

決策是教育計劃歷程實施的第三步序。計劃由目標導向，經策略研擬，概定可行策略之後，尚待進一步作資料蒐集、比較分析，審慎選擇，始能作成決定。策略經過比較分析、選擇、決定後才能成為一種達成某教育目標的旣定策略——政策。可見，由資料蒐集、比較分析，選擇到決定的這一個過程是何等重要！如果說決策是教育計劃歷程中的關鍵性步序，實不為過。

教育計劃前二種工作——釐訂目標與研擬策略卽使作得再好，如果未獲決策部門將它們變成一個旣定的教育政策，都將徒勞而無功，白白浪費許多資源。許多國家往往花費了很多資源作成計劃策略如計劃草案及委員會報告等，終因未經決策步序，以致草案歸草案，報告歸報告，使各種計劃策略，徒然佔有檔案空間；而一切勞務費用與時間相與俱失！由此可見，教育計劃歷程實施的第三步序——決策關係計劃的成敗

是何等的密切。

　　雖然決策重點應放在資料蒐集、分析與比較而加以選擇後作成決定；但一種觀念卻不易截然劃分。試想對於任何問題，如不先予認知，將何從確定其優劣？又將如何選擇而作成決定呢？再說，一個人對於某種問題如不引發思考活動，又怎能認知該問題呢？本此，學者對於決策這二字的整個程序說法就因觀念劃分立場的不同而有差異：

　　紐曼等 (W. H. Newman et. al.) ⑭ 認為決策程序包括四種活動：診斷問題、發現途徑、分析與比較途徑、選擇與決定計劃。紐氏等從問題診斷開始來解說決策。理論上，未認識、確定問題之前實不應該談診斷問題。既然要將決策程序敍說清楚就該由認識及確定問題開始才是妥當。他們所說的途徑係指完成目標的方法或手段；這與本文所說的策略相似；發現途徑應指策略研擬。分析與比較途徑及決定計劃，無疑是指向策略研擬以後之資料蒐集、分析、比較並選擇而作決定的過程。這才是決策步序的重點所在。

　　葛立費 (Daniel E. Griffiths) ⑮ 提出決策程序包括六種活動：認識、界定與限定問題、分析與評估問題、建立衡量標準、蒐集資料、選擇途徑及付諸行動等。他將決策程序由問題認識及確定開始。分析與評估問題實際上是對問題的診斷。可惜他未曾替問題中可行途徑研擬立一活動階段；這不能與後面選擇途徑相呼應，這種看法只有一個理由可以加以解說：這便是將提出途徑者和決策者分開。研擬途徑不應是決策者的事。決策者僅須對問題加以認識，建立評估及衡量標準以備選擇之依據而後強調決策中心任務——在已備途徑中選擇與決定採行的途徑。因

---

⑭　Stephen J. Knezevich. Administration of Public Education (New York: Harper & Row, Publishers, 1968), p. 60.

⑮　Ibid., p. 36.

之，決策者僅須認識、確定問題，建立衡量標準以後就途徑研擬部門所提途徑加以比較、分析與選擇。葛氏是以實施方式來解說決策；決策的實施過程中，策略研擬與選擇及決定原由不同部門負責，決策者作決策的重點應放在選擇及決定策略上面，他對於問題的確認與評估原只作爲選擇及決定策略之依據而已。紐氏等對於決策的解說是由決策本質上立論。決策應由問題認知、診斷開始，經由策略研擬、比較分析、選擇到決定，而不將決策依實施步序分開，將重點偏放在策略選擇與決定上面。

葛氏所謂付諸行動意卽將決策付諸實施的意思。決策不付諸實施形同廢紙。策略旣經決定選用，自然須付諸實施，否則卽不能稱爲政策。決而不行固會發生，但其肇因應屬政治問題。決策步序一但作成選擇與決定卽已作成政策。政策乃行政的原則與行動指針，理應有行政行爲的配合。有政策自有實施的行爲。了解這一點，在描繪決策步序中，付諸行動一詞宜可省略。

綜觀上面二種決策步序的說法，雖因立論者觀點不同而有差異；但決策的本質已昭然若揭。決策由問題的確認開始，經過診斷、釐訂評估標準、研擬策略、比較分析策略到選擇決定而完成整個步序。但在教育計劃過程中，實際上爲了使策略研擬盡善盡美，往往將策略研擬與選擇及決定活動分別由不同部門及人員分司其事。本文旣然是在描繪教育計劃實施的步序，自以根據事實情況，將決策限於策略的選擇及決定二種重要活動。事實上，各國教育計劃步序中，策略研擬均設有專人與部門負責其事；通常策略研擬是由計劃單位或研究發展部門負責。至於從事決策者往往是些政治人物，如機關首長及民意代表和專家學者等。這些人通常不負責研擬策略，其決策重點放在策略的選擇及決定上面。

決策旣然強調策略的選擇與決定，作選擇之前，對於問題的確認、

衡量標準的訂定亟應愼重。其次，在決策程序中務希廣事蒐集資料，以作爲嚴謹科學分析的依據，期能作成合理而最佳的決定。因爲決策一旦作成決定，便成爲行政行爲所依據的教育政策，影響爾後教育發展旣深且巨。決策者最好能充分考慮各有關因素，以理性決策方式作成政策才是。

理性決策要求充分運用理性思考，針對有關教育問題及實現目標的策略，週全的考慮其決定因素，充分蒐集資料以作成嚴謹的分析。然而，決策過程中常因策略優劣及可用性不明顯，資料蒐集又不容易，致使理性決策發生困難。尤其，近年教育組織及其環境日漸複雜，不確定因素加多，這都是理性決策方式運用的障碍。再者，決策者所需考慮的因素極多。策略研擬部門所提出的策略分析資料固然具有充分證據，但是決策者居於本身所代表的立場，對於策略的認識常不一致；此外，決策者往往受到內外部團體的壓力，迫使其採用次佳的決定⓰。這都是決策時採用理性決策方式的困難。

教育計劃一旦作成決策，不論決策方式是否符合理性，也不論決策所選定策略是否最佳策略，終將成爲教育行政上行政行爲的指導南針──教育政策。教育政策透過組織及領導而執行。執行過程中，教育計劃的工作是管制與評鑑。這便是教育計劃歷程實施的第四種步序。

管制與評鑑的目的在嚴格掌握計劃進行方向，隨時取得計劃進行的資訊，透過控制系統，施以必要的糾正，爲了達成此一目的，最好利用自動控制系統，與執行部門與資訊處理單位密切配合，建立資訊流動和衡量與糾正之管道。

自動控制系統的建立，應由教育資訊中心爲骨幹。將每一計劃衡量

⓰ John Thomas Thompson. Policy Making in American Public Education (Englewood Cliffs: Prentice Hall, Inc., 1976), pp. 143-4.

標準，檢核步驟及規格以一定程式存於中心。經中心依檢核程序處理後，找出糾正資訊轉發執行部門作成必要之改正。

　　資訊中心應以資訊的儲存，程式設計及管制爲主要任務。它應與研究發展部門相結合。研究發展部門所獲研究結果，不斷轉化成爲可用計劃模式，交由資訊中心儲存備用。評鑑與管制未能發揮效果的最大原因，一向是因爲研究發展與資訊中心分開，各自獨立，研究結果乃成靜態資料，時過境遷，自然存檔，不能有利於教育計劃。同樣，資訊中心由於缺乏研究輸入亦成爲靜態有限資料儲存庫，不能有利於教育計劃之管制及評鑑。爲了使管制與評鑑發揮效果，應以資訊中心爲基地，建立研究發展部門，最好將資訊中心、研究發展部門一同合併於計劃單位；如此，教育計劃歷程的第四實施步序才能生效。

　　教育計劃歷程經過第四實施步序—管制與評鑑之後，配合年度績效預算的檢討應進入第五實施步序—再設計工作。再設計使短期計劃與中期計劃銜接，中期計劃與長期計劃銜接。教育計劃所以是一個歷程就是因爲有了再設計的工作步序。教育計劃也因爲有了再設計步序，才能使教育工作由教育目標導向而逐步實現教育目的。

　　再設計的主要功能在確定並調整政策實施與計劃目標的關係。政策實施與目標的關係有二種可能：一是與目標一致，一是與目標發生偏差。政策實施後與目標一致時，再設計將繼續採用原政策，繼續中、長期目標，逐步完成既定計劃目標。如果政策與目標發生偏差時，有二種方式可以採用：一是修改目標的量及程度以調整中、長期目標。一是考慮新策略，重訂新政策，維持中、長期目標。

　　教育計劃由目標設計、策略研擬、決策、管制與評鑑及再設計等工作步序而實施；這五個步序是一個連續不斷的工作歷程。在這一個歷程中，一切有關教育問題、情境及其它因素都得考慮，而一切可被運用的當

代科技均可被採用。實施過程中，一個目標的完成，緊接著又有新目標的產生，因此，一個計劃的完成又有另一新計劃的出現；但是教育計劃的最終目的在實現教育目的而教育目的的實現則遙不可期。教育目的既然不可能完全實現，教育計劃歷程的五種實施步序也就得連續不斷的進行了。

二、教育計劃的作業原則與方式

　　教育計劃的作業至少要考慮民主、效率、整體發展及權責相稱等四大原則。

　　（一）民主原則　教育計劃是一種團體計劃，以集體意志為基礎，並透過集體力量而實施。集體意志與力量和個人意志與力量迥然有別。個人意志常可以因興之所至而改變，易於適應情境變遷的需要；同時，個人計劃也常因執行效果不大，影響範圍有限。團體計劃則不然。團體計劃的擬訂，須能滙集眾人意志，其作業程序既費時又費事，不易因境況變遷而改變。其次，團體計劃透過集體力量而實施，影響範圍大，其成其敗，攸關大眾利害。所以，團體計劃的釐訂，當求穩健紮實，滙集眾人智慧以謀集思廣益，作出可供長久遵循的行動南針。計劃的實施更須統合群力才能成功。

　　晚近各國教育計劃已不只是一種團體計劃；它與經濟計劃和國防計劃一樣已成為攸關全民福祉的國家整體計劃的一環了。

　　教育一旦成為一種國家計劃，其執行首應顧及全民意志。教育計劃的執行，能否代表全民意志，集合全民力量，應視計劃是否獲得全民支持及參預而定。計劃由目標釐訂、決策到實施獲得全民參預，即易獲得全民意志的認同並傾全力支持。獲得全民支持的教育計劃容易竟功，否則將會因困難重重而事倍功半。計劃的作業由目標釐訂、決策到實施爭

取全民積極參預便是教育計劃所應遵循的民主原則。

（二）**效率原則** 在諸多政事中，每一政事都在競取有限的資源，而資源因具稀有性，每一資源亦都有其機會價值。運用在教育計劃的資源，顯然將失去其運用於其它政事的機會價值。為了獲得教育計劃所需的資源，計劃作業應提出當用於教育而不當用於其它政事的理由。這就要看教育計劃是否比其它政事更有價值及績效了。教育計劃是否較具價值應由其投資收益高低來決定。教育計劃投資收益高於其它投資計劃便是比其它投資計劃更有價值。教育計劃作業過程中與績效相關的是指計劃作業有無浪費與能否應用經濟而有效的管理方法。因此，教育計劃作業的效率原則是指教育計劃作業的管理有無經濟效果。有經濟效果便是有效率，反之，則是無效率。

（三）**整體發展原則** 教育計劃僅係全部國家政事計劃的一環，其作業自應同時配合其它政事。配合其他政事的作業是指計劃過程，不只要考慮其它政事發展的需要，更要求在作業當中充分與其它政事計劃的作業取得連繫與協調。教育計劃作業兼顧其它政事發展需要與作業過程的協調便是教育計劃作業的整體發展原則。

（四）**權責相稱原則** 權是指掌握或接近資源的機會與運用此一機會的力量。有權是具有掌握或接近並運用資源之力量。責是指具有計劃作業任務。權責相稱原則意指具有計劃作業責任的人員或機構同時能掌握或接近並運用資源。教育計劃的作業由策略研擬、決策到提出計劃的過程，無不需要考慮資源的需求。同時，提出計劃更應有預算配合才不會使計劃落空。權責相稱時，計劃作業單位或人員可以同時決定資源的運用，始不會讓計劃落空。掌握或接近並運用資源的單位或人員與計劃作業的單位或人員若非同一主體或不能經由協同行為獲得權責相稱的效果，將削弱計劃效果，甚或使計劃因得不到資源的配合而胎死腹中。

　　教育計劃作業如能根據上列四原則進行，將會使計劃實施步序踏實並具有高度績效；反之，計劃必會減低效果，甚或全無結果。

　　目前各國教育計劃作業所採用的方式不外統整式及分解式。這二種方式是否能儘合四個作業原則，要看不同國情及作業方式的內容而定；並不能一概而論。

　　統整式作業是將教育計劃的五個實施步序，統由一個階層政府，設立機構而集中進行；同時，亦將計劃主要任務，全部由同一階層政府負責。採用統整式作業方式因事權集中在一個階層政府，協調容易，可以避免工作程序的重複；統合運用資源，足以產生規模經濟效果，增加管理效率。

　　其次，統整式作業，易於與其它政事取得連繫，使步調協調一致，收取整體發展效果。再者，決策過程，因為決策點集中，易於爭取時效，也是有利於增進效率的。另外，統整式作業因計劃責任集中，如能獲得充分資源的配合，也容易產生權責相稱的效果；當然，如果資源不能充分配合，統整式的權責相稱效果也就不能實現了。

　　大體上，統整式的計劃作業方式容易符合效率原則及整體發展原則；至於權責相稱原則的實施則仍要看權責的劃分情形才能作成定論。一般說來，統整式計劃是有利於權責相稱原則的實施的。

　　不過，統整式作業，因為決策點集中，無論採用何種鼓勵全民參與方式都不容易真正獲得大多數人的支持。一者統整式作業，參與方式受到限制，不能獲得直接參與，再者，計劃任務無法細分，減少參與的真實感。這些都與民主原則背道而馳。

　　統整式計劃以法國為代表。法國計劃作業由目標釐訂，策略研擬到決策與管制和評量全部由中央政府分設不同部會負責；其次，計劃任務大自教育原則、制度、課程、人事、經費，小至課表皆由中央政府作成

決策。法國計劃作業方式頗能發揮效率原則，統合運用組織管理並充分協調避免資源浪費。其次，其教育計劃委員會乃一般計劃委員會二十八個委員會之一❼，作業過程與其它政事充分配合。決策亦由國務會議充分溝通不同政事，以謀國家整體發展，符合計劃作業之整體發展原則。

法國不只全部計劃責任由中央政府負責作業，大部份資源亦由中央政府掌握並運用。中央所負教育經費幾近百分之九十以上之外，凡預算之提出均由中央政府財政部與預算部與閣員獲充分協調；這有利於權責相稱原則的實現。

法國由於決策點過份集中，違反民主原則，近年亦略有變易，將部份計劃決策如課程等交由另一階層組織辦理。一九五七年之後，法國設法開放教育決策參與機會，應是一種實施民主原則所作的努力。

分解式係將教育計劃作業程序及各種教育計劃任務分別由不同階層政府負責辦理。此法分散決策點，可以擴大參與範圍及直接參與決策的人數，符合民主原則。任務分散，事情處理較易，策略研擬及比較分析容易進行易能增加管理效率，符合效率原則。

惟計劃作業程序分散，難免設立不同機構負責相同程序，浪費資源；更因機構分散不易有效運用專才而減少效率。其次，計劃任務因不同層次政府而不同，不易使整體教育任務與其它政事獲充分協調及發展，實違背整體發展原則。再者，計劃任務分層負責更增加權責配合的困難。

總之，分解式作業除了不易符合整體發展原則外，權責相稱原則及效率原則的實施仍然可期，而民主原則的實現則為分解式的最大優點了。

---

❼ W. D. Hall. Education, Culture And Politics in Modern France (Oxford: Pergamon Press, 1976), p.38.

分解式計劃作業方式以美國為代表。美國各階層政府對於教育計劃由目標釐訂，策略研擬到管制與評鑑的步序，都設有不同機構負責執行。除外，聯邦、州及學區亦分別掌理不同的計劃任務。同時決策點分散；這些都十足代表分解式作業方式。決策點分散有利於參預與符合民主原則。不過美國三級政府都分別設有計劃部門或人員，形成作業的重複及資源浪費，阻碍政事連繫溝通，不利於整體發展原則之實施。近年美國為了促進計劃作業效率，戮力學區重組，以調整管理規模，減少計劃組織重複，固然在期望促進效率，加強組織連繫，力謀整體發展；但是，聯邦、州及學區教育權責不相稱的情形仍然有待改進。美國中小學教育計劃責任集中在學區，但學區經費貧乏，無充分資源可資運用，近年聯邦政府雖然運用補助方式協助學區；但在計劃作業過程中，仍然未能使經費與責任充分配合一致。

各國教育計劃作業方式因國情而不同，然而都可以歸類為統整式及分解式二種型態。這二種型態當中，前者易於符合效率原則及整體發展原則，但不利於民主原則之實施。後者則相反，它利於民主原則之實施而不利於整體發展及效率原則之實現。至於權責相稱原則之遵循仍以統整式較易進行。不過，分解式雖然執行權責相稱的原則困難較多；在適當的作業情況下，分解式作業仍然可以在此原則下完成計劃作業的。因此，各國因國情不同而發展相異的計劃方式，本身並沒有先天的優劣的。二種方式都可以努力改進使配合四種作業原則；只是某一方式的作業在追求符合某一原則的目的方面其困難較另一方式多而效果較少罷了。

三、教育計劃預算

教育計劃的實施能否奏效，全賴預算是否能充分配合。近年在教育行政要求績效責任的呼聲中，教育計劃預算曾經進行一項改革。這項改革是由美國倡行的。

美國最先曾在一九六二年在農業部試驗一種預算方法—零基預算 (Zero-Based Budeget)。此種預算的支出不以過去支出項目及內容為基礎，而是以新的計劃項目為支出考慮的起點，每一新計劃支出項目及內容均需詳列支出證據及理由。這項預算方法與一向採用的遞增預算 (Incremental Budget) 方式有別。遞增預算的提出是根據過去支出項目及內容和未來計劃項目及內容的增減而增刪預算支出；它不必要求對於計劃的每一項目及內容提出證據。以過去預算為基礎，針對新計劃預算作增刪工作輕而易舉；但由於預算不須詳細對於新舊計劃內容舉證，易使不必要的支出繼續編列預算之中，發生浪費資源情事。

零基預算則與遞增預算相反。由於預算制作須針對每一計劃項目重新舉證；一個無效率及浪費資源的計劃項目及內容是不容於新編預算之中的。只是，不以過去預算支出為根據而要求對於未來計劃支出項目及內容一一重新舉證未免工程浩大，所須作業人員更不勝其數。

此種預算方式先由美國國防部試行，發現結果頗能令人滿意，詹森總統乃於一九六五年詔令中央及政府機關應積極準備採用此一新的計劃預算方式。這便是一般所採的規劃預算制度 (Planning Programming Budgeting System)。後來，此一計劃方式又融合了當時管理科學倡行的目標管理精神，不止要求從零基預算方式作計劃，更要求預算支出以目標及實施目標的活動—規範 (Program) 作為預算項目分類的基

礎。

決定了以目標及規範作為預算項目分類基礎之後，對於計劃預算的支出項目和內容更要求採用成本效益分析法。如此，任何一個計劃預算的提出都有詳實的績效責任資料。

零基預算方式、目標管理及成本效益分析可以說是規劃預算制度的三大基石。採用零基預算方式須有大量新的人力及資料處理費用支出，因此，所費不貲；目標管理的成敗關鍵在於目標的澄清；成本效益分析應有專門技術及資料；由此可見規劃預算制度的實施是需大量資源及專門技術的。

美國教育方面採用規劃預算制度之後效果不彰，其主要原因在於：教育目標澄清不易，很難決定一個適用於教育的預算目標及規範分類。教育目標及達成目標的活動見仁見智，莫衷一是，很難取得一個確實的分類。因此，預算的提出項目不能一致；項目不一致即不容比較分析，也就難於採用成本效益分析法了。

其次，採用零基預算方式要求對於每一支出項目及內容舉證。教育方面除了須運用不少人力物力，費用龐大外，更因教育科學實證資料舉證不易，採用零基預算方式彌覺困難。

再者，成本效益分析須用專精於計量的人力；但教育方面一向疏於計量觀念的養成，一時頗難接受此一技術，更遑論著手培養或聘用此類分析人力。

顯然，一種新的計劃、預算方式的運用之始，必然困難層出不窮，可是，要想有一個具有績效責任的計劃預算制度，還是要根據規劃預算制度的三大基礎—零基預算、目標管理及成本效益來著手開創。教育方面應先致力於目標澄清工作，訂出一個具體的預算分類標準。有了此一分類標準之後，一方面培養預算分析的有關人員，一方面並積極進行資

料蒐集及分析工作，則建立一個具有績效責任的計劃預算制度當然指日可期了。

本書主要參考書目

一、Bereday, George Z. F., And Lauwerys, Joseph A (ed.) Educational Planning (New York: Harcourt, Brace And World, Inc., 1967).

二、Le Breton, Preston P. And Henning, Dale A. Planning Theory (Englewood Cliffs, N. J.: Prentice Hall, Inc., 1961).

三、Coombs, Philip H. What is Educational Planning? (Paris: UNESCO, 1970)

四、Faludi, Andreas. Planning Theory (Oxford: Pergamon Press, 1973).

五、Fox, Karl. Economic Analysis For Educational Planning (Baltimore & London: The John Hopkins University Press, 1972)

六、Knezevich, Stephen J. Program Budgeting (Berkeley: McCuthan Publishing Company, 1973)

七、UNESCO Long-Range Policy Planning in Education (Paris: UNESCO, 1973).

八、John Thomas. Thompson. Policy Making in American public Education (Englewood Cliffs: Prentice Hall, Inc., 1976)

第五章　教育組織及其架構

教育行政包括學校行政及一般教育行政。這二者雖然構成教育行政的全部，但其性質略有不同。

學校行政目標強調全人格的發展，以個別學生內部開發及外部秩序的追求爲目標。組織分部以學生爲對象，並以教學爲分部的基礎；組織鬆弛。

一般教育行政的目標則在處理行政事務，集合群體力量並集中資源以實現群體教育目的；其組織遠較學校行政組織爲嚴密。

二種行政雖性質略有不同，但其組織原理與商業行政和軍事行政一樣，都是以一般組織理論爲基礎的。郭林菲 (T. Bass Greenfield) 早曾指出組織科學能够用於其它行政組織，也自能用於了解教育行政組織❶。持著同一觀點的學者日漸增多。葛立費 (Daniel E. Griffiiths) 在一九六四年更進一步認爲教育行政與其它行政並無不同。一般行政以組

---

❶ Meredyd Hughes (ed.) Administering Education: International Challenge (London WCI: The Athlone Press & the University of London, 1975), p72

織論為解釋的基礎，這種理論同樣可以用以解釋、描寫並預測教育行政的組織行為。

其實，多數國家一般教育行政組織常是一般行政組織的一環。一般教育行政並不是獨立而與一般行政無關的。一般教育行政組織常是一般行政組織的一環；其組織也與一般行政一樣是從組織原理出發的。卽使部份國家有了獨立一般教育行政制度，另外建立一般教育行政組織，其組織原理仍與一般行政組織理論相一致。

學校教育行政雖與一般教育行政性質略有不同，但學校僅係全部教育行政的一環，它是全部教育行政組織的一部份，其重心還是放在集合資源以完成教育目的上面，仍然須運用組織理論來完成目標。因此，近年教育學者無不試圖由組織理論的運用來描繪教育行政組織；由組織理論原理來解釋，預測教育行政行為。

基於此項理由，本文將先介紹一般組織原理，然後以組織原理來描繪各國教育行政組織的架構。

第一節　一般組織原理

組織是資源及其運作架構交互作用以實現群體目的的一種社會系統。組織是資源運用的一個相關集合體；資源包括人力、物力、財力、時間及空間。這些資源透過一個運作架構而發生作用；在資源及其運作架構交互作用之下，透過良好的領導功能，便能實現行政目的。

資源與運作架構交互作用的結果可以從行政的某些層面看出來。這些層面包括經費的籌措與分配，人力的培育與運用及事務管理等。

領導功能係指使資源與運作架構相輔相成的一些行政功能如協調、

溝通、激發、評鑑，指導及命令等活動。資源與運作架構交互作用，如果缺少適當的領導活動就無法達成群體所欲完成的目的。

組織是一個系統，當指資源與其運作架構交互作用過程中，受到許多相關因素及活動的影響。這些因素及活動彼此是相互關聯的。為了使組織順利的達成目的，必須針對每一階段目標，探究其決定性因素與目標間的關係，並且掌握每一決定性因素，使每一因素都能在組織運作中發揮至高的效力。所以，強調系統即是注重組織運作過程中每一因素的相關及其重要性；並且考慮因素變化的動態特性。

組織是一個社會系統，即是說明組織是為達成社會目的而成立的。社會目的有許多，組織即在將資源集合起來，透過運作架構，使群體共同的期望得能兌現。

學者所持立論雖各不同，但對於組織一詞的定義總是由三大部份來描述的—資源、運作架構及由目的導向的社會系統。

艾基里 (C. Argyris) 將組織看作是三類主要活動的部份相關。這三類主要活動是：獲取特殊目的、內部自我維持及適應環境❷。艾氏解釋組織所強調的三類主要活動是由組織目的著眼。自我維持及適應環境乃組織發揮功能的先決條件。自我維持及適應環境使組織能生存；但組織並不應該為生存而生存；而是應以獲取特殊目標為其生存的最大理由；這特殊目標應是組織行為賴以導向的目的所引導出來的。艾氏特別強調組織生存的目的而忽視其本質的說明。其實，對於組織的了解，不能不重視其賴以發生功能的實體；這就是組織的運作架構及資源交互作用所構成的社會系統。

李克 (Rensis Likert) 則由組織的實體來解釋組織。他認為組織是

❷ R. G. S. Brown The Administrative Process in Britain (London: Methuen & Co. Ltd., 1970), p131

由相互關聯的群體所組合而成的。群與群間的結合是透過重要人物的銜接而發生關聯的; 這重要人物與群的關係正如別針與物件一樣。組織因而是由各個別針將不同群體連接而成的一個相關運作架構。他從組織運作架構看組織的本質, 更強調組織中領導人物的協調、溝通作用。由人構成或由群體相互結合而成的一個運作架構是組織的一個骨幹; 但組織的本質應不限於此。除了人的資源外, 組織運作有賴其它資源的投入; 並且組織能否發揮功能還有待有關因素的互動作用。除外, 一個組織當不止為生存而生存, 它的活動必須指向目的; 沒有目的作導向的組織; 其存在並不具任何價值。

查斯特 (E. L. Trist) 與李克相反, 他重視一切投入資源及資源運作的動態過程, 卻未提及組織運作架構。查氏認為組織是一種技術與社會系統的混合體, 在這一個混合體中, 投入透過技術而轉變成為各種產出。因此, 組織是一種社會、技術系統; 在這一系統中, 投入經轉變而成產出。組織由投入轉變為產出過程固然需要行政技術, 但行政技術僅係組織運作架構與資源交互作用的一面, 並不能解析組織架構與資源交互作用的全部。組織架構與資源交互作用的全部層面除了攸關事務管理一行政技術層面外, 尚有人力運用及經費籌措與分配等; 這是無法用查氏理論加以說明的。再者, 組織沒有目的作導向, 投入變成產出之後往往使組織具有效率 (Efficcency), 但未必能具有效益 (Effectiveness)。換言之, 組織理論不強調目的導向, 卽或組織發揮生產功能, 使投入順利而有效的轉變成產出, 也未必保證該產出符合組織目的。因此, 組織運作雖然有效, 但卻不能達成組織所賴以生存的目的。

蓋銳等 (Jacob W. Getzels et Egon Cuba) 最先用角色理論來解

釋組織的意義❸。他們認為組織係個人與機關在有關因素影響下，透過
不同角色表現為可見的行為，以實現目的的一種社會系統。任何組織均
可由個人及機關二個層面的交互作用下加以觀察。個人因有不同人格，
基於不同需要而要求表現不同角色。一個組織中機關的存在對於組織構
成的成員將有所期望，組織的行為便是在個人需求角色及機關期望的角
色之相互作用情況下表現出來。這相互作用當然取決於不少因素；同
時，交互作用情況也極不一致。蓋氏等引導行政走向影響組織行為因素
之分析功不可沒。為了解影響組織行為有關因素的情形，蓋氏又將其理
論作深一層次的發揚。他與泰倫 (Herbert A. Thelen) 合作，將角色
理論繼續發揚光大，深入研討可能決定組織行為的有關因素。組織達成
目的過程藉諸多因素的相互作用，若依二氏的見解，可圖示如下：

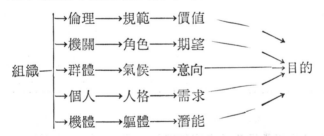

　　個人原是機體的一種，受到先天身軀結構限制，導致個人潛能的不
同。個人在先天及後天影響下，人格差異極大，所表現需求也自不同。
機關是由不同角色構成的，角色的成立本諸機關成立的期望；每一機關
的成立因其倫理、規範不同，價值體系也不一致。個人一旦成為機關的
一員，其行為受制於機關的價值體系，並要求適應機關所賴於維持的不
同群體組合。不同群體在不同機關氣候下，其行為意向也自不同；這一
切因素都可能成為整個組織行為表現的決定因素。如果要了解組織行

❸ Charles F. Faber et. al. Elementary School Administation (New
York: Holt, Rinehart And Winston, Inc., 1970), pp. 263-291

爲，以求得組織目的的實現，對於決定組織行爲的有關因素不可不深入研究。

蓋氏等雖未對組織運作架構作深入描述，但由角色理論觀點，探討影響組織運作架構與資源交互作用的各種有關因素，可以使人對組織有更深一層的認識。由此也可以使人了解，影響運作架構與資源交互作用的各種有關因素對於組織的重要是無可否認的。

帕森 (Talcott Parsons) 的組織理論，對於運作架構試圖加以描繪。他認爲組織是投入透過運作架構系統以獲取產出的過程❹。所謂運作架構系統係指組織架構的四個層次。組織架構雖千變萬化，但一般皆離不開機關 (Institutional)、管理 (Managerial)、技術 (Techical) 及對象 (Client) 等四個層次。投入的資源，透過這四個層次作用之後，即有產出發生，導致組織目標的實現。他將組織架構看作是由截然不同性質的四種技術及行政層次所構成，未免忽視組織運作架構的整體性及關聯性。任何獨斷的劃分成不同組織層次的靜態結構都不足於說明組織架構的動態特性；帕氏的努力功不可沒，但其描敍組織架構的方式卻不足探。

此外，帕氏並未提及投入及產出轉變的動態特性及有關因素的相互作用特性。這也是他理論的缺失。其次，帕氏有意或無意地未提及組織的目的導向，也應視爲美中不足之處。

以上學者解說組織理論不外強調組織某一特性，然後作深入發揮。因此，每一個人對組織立論皆有可取之處。艾基里提出組織目的導向的重要，李克說明組織中群體關聯及銜接的重要；查維斯道則爲組織動態

❹ Robert C. Maxson et. al. A System Approach to Educational Administion (Dubuqul, Iowa: WMC, Brown Company Publishers, 1973), p19

過程指出一條出路; 蓋銳等則在組織有關因素分析方面另闢徯徑, 別有建樹; 帕森則試圖建立組織運作架構的說明。但是不論採取那一種見解, 每一個人都偏向以人爲組織中心的論述而忽視了組織中物力、財力、時間及空間資源的說明。組織爲完成人類行爲目的而成立一事是無可否認的, 但論及組織理論的說明, 僅以人力資源作爲重心則顯有未妥, 因爲物力、財力及時空限制, 往往使組織行爲一籌莫展, 這是不可否認的事實。

　　總之, 組織應用目的作導向, 才能使投入變成產出之後不致有效率而無效用, 導致徒勞而無功的後果。其次, 組織功能的發生必須是在一種動態的過程中完成; 同時, 此一過程是受到許多相同因素所影響的。爲了使組織充分實現其目的, 了解組織過程中因素的影響及效果是不可忽視的。再者, 組織是存在於社會中, 爲社會目的而存在, 雖然以人爲投入資源及運用資源的重心, 但卻不可忽視人力以外其它資源的投入與結合。最後, 組織功能的發揮有賴於一個動態的組織架構。這一個架構的描繪顯然見仁見智; 因此, 本節將把重點放在一個理論上組織架構的探究, 以便作爲分析各國教育組織的基礎。

一、　理想組織架構的特性

　　一個組織要能結合各有關因素, 在相關因素作用下, 使投入的各種資源轉變爲產出並實現組織目的, 必須由一個具動態特性又能表示組織功能相互關聯的組織架構始克有成。這一個組織架構至少有五種特性:

　　（一）**基於行爲合理性**　組織的形成在實現目的, 因此, 要求其組織成員行爲是合理的; 惟有合理的行爲才能導致行爲的結合, 達成組織

所欲追求的目的❺。為了使組織成員表現合理的行為，組織架構必須建立一定的秩序。人與人間，資源與資源間處理的秩序井然，才能使行為合理化；因此一個井然有序的架構是必要的。

（二）**以法規標準作根據**　組織運作架構所建立的秩序必須有一定的約束力量作根據。這種約束力量的來源由立法或由道德規範及一定行為標準為基礎；但法規標準當是最具效力的一種根據。

（三）**使組織目的由分歧中統一**　組織運作架構不論如何複雜，它的功能必須是協調的，方向是統一的。為了實現組織目的，可以將責任劃分，依專責辦事，也可以將目的細分，依目標分期實施，但責任統一，目標協調，使組織行為方向一致，則是建立組織架構所應重視的。

（四）**依專長劃分角色，區分工作**　為了使組織發揮效率，一個良好的組織架構，應使角色區分配合成員專長。運作架構的建立是由不同專長的環結相互關聯而組成的。

（五）**建立命令服從體系**　組織架構既然分工而成一關聯動態體系，為了工作協調及溝通方便必須建立上下溝通及協調體系。最能發揮上下溝通及協調效用者，當於上下服從命令體系為最重要，上下命令服從體系建立的結果往往產生不同階級層次，因此，一個組織架構往往具有階級層次的關係。

以上五種特性係最理想化的一種組織架構，這種架構的出現將使組織行為表現效率。但是，**事實上，組織行為並不以效率為惟一品評條件**；事實上的組織架構逐依不同行政屬性及不同情境制度而不同。

---

❺　Herbert A. Simon. Research Frontiers in Politics And Government (Washington, 1955), p30

二、典型的組織架構

理想上，完全符合於上述五種屬性的組織運作架構應爲一般行政上最常出現的部層制 (Bureaucracy)

部層制的架構是依專責分工而成立處理事務的不同部門，並依授權專責的層級關係而建立井然有序的上下命令體系。前者又叫部門化 (Departmentation)，而後者叫階級層次 (Levels of Hierarchy)。部層制便是由部門化及階級層次的架構，透過嚴格立法以規範行爲，使行爲合理化而達成組織目的之一種措施。

部門化是將組織工作由大而小區分或逐層細分成立不同處理單位。因此，部門化可使統一的目的分成不同工作的責任範圍，產生功能差異性以提供不同的服務。功能分化的結果固然形成部層制的差異性；但由於命令體系的建立，使功能重獲統一起來。命令統一 (Unity of Command) 使得部層制在分工後的差異性結合起來，產生目的的一致性。

部門化可依不同服務性質而實施，有些服務因服務對象、地區、程序及時間而不同；因此，可以依服務對象、地區、程序及時間而設置不同部門。部門化亦可按照服務功能及產品而設置；因此，可以依服務項目而成立不同部門。但不論採取那一種分部方式，都可能產生服務性質及功能區分的困難，以致使部門責任重複或部門工作含混。爲了避免分部所造成工作重複及無人專責的後果，應有充分協調的行政措施加以補救。

階級層次是部門化分工之後，授權及專責的一個結果。爲了使負責任者能有效擔負起所應執行的任務，必須授予其處理事務的權限。部層制既係依專責而分工，擔負責任者係依其專長而承受責任，自然他具有

權威 (Authority) 或權力 (Power)。權威與權力是不同的。西蒙認爲權威是作決策以引導他人行動的勢力。白納德 (Chester I. Barnard) 則認爲權威是爲了合作必要，個人在組織中願意並能够奉獻的代號。觀二氏對於權威的界說可知權威是組織中因專長分工的結果，使負責任者具有決策並引導組織成員行動的威力。組織成員在負責人的決策引導下，在其能够奉獻的範圍，自願的盡其能力，爲組織執行任務。由此可見，權威是組織基於分工，使具有專長者擔負其適當角色的需要，自然而形成的一種命令與服從體系。這種命令與服從是自然的；命令與服從的關係係來自個人的意願。使用權威的人是基於負責任的需要而服從權威者則係一種自願的奉獻。

權力與權威則有所不同。權力是因擁有資源或接近資源者，不計他人反抗之下，實現其意願的一種力量。資源是組織成員賴於生存並發揮功能的基礎；苟無資源，組織將無法動彈，遑論發揮其正常功能；如無資源，組織成員將無法生存，更何能奢言替組織辦事。一旦有人接近或擁有成員與組織賴於生存並發揮功能的資源，他便能驅使組織及成員行動，强令就範。所以，權力是具有强迫性質的。擁有權力者可用組織及其成員所賴於生存並發揮功能的資源爲操縱目標，而迫使組織及其成員依照其意願行動。命令與服從體系植基於權力的運用，固易達成組織目的，發揮組織運作效率；一旦運用權力者動機不正，亦極易使組織步入歧途。

部層制命令及服從體系的建立可以依據權威或權力的授權。授權基於權威，命令與服從係自然的，自願的。但是，由於組織目的完成的過程未必皆能符合成員的意願，如果僅依權威授權，一旦組織完成目的過程拂逆成員意願，必不易竟其全功。爲了發揮組織功能，實現組織目的，權力的授與實有必要。至於何種情況應依權威授權，或應依權力授權，

應以組織運作的必要為根據。一般組織為了實現組織目的，往往建立上下命令服從體系，並依權力授權。這種依權力所建立的命令服從體系在組織中形成一種上下隸屬（Line）關係。隸屬關係強調階級服從；它不計組織成員意願，在上者以操縱並擁有資源者的姿態出現，要求在下者絕對的服從。部層制的授權以權力為基礎的比例特大；雖然，分工係依專長，但典型的部層制大多仰賴權力為授權的基礎。這種作法無非在求有效的達成組織目的，並使組織成員在功能分歧中透過權力運作體系，達成功能統一與目的統一的結果。偶爾在部層制的隸屬關係下，為了輸入專業智識，使部門分工發揮專門角色功能，設立參謀人員（Staff）。參謀人員本身具高度專門智識，在組織中由權威發生授權基礎；他們雖不具權力，但由於專門智識所產生的權威卻可以在無形中產生命令與服從效果。

　　部層制雖是典型的組織架構；它能使組織有效達成目的；但如運作不當，也可能發生反效果。部層制有時會成為人們嘲諷的官僚制即是一例。

　　部層制易於被譏諷為官僚制，其最主要原因是授權不當，導致行政遲滯、呆板、權責不清、浪費等現象所致❻。

　　官僚制的第一個徵象是行政過程緩慢，辦事遲緩，以致事情的處理，層層延誤。造成此一徵象的主要原因或因監督不週，或因授權不當，或因辦事程序冗長不一而足；但其根本原因則來自授權不當。授權不當至少有下列情形：

　　（一）無權威者擁有權力　部層制依專長分工，負責任者當以具有專門知識及能力，擁有權威者為主才能發揮組織功能。往往部層制中用

---

❻ Herbert G. Hicks et al. Organization: Theory And Behavior (New York: Mc Graw-Hill Company, 1975), p128.

人不具專長，未有權威，卻給予相當權力；這種情形易導致有權力者不負實際責任而擅自弄權。

（二）有權威者未具權力 有權威者雖能負責任，擔當相稱的角色；但未獲授權，未能擁有監督、掌握部屬權力，將導致部屬迨慢無功。

（三）權責不相稱 具有權威者在部層制中擔負責任，然後授予相當權力，才算權責一致。一旦權力過多，責任過少；或權力過少，責任過多，均是權責不相稱。權責不相稱將引發擅權拔扈，爭功諉過。

（四）權責分派與個人能力不一致 權力及責任雖然能配合相稱，但權責分派仍應配合能力，始克有功。無能力者給予多權責；有能力者，未給予足够權責，均會敗事。權責分派多寡，可由一個行政人員控制廣度 (Span of Control) 中得知。所謂控制廣度係指直接向上一級報告的最大人數；換言之，它指某一負責人管轄人員的多寡。能力小者，控制廣度宜小；能力大者，控制廣度宜多；這才是分派權責之道。如果一個組織中，因徇私而未能依個人能力給予控制廣度的適當分配，定會使行政缺乏效率。

適當的控制廣度至少應依據下列六種因素來決定：1.行政人員所能擔負責任時間的多寡。2.行政人員心理適應能力的大小。3.行政人員已負行政責任的多少。4.事情複雜及困難的程度。5.作業穩定程度的大小。6.被管轄人能力與經驗的大小。忽視這六項因素，都會產生權責與能力不配合的授權。未能依能力授權責，導致負責人力不從心，辦事不力。

辦事程序冗長肇始於公文長途旅行，懸而不決。公文長途旅行實因無人願斷然負起責任，由公文往復求取共同責任，或層層請示，推御責任。這顯然是授權不當的最佳說明。部層制的特色原係依專長分配責

任，則有專責應有專權。組織成員能依其專長負責，本所授權限決定行文，自可終止行政程序冗長的弊端。

官僚制的第二個徵象是呆板。典型部層制建立在法規至上的基礎上：組織運作方式皆有法規或行政命令明文規定。凡事依規定行事，毫無彈性可言。法規及命令原係抽象具文，字義模稜；執法依慣例辦事。辦事人員對於新情境及新問題，未敢輕易決定而層層請示。這種固定的處事態度，使得行政呆板，缺乏彈性，不能適應新情境。

官僚制的第三個徵象是行政過程中，處事責任劃分混淆不清，充滿重複，浪費情事。部層制部門化原在劃分責任，使各部門具有專責；可是由於分部與分工困難重重，責任劃分不清，易發生部門爭功諉過情事。責任劃分不清，權不專一，責任無人負，加上溝通、協調困難，往往使處事程序重複矛盾，公帑虛耗，激起公議。

一旦部層制發生上列弊端，使人對該組織發生望而生畏之嘆，一個典型的行政組織遂成為人人卻步的衙門。衙門正是官僚制的一個代號。

部層制固然會變成衙門或官僚制而使人生畏；但那僅是部層制運用不良才會造成的結果。組織為了發揮效率，有效達成行政目的，必得有一套運作架構。最理想，最能發揮行政效率的運作架構應是部層制。部層制的優點決不可因為其可能產生弊害而被抹殺的。

三、組織架構的基本類型

組織架構固然以部層制為典型，部層制強調效率，將事情處理分部分層依專長授權分工，並由命令統一從分歧中達成目的統一。但各國行政組織的實際，由於傳統觀念不一，制度情景不同，並不以部層制所標示的長處為長處；部層制強調行政效率，但有些國家行政組織卻不以效

率為優先。有些國家特別強調組織的其它特性如適應差異性以滿足不同
組織成員的需求為最重要任務。講求差異性的組織架構以適應差異性的
民主化來替代效率原則的追求。當然，民主與效率並非是敵對的，但追
求民主往往需付出效率代價而追求效率也往往須付出民主代價；這卻是
不可否認的事實。

根據英國布里斯托 (Bristol) 大學教授何萊 (Eric Hoyle) 的意
見，組織架構依事實可以歸納為二種基本類型：一是閉鎖型組織 (Clo-
sed Organization)。一是開放型組織 (Open Organization) ❼。

閉鎖型組織架構接近麥格里高 (Douglas McGregor) 的X理論。X
理論假定人性與行為是避難就易，懶惰不可信，缺乏工作意願與創造熱
忱。因此，為了使其在組織中表現理性行為，實踐組織目的，必須嚴格
區分責任，規定上下服從命令體系，依據法規、命令辦事，並以權力做
為組織運作基礎。為此，這種組織架構疆界極為分明，內部充滿機械性
關係。角色規定十分具體，不以適應個別差異性為組織運作方向。組織
運作不求反應組織成員需求，不求合乎差異性，更不希望打開組織疆
界，使其它影響力量輸入。因此，這種組織不鼓勵民主化與參與；而以
效率講求為第一優先。典型的部層制應是一種極端閉鎖型組織架構。

開放型組織架構接近麥氏Y理論。Y理論假定人性與行為是勇於負
責而可信賴的。個人具有強烈的工作意願及自我約束能力；為了追求自
我實現，個人將極力爭取人際間之了解與合作。準此，為了達成組織目
的，可由成員自動維持其合作關係，不必嚴格規定角色責任，盡量減少
以法規、命令約束行為，放寬法規、命令限制的範圍。組織成員一本專
長，透過權威來維繫上下命令及服從體系，充分表現了組織中人際關係

❼ Meredyd Hughes (ed.) op. cit., p31

的協調與秩序。爲此，這種組織允許個人需求的充分適應，開放組織疆界，儘可能使不同個體需求及差異性界入組織運作。組織的充分彈性及可適應性偏向民主原則的追求而忽視效率的倚重。多數非正式組織應屬此種類型。

非正式組織僅係一種影組織 (Shadow Organization) ❽。它能發揮組織結構功能，實現行政目的；但它的目的是由成員自動提出的。非正式組織角色的扮演是自願的，命令與服從是基於權威、勸導或影響。它的運作不以法規限制而是依成員共同認可的標準爲依據。非正式組織常因成員爲滿足社會需要，獲得歸屬感，解決困難及維繫人際關係以獲取正式組織 (Formal Organization) 所不能實現的目標而產生。它是依附在正式組織中的一種組織架構，其存在有利於正式組織成員情緒的穩定，有助於意見的溝通並協助正式組織達成行政目標。不過，非正式組織如果不獲重視並善加利用，亦可能因組織中成員的盲從、謠言四起，形成組織實現目標的阻力。

正式組織是基於法律而形成的組織架構並且具有永久性。它有法定目標，此項目標是由行政目的導出的；有時目標固能符合組織中成員的需求，但有時亦與成員的需求背道而馳。這便是正式組織與非正式組織根本不同之處。非正式組織的目標總是基於組織成員的需求而產生的。

正式組織目標的產生既不一定是本諸成員的需求，爲了達成目標，便不能依持成員自動的組合。其分工與命令服從體系逐根據事實需要而有一定的法令基礎。授權與責任的擔負也因事實需要，時或依權威行事，時或依權力而執行。因此，在正式組織中，權力與權威的運用都是必要的。正式組織目標達成既有一定法令基礎並因事實需要和對於

---

❽　Herbert G. Hicks et. al. op. cit., pp. 116-7

成員角色分工及授權而改變組織架構的特性； 則正式組織一旦強調成員自動關係的維持，無限制的角色與責任；將減少法令約束，由權威及勸導維持階級體系；此時，組織便趨向開放的組織架構。相反的，如果組織強調嚴格責任區分，角色界限，基於權力及權威的授權與負責體系及詳盡的辦事法令規章；這時，正式組織便趨向閉鎖性的組織架構。

　　一言以蔽之，非正式組織多數基於開放性的組織架構類型；而正式組織則因其針對事實需要，隨授權、分工及階級體系的嚴謹與否而可以是開放性的組織架構，亦可以成為閉鎖性的組織架構。組織架構的分類僅是為了學理解說的方便；事實上，一切組織的架構均因行政事實及目的實現的需要而形成；嚴格區分成開放型組織架構及閉鎖型組織架構未必能道出真正組織架構的形成。但，一切組織架構總是在這二種極端之間，構成一個連瑣 (Continum) 則是可以斷言的。

第二節　各國教育行政組織的架構

　　教育行政組織可區分為一般教育行政組織及學校行政組織。一般教育行政組織以事務處理及服務的提供為主；學校行政組織除了提供服務及事務處理外，兼具教學任務。因此，學校行政組織兼辦一般行政業務及教學行政。

　　教學行政組織以教師及學生為主；依不同教學目的及學生潛能發展的需求而形成不同組織。組織方式雖然不同，但組織目的卻以適應學生發展需要及實施教學為重點。教學以專長分工，擔任各種角色；學生與教師間的命令服從體系，並不以權力為根據。學生對於教師的服從是基

於教師專業知識、技術及才能所涵蓋的權威。學生對教師的服從主要是一種自願的行為；而教師與學生間所形成的階級，則不是一種隸屬關係。為了要求領導者一教師及被領導者一學生間產生合理的行為並不僅以各種法規及命令為根據；而是依據社會所共同遵行的道德行為標準。學校卽使頒佈校規；但校規並不是教學所遵行的最高原則。校規僅具有輔導學生及教師維持合理行為的作用，整個教學過程則仍以教學中，教師及學生所公共依循的專業標準為最高行為南針。這種不訴之權力及法規至上，僅依權威、專業標準，並以適應學生需要及教學目的多元化的教育組織應是偏向開放型組織型態的。

　　反觀學校組織中的一般行政組織則與教學組織不同。學校組織的一般行政仍以提供行政服務及事務處理為主要工作；同時，它往往又是一般教育行政組織的一個環節。因此學校行政組織中的一般行政可隸屬在教育行政的一般教育行政組織之下。

　　各國一般教育行政組織仍可依據組織原理，將其區分為二種不同組織架構。閉鎖型組織，目標雖多元化，透過不同組織部門而實施；但卻能在組織的統整作用下，獲得協調統一起來。授權的結果，形成上下命令服從的嚴格階級區分；上級本著權力對下級具有監督、指導及命令的權限；下級則以嚴格遵守命令，接受考核評鑑為職責。一切行為皆有詳細的法規及命令為根據；法規及命令成為合理行為的導向指針。行政人員重視專業精神，依專長區分責任，務希充分發揮組織的效率；因此，凡事不以適應組織成員的需要；更不以組織成員的積極參預為重心。在效率至上原則下，民主化原則不免受到忽視。

　　開放型組織則與閉鎖型組織背道而馳。組織分部、分層辦事，在實現多重目標。目標是否能統整而實現組織的統一目的則不重要。有時，組織目的並無統一的跡象可尋。授權儘量避免權力的運用，上下命令體

系並不是很强固的。上級與下級之間，往往不以强迫權力為處事根據，而是透過協調及合作關係，來達成上級與下級的共同任務。合理的行為並不以法規及命令充分及詳細的規定為根據。由法規及命令限制的行為盡量減少；卽使透過法規及命令來限制行為，也使限制範圍盡量放寬。行政人員不以專長區分角色；更不以專業為取決條件；因此，行政不以效率為最高指導原則；卻以積極適應組織成員差異性，並積極鼓勵組織成員參預為原則。凡事盡量預留適應差異性的機會，盡量符合民主精神。開放型組織為了符合民主化原則，總得犧牲部份效率目標。

一、 法國的閉鎖型教育組織

法國教育目的一向以國家目的、文化目的及生產目的為重心。除了對於教育原則由國會制定外，一切教育目標的規定及實施，均可由中央政府經行政處分及命令制成法律及規定，透過行政部層分工實施。同時，中央政府對於教育目標的制作經由計劃單位負責，可使目標規定清晰，有利於目標的協調及統一。

有關教育與人力、就業及人口等目標之連繫，係透過一般計劃委員會中之教育委員會而與各種經建目標連繫，發生統整作用。一九七四年以後，中央政府年度中小學教育計劃與決策可透過教育部新成立的目標司；將計劃與決策用具體教育目標表示出優先順序，採用目標管理程序，經由法規頒行全國。教育部內設有專門負責執行中小學教育計劃的部門。目標司決定了中小學教育目標之後，交由掌管中學及小學業務的司，透過不同行政層次，逐級授權，在一定權力誘導下，以命令貫徹執行。高等教育與技術職業教育近年分設國務員與教育部協調負責督導實施，而直接對總理負責。不論是高等教育、技術職業教育、中小學教育

或與經建有關的教育目標皆可以在中央政府行政元首一總理所召集的內閣會議下獲得充分的協調，然後頒行全國。由於目標在中央統整後，以命令體系透過部層組織，以權力為基礎，頒行全國，足以使目標由紛歧中統一於全國教育目的之下；這種目標制作清晰，由法令根據，分層推進並統一於中央計劃及決策導向所表現從分歧中統一的教育目的可以說是典型的部層制特色。

　　法國教育行政組織是由中央政府、大學區 (Academies)、府 (Department)、學區 (Districts)、區域 (Sectors) 及縣（市）(Commune) 等層次所組成的一種命令服從階級體系。

　　中央政府是決定教育政策、釐訂教育法規及監督教育行政的最高機構。中央政府設國務院會議 (The Council of Ministers)，由總統任主席，為一切政務最高決策部門。總理對總統負責為最高行政首長，內閣會議主席；除了最重要決策須由國務院會議決定外，大部份教育行政決策都以內閣會議為決議機構。教育部長為國務員亦為內閣閣員，另外負責高等教育及技術職業教育所分設的二位國務員則直接對總理負責。因此，教育部長及二個國務員對於所負教育責任的重大決策皆可透過內閣會議而達成協調功能。

　　教育部由部長統理部務，下設部辦公室 (Cabinet) 由九人組成掌理發佈新聞、諮訊作業、國際交流及社教事項。業務執行則分司辦事。目標設計由目標司掌理，另外則分別成立各司掌理設備、預算、財政及一般行政，低層中等教育，上層中等教育及小學教育事項。近年幼稚教育亦分設國務員掌理，其業務範圍已劃出教育部掌理之外，但仍受教育部長之指導。對於下級機構的督導，則由教育部長下設一般督學負責。可見，中央政府在總統、總理領導下，教育行政是由教育部長及掌理教育事務之國務員共同協調並透過國務會議及內閣會議而分層分部加以執行的。

中央政府下轄二十五個大學區，由學區長官 (Rector) 統掌區內中小學教育。大學區下設府，全國計有九十五個府。府下設有教育廳在府長 (Prefect) 領導下辦理小學教育及其它教育行政事務。府下則依人口及學生數多寡與因應辦理學校的需要而劃分區域。人口約二十萬成立學區，每一個學區至少設有一個以上的中學 (Lycées) 及技術學院 (College of Technical Education)。鄉間學區居民在六千至一萬，城市學區居民在三萬以上另設下層中等教育學院。小學則由最基層行政單位一縣（市）辦理。全國原有三萬八千個縣（市）。近年為了使每個小學至少有五個班次，已將縣（市）合併為三萬個。縣（市）由縣（市）長及議會為行政實體，執行教育決策及行政業務。學區及區域則為劃分人口，設立中學的依據。全國中學計有六五一〇個，其中上層及中層中學學院分別為二三四〇個及四一七〇個❾。

四一七〇個下層中學學院中，一般教育學院 (College of General Education) 有一七四四個，中等教育學院 (College of Secondary Education) 有二四二六個。二三四〇個上層中學學院中技術教育學院 (College of Technical Education) 有一一九八個，中學 (Lycées) 有一一四二個。中學分古典、現代及技術三類。

中學行政由校長 (Proviseur)、主任教師 (Head Teacher) 及行政會議 (Admmistrative Council) 共同負責。每年九月以前，有關開學、教學、學生住宿安排均系校長應行計劃業務。校長下設教務主任 (Censeur)，協助校長處理視導、教學、圖書及福利業務；另設總務主任 (Intendent) 辦理總務行政事項。

學校行政會議由教師、學生家長、行政人員及學生代表組成，由大

❾ W. D. Halls Education, Culture And Politics in Modern France (Oxford: Pergamon Press, 1976), pp. 46-59

學區督學任主席。學校如係技術中學，代表中有雇主及商業團體人數。學校行政會議處理預算運用、校規、設備改進、課外活動及其它事項，每學期至少開會一次，平時則由執行委員會 (Standing Committee) 每月開會一次，決定有關事項。執行委員會仍有學生代表參加。

小學、托兒所亦設有行政會議，由教師、學生及其它地方代表組成，其性質與中學行政會議相似。

中學及小學成立行政會議是近年走向參與行政的一種改革。這種改革是打破上下階級嚴謹的關係，鼓勵參與與溝通的一種新突破。這種突破從一九六八年才開始，而在學校行政中積極表現；至於一般教育行政組織，則仍上下階級嚴謹，命令與服從體系一貫，程序井然，不容逾越。

法國教育行政分部及分層是依所提供服務性質將中小學教育、技術與職業教育，高等教育及幼稚教育分設不同部門負責；除外，中央政府為一切計劃及決策的本原，業務的執行則依業務性質分由不同層次授權負責，構成一上下溝通及統一的部層制。

法國教育行政的階級關係是以法律、規則及訓令為行為合理基礎的嚴格上下命令與服從體系。上下階級的權力及責任均以法規及行政命令詳細規定，以打破人情關係，維繫起人際關係的上下命令服從體制。憲法規定教育基本原則，法律則規定教育目標、架構及政策實施。法律的頒佈是由總理副署而由總統公佈的，因此，它對所有教育組織行為都有拘束力量。有關日常教育事務處理之規程、細則及訓令則透過全國教育官方公報 (Bulletin in officiel de l' Education National) 來傳達。這類法規、細則及訓令規定詳盡，凡政策、人事、預算、課程，小至教材、教法及課表皆巨細靡遺。教育行政及教育人員在組織行為只能採用「凡不禁止即係可行」的方式去處理。凡法令規定的行為便是合理的行為，

法令禁止的行為卽非合理的行為。因之，法規至上的部層制特色在法國教育行政組織方面充分表現出來。一九七三年以後，中央政府對於中等教育課程之控制，逐漸放鬆，以致有百分之十的課程，地方可以不必遵照國定標準；這可以說是近年法國教育行政邁向開放型組織的一個徵象。

　　教育組織依據法規及命令分部、分層辦事，各有專司。中央設有機構專司計劃、業務執行及諮詢事務。計劃及執行之機構已如前述。諮詢工作則由國家教育最高委員會 (Higher Council for National Education) 負責。此會由拿破崙首創，經第五共和到一九六四年皆由教育專家及教育行政從業人員組成，頗能發揮行政專業化的精神。國家教育最高委員會是專門知識及專業人員，將教育行政所屬專門知識及專業知識輸入教育組織的一個管道。專門知識及專業知識是行政效率賴以維持的泉源；但戴高樂任職國家元首之後，卻將此會性質完全改變過來。

　　戴高樂任總統職位之後，將國家教育最高委員會組織成員擴大為七十五人。二十五人由教育部選出，其中十人規定曾任教師職務。另二十五人由其它部會人員中選出，其中十三人應代表父母，學生及職業團體。最後二十五人則由教育部附屬機構教師代表組成。這個會遂由原係代表專家學者及專業人員提供諮詢服務的性質轉變成為具有代表民意性質的溝通機構。此一機構一旦變質，漸不受部長重視，其諮詢任務也自減少。不過，國家最高教育委員會的改革也可以說近年法國閉鎖型教育行政組織由崇尚效率，轉向追求民主的開放型組織的又一徵象。

　　法國教育組織依專責分部辦事，不僅在中央如此，在地方及學校亦不例外。中央政府對於高等教育、技術職業教育、上層中等教育、下層中等教育、小學教育、幼稚教育及其它教育事項皆設有部門負責。地方透過大學區、府及縣（市）不同層次，亦分部掌理有關教育執行業務。

學校行政從教學、總務到學生福利亦設專門部門辦理；由此可見其部門專業分工精細。這也是閉鎖組織架構的另一徵象。

教育組織的角色亦依專長設定，並依專長升遷。法國自一九四六年起即設有全國行政學校（Ecole Nationale de l' Administration）提供行政人員一至三年專業及行政課程訓練，養成行政人員服從、守法及堅守行政命令的精神。歷來法國中學校長任職前應有三個月的專門訓練；一般行政人員亦有要求逐漸由全國行政學校畢業生取代的趨勢。重視教育行政人員專長與訓練應可說是法國教育行政閉鎖型組織的又一特色。

最後，組織行為的控制及嚴格督導更是法國教育行政組織的特點。每一階級行為是依法上下授權而形成的。上級對下級行政人員負有考核及督導的權力。除外，各級教育行政機構，包括教育部、大學區及府皆專設督學人員，分別對於教育組織行為監督與考核。法國教育督學約可分為二類：一類負責督導財經服務事項，偏向一般行政事務之督導。一類負責學校行政事項，以中等教育為重點，偏向教學督導，法國督學嚴格執行考評職務；這與開放型組織督學之重點督導與協助者略有區別。

總之，法國是一個典型閉鎖型組織，但自一九六〇年代以後，參與行政的實施，上自全國最高教育會議，下至各級學校行政會議皆允許來自不同身分及具有不同意願的代表參預行政決策及諮詢工作；逐漸有打破專業分工精神及嚴格階級色彩的跡象。同時，法令設立標準，固然巨細靡遺，但近年局部開放地方伸縮自主權限一如課程部份留有地方自由伸縮餘地；這都顯示出近年法國教育行政轉向開放型的蛛絲馬跡。不過，這種轉向範圍仍極有限，法國可說是閉鎖型組織的一個典範。

二、英國的開放型教育組織

英國教育組織是一個開放型組織；其目標多元而紛岐，部門及層級間結合鬆弛，不易使目標統一於全國教育目的之下。行政階級的形成，不是基於由上而下的單一授權剛性命令及服從體系，而是建立在多元授權的柔性命令與服從體系。剛性命令及服從體系是指命令者及服從者間具有强制性的關係。上級的命令具有絕對的權力，下級應毫無保留的服從。柔性命令及服從體系則不然。上級的命令僅具有拘束性，下級對於命令的服從具有充分彈性。英國教育決策及執行雖然能透過行政立法，但法規及命令限制少，部門專業分工頗有彈性，人員不以專業為分工標準，更不以專才為取捨標準。英國教育行政人員與其它行政人員一樣，崇尚通才哲學，由通才辦理行政事務。教育督導方面，亦避免詳細視導，而保留給地方教育當局及學校充分自主權力❿。

英國本土教育向由教會及私人團體辦理，教會及私人團體反對政府干預。一八七〇年通過教育法案規定教育不普及地區由政府設置地方教育行政單位，創辦並維持學校；因此，除了私人及教會團體外，教育變成地方教育行政單位的責任。一九〇二年教育法案通過由政府補助教會學校；可是一直到今天，仍有不少教會學校不接受補助而維持其全部私人控制學校 (Volumtary Controlled Schools) 的實體。目前地方教育當局雖負中小學教育及擴充教育的主要責任，卻仍有不接受地方教育當局補助或契約限制的私立學校。

高等教育由私立學校之創設開始，古老的牛津、劍僑均尚自治；一

---

❿ Bernard Lawrence. The Administration of Education in Britain (London: B. T. Betsford, Ltd., 1972), p179

八五四年及一八五六年二校先後接受皇家財政委員會干預；但這些古老大學仍一直保留相當行政自主權力。一八九三年英國透過聯合憲章授權中央政府得設立學院，並於一八八九年開始補助大學；但英國中央政府對於大學決策一仍舊貫，不採干預政策。私人學校，傳統大學，新興大學及地方教育當局所辦中小學與擴充教育由於行政權力來源不一，教育目標亦難獲得統一。中央政府僅能透過不斷立法及誘導，使紛岐的目標在亦步亦趨下，漸能一致。

目標統一在英國本土及威爾士地區還可差強人意，但在聯合王國其它地區如蘇格蘭及北愛爾蘭則往往與英國本土背道而馳。強迫教育在英國本土於一八七〇年通過立法，並於一八七六年在英國本土及威爾士地區實施；但蘇格蘭類似立法一直到一八七二年才通過。北愛爾蘭由於資源缺乏，師資待遇不足，免費教育要比英國本土晚三十年才實施❶。其次，以學校目標論，英國本土文法學校 (Grammar School) 為階級士紳養成所，但威爾士、蘇格蘭及北愛爾蘭則以導致國民職業成功為目標。由此可見，英國本土因教育辦理權限，容受地方差異性之存在，決策不統一，遂使目標紛岐，由紛岐中求統一，已具困難；若就整個聯合王國而論，其聯合更形鬆弛；各地自主性大於統一性。一九七六年聯合王國中小學教育分別由英國教育科學部，蘇格蘭辦公室，威爾士辦公室及北愛爾蘭辦公室主管，各自為政，其目標統一與否基於傳統民族觀念，或透過大眾傳播工具，或基於學者輿論的共鳴。教育組織所形成的部層制並沒有一個統一的結構，將目標協調統一起來。所以，英國本土及聯合王國教育目的紛岐性大於統一性；這可以說是開放型組織的一種特色。

---

❶　Robert Bell et. al. Patterns of Education in the British Isles (London: George Allen & Unwin, 1977), p56.

英國中央教育科學部的權力是來自國會的授權。一九四四年法案授權教育部長有指導及控制各地方教育當局的權力。但，由於英國一向尊重地方自主性，地方教育當局辦理教育的權力則主要根據一般議會授權。雖然，一九四四年法案規定教育部有指導及控制權，但教育部經國會授權發佈法律工具，在尊重地方自主原則下，類皆以發佈具有拘束的行政處分為主，並不強迫地方依照中央命令內容行事。地方教育當局在法律工具拘束下，具有充分自主權，使法律工具內容適應地方差異。地方決策權力操於一般議會，議會議員與國會議員同樣由選民選出。一般議會議員的決策具有充分自主權。一般議會的決策除了尊重教育部所頒法律工具及由國會所頒法律案之外，可以針對地方需要權宜處置。一般議會下所設教育委員會，教育附屬委員會及管理與經理人員皆由一般議會授權，而與中央政府無關。由此可見，中央教育部與地方教育當局間之階級並非基於一種由上往下授權的剛性命令與服從體系，而是來自多元授權的柔性命令與服從體系。

地方教育當局執行地方教育行政事項，除了由一般議會保留部份決策權限外，大致以授權教育委員會及其附屬委員會辦理為常軌，僅有將局部瑣碎之行政事務才授權教育長官 (Chief Education Officiels) 及其僚屬辦理。最低行政組織層次的學校管理或經理人員，除了任命校長外，很少獲得教育行政事務之直接授權。學校行政由校長及教師負責；校長除了參預學校教師人事任命外，與教師共同負責學校教育行政責任。

英國地方教育當局最高權力機構既是一般議會；議會為處理各種教育行政事務設有各種委員會。教育委員會便是處理教育行政事務的組織，它不能做決策；為此，教育委員會通常規定有一半以上人員由議員兼任。議員兼任教育委員會委員，可以就教育行政事項在議會作證、解

釋、並參與決定，有利於教育決策之順利通過，並使決策與實施配合。除外，議會為了解各類學校行政事務，常由議員兼任學校管理人員或經理人員。教育委員會委員每年改選一次，其設置目的以處理行政事務為主，因事實需要而設，極富機動性。教育委員會為處理事務亦可設置附屬委員會協助辦理教育行政事務。地方教育行政組織由議會、教育委員會、附屬委員會到管理人員或經理人員，都可能由議員兼任，其餘組成分子亦為由推舉（Co-opt）人員擔任。這些組織層次並無嚴謹的階級色彩，而是一個有十足彈性的授權與負責結構。

地方教育當局授權教育長官常因事務多寡而增減其權力及地位。授權多，事務繁之地，長官之下的僚屬分部門辦事。這便是唯一表現教育行政階級的一面。事務簡單之地，教育長官下，僚屬不多，教育長官與僚屬便成為一個辦事團體，充分表現合作分工，階級色彩即不濃厚。不論地方教育事務繁簡與否，地方教育長官與僚屬之階級關係是地方教育組織的一小部份而已，大部份地方教育組織是由一般議會、教育委員會、附屬委員會及管理人員或經理人員組成的彈性結構，並沒有階級色彩。

聯合王國中，蘇格蘭、威爾士及北愛爾蘭三處因受制於環境與英國本土，略有不同。地區較小者如蘇格蘭及北愛爾蘭，中央權力伸張，中央與地方階級色彩稍濃。如果將三個地區與英國本土中央教育科學部之關係作一描述，則三個地區教育並不必聽命於中央教育科學部，而是各自為政，顯無階級可言。

英國不論中央與地方或本土與聯合王國其它地區，教育權力並非由上而下的單一授權體系，為了充分適應地區差異，授權來源，地方與中央不同，本土與其它地區不一樣。多元的授權，加上彈性的教育組織使得英國中央與地方，本土與其他地區教育命令與服從階級並不明顯。

英國並無成文憲法，其具有法律效果的組織立法均依時間、事務需要而演變成不成文的標準。英國國會所通過的教育法案，也僅限於有關全國制度的規定，而將其餘教育行政立法由中央及地方行政當局參照不成文標準，依事實需要通權達變。國會減少立法的本意，在使地方教育當局能獲充分自主權力。除外，中央政府及國會立法亦僅作原則性規定而不作具體而微的限制，預留地方自主的決策權力。例如，一九四四年法案規定教育委員會組織計劃應得教育部長批準，但不硬性規定其委員組成人數，如此方可因事與因地而制宜；又如規定教育長官應是一個相稱人選 (Fit Person)，但並不作資格限制等。地方教育當局爲了使處理教育事務能彈性適應地方差異亦避免作過度繁複及剛性立法。例如，教育委員會爲處理教育行政事務須經開會決定，但對於開會次數並未作具體規定。開會與否須視授權教育長官、地區連繫方便及事情繁簡而定。英國由法規限制組織行爲並不如法國作剛性及詳盡規定。換句話說英國維持教育組織行爲的合理性並不過份依賴法規，而是根據事實需要及公共認可的行爲標準，自動維持組織的功能。不過份依重法規爲組織行爲合理化的根源應是英國開放型組織的特色之一。

英國教育組織另一特色則爲不依專才分工，不重視專門人才的通才哲學。英國中央教育科學部自科長以上之高級行政人員皆是通才。這些高級行政人員多數爲名大學文法畢業生。他們受公務部 (Civil Service Department) 考試任用之後，在中央政府所轄機關輪調服務，未必具有行政及教育專門智識，而是一些具有通才的人員。

英國地方教育當局依事實需要設立教育委員會或特別委員會 (Ad hoc Committee) 負責行政工作。一般教育委員會依教育種類設立小學、中學及擴充教育附屬委員會處理有關人事、建築、設備及其它特殊服務事項。此外，爲了管理技術學院及師範學院亦分別成立附屬委員

會，爲了辦理特殊工作項目如任命學院校長及裝設閉路電視亦可設立特別委員會，爲了估計收支，挪用經費，任用附屬委員會委員及處理對外關係亦可成立一般及財政目的委員會 (Finance And General Purpose Committee)，可見地方教育委員會是依行政業務需要而彈性設置的，並不依組織功能及專責分工而設立。同時，教育委員會的委員既不是專門人才，也不是專業人員。

根據倫敦時報調查一九六三年五千個教育委員會，其委員中二千人的組成如下：

退休人員　占百分之十二·五

家庭主婦　占百分之十一

公司董事與經理　占百分之七·五

不同行業人員　占百分之六十九

在所有二千個被調查的教育委員中，就是沒有專業人員一教師代表❶。

地方教育長官及其僚屬亦依業務需要而設分支部門，並不依一定邏輯結構而設立。部門設立完全視業務需要而定，有些設小學、中學、特殊教育、技術教育、青年服務及就業服務等多種部門，有些則僅設少數部門。分部設事，頗具彈性。地方教育長官一九四四年法案規定爲相稱人選，未對其資格設限。但根據近年英國教育長官協會 (Association of Chief Education officials) 之規定，教育長官應合乎三個條件：1. 大學學位，2. 曾任教師，3. 具行政能力。這三個規定使教育長官至少是個專業人員。這可略保教育行政專門化並促進其效率。不過教育長官及其僚屬在整個地方教育行政中所占地位並不重要，要使地方教育當局

---

❶　Bernard Lawrence. op. cit., p 168

做到依專業分工，發揮專才，追求行政效率的部層制特色，實在不可能。

英國中央與地方教育當局權力來源不同，責任範圍亦不一樣，除了部份行政事項依法根據中央立法規定辦理並受中央財政補助之外，地方教育當局具有部份行政自主權。中央政府對於地方教育當局行政監督權力極小。英國皇家督學所強調的還是各級學校教學的視導及協助。因之中央政府對於地方教育當局的督導可說不嚴謹。英國雖然在地方教育當局設有駐區督學，但駐區督學對於地方教育當局執行中央法律工具並不積極與主動干預。駐區督學只有在地方教育當局執行中央法律工具極為不力，經過長期中央政府命令執行而未具成效情況下，才可能介入，施予壓力。這可由下列事實看出：

一九四四年中央教育部透過行政備忘錄二十五號 (Adminstrative Memorandum No. 25) 規定助理教師 (Assistant Teaching Staff) 應由管理人員提獲校長同意後任命。某郡 (County) 則不依規定而在一九四八年頒佈規定助理教師由地方教育當局附屬委員會直接任命。教育部行文堅持指示該郡應照行政備忘錄二十五號辦理，但地方教育長官覆文稱該地方教育當局決定不擬變更規定。二年過去，該地方教育當局仍然由附屬委員會直接任命助理教師。一九五〇年七月教育部重新指示該地方教育當局說明地方教育當局只能提出助理教師候選人名單給管理人員，但無任命權。一九五一年六月該地方教育當局又覆文稱，該當局仍喜歡原方式。教育部再行文指責其答覆不能令人滿意。一九五三年四月該郡地方教育長官回文稱，地方教育當局認為部令對於該地方教育當局並無利益可言。一九五三年七月教育部給予最後通牒，並於一九五四年初再催令查詢，並要求駐區督學 (District Inspector) 趁機提出警告。最後該郡地方教育當局終於在一九五四年三月份在收到駐區督學信後，

按照教育部行政備忘錄二十五號規定辦理⑬。

　　這一個事實顯示，英國中央政府對於地方教育當局監督並不謹嚴；中央規定及命令容許地方教育當局依需要做彈性的處置。地區督學除非在迫不得已情況下並不主動干預。這種情形在閉鎖型組織中是不可能出現的。

　　英國開放型組織容許目標差異性，階級不嚴謹，允許多元參預，不倚重法規至上，依事實需要決定組織行為，不以專業分工，專門人才為行政資格設限，鼓勵多數人參預行政，放鬆上對下督促，給予下級組織充分自主性；這一切都使英國教育行政組織開放，使組織運作受到各方面力量的影響，兼顧適應差異性，滿足不同組織成分的需求。這是一種追求民主原則而犧牲部份效率的教育組織架構，與法國所代表追求效率原則而犧牲部份民主的教育組織類型，恰好相反。

　　不過近年英國在追求民主之外已積極謀求效率，從全國制度的建立與擴大組織規模著手，務求在民主原則之下能充分發揮教育組織的效率。

　　英國自十九世紀開始，從學校補助取得部份監督及測驗之權；以後，更由國會通過立法取得控制學校權力。一八七〇年教育法案通過設立學務委員會 (School Boards)，掌握了地方辦理教育的權限。一九〇二年廢除學務委員會，將地方教育歸郡 (County) 及郡邑 (County Bourough) 一般議會掌管。一九四四年法案並將初等教育當局 (Elementary Authority) 廢除，逐漸統一地方教育當局的制度，並且加強了中央教育部對於地方教育當局的權力。一九四四年法案規定教育部長對地方教育當局有指導與控制之權以後，使中央與地方教育組織連接起來。一九六四年

---

⑬　Baron et. al. The Government And Mangement of Schools (London: The Athlone Press, University of London, 1974) pp. 50-51

立法將教育部、大學財政部長及科學部長辦公室合併設立教育科學部，更使教育責任統一擴大，以發揮統一指揮與運作的效果。

一九七二年以前，英國及威爾士根據一九三三年地方政府法案 (Local Government Act)，在倫敦地區之外，全國設有一二四個地方教育當局，其中七四個人口皆在二五〇、〇〇〇人以下。一九六九年雷一茅報告 (Redclifft-Maud Report) 建議地方教育當局重組原則；為了消彌分區過小產生協調困難及規模不經濟效果，建議新的教育當局至少應有二五〇、〇〇〇人以上，並且取消第二層行政單位包括三十一個特殊學區 (Excepted District) 及一二五個分支機構 (Divisional Executive)。保守及工黨政府皆讚成該報告建議的精神，以地方教育當局的重組來擴大規模效果，爭取行政效率，並且希望改組後的地方教育當局人口至少為二五〇、〇〇〇人而至多不宜超過一、〇〇〇、〇〇〇人。根據這些建議，一九七二年地方政府法案 (Local Government Act 1972) 重訂改組地方政府組織，並規定自一九七四年四月一日新的地方教育當局負起責任之後，舊制度完全取消。新制除了倫敦地區外，在非大都會地區 (Non-Metropolitan Area) 人口分散，以郡 (County) 為地方教育當局；而在大都會地區 (Metropolitan Area) 由於人口集中，遂以第二層次行政單位學區 (District) 為地方教育當局。非大都會地區如果仍然設有第二層次行政單位一學區，則學區以任命學校經理人員為主，不再是地方教育行政當局。

倫敦地區中原倫敦邑 (London Borough) 則不改變。倫敦邑分成內倫敦邑 (Inner London Borough) 及外倫敦邑 (Outer London Borough)。內倫敦邑由原教育當局辦理，外倫敦邑則由邑地方教育當局辦理。

威爾士根據一九七二年地方政府法案將地方教育當局由原十三個重組為八個；蘇格蘭亦依一九七一年白皮書規定將地方教育當局由原三十

五個郡重新調整爲九個區域 (Region) 及三個島嶼區 (Island Area) 計十二個。北愛爾蘭則依北愛爾蘭地方政府法案 (Northern Ireland Local Government Act 1972) 取消舊制，另設五個區域委員會(Area Board) 負責而傾向中央集權。

由上面所引述，近年英國教育組織的改革，不論英國本土或聯合王國其它地區皆有逐漸加強組織效率而放棄部份民主原則，追求統一制度及加強規模經濟運用之效率原則。這可以說是英國由開放型組織略作改進趨向閉鎖型組織的一種改革。

三、美國偏向開放型組織

美國教育組織介於法國與英國之間。它本質上是一種開放型組織，但因地方學區行政組織傾向閉鎖型特性，因此，美國雖與英國同屬開放型組織，美國應比英國稍具閉鎖型特質，所以美國只能說是偏向開放型組織。

美國教育目標多元而紛岐，既不具體規定，又無明白說明。學校目標受教師、家長及學生本人影響，歷來並沒有統一的規定。比林 (Thomas A. Billings) 即曾嚴厲指責美國中等教育任務不清。他認爲美國中等教育，究竟爲升學、爲就業或爲其它目標，各州極不一致；同時，各州也未必有明確文字說明[14]。雖然美國教育行政人員協會曾將歷年全美教育目標略作分類，顯見其端倪，但各州差異性大，各學區多不一致，却是一個不可否認的事實。

美國教育一向由地方學區自主。學區以教育董事會及教育局爲決策

[14] Vernon F. Hawbarich Freedom, Bureaucracy & Schooling (Washington: ASCD, NEA, 1971), p250

和執行單位；教育董事由學區內人民授權，其決策充分顯示地方差異性。教育局長對學區負責，因此，局長與教育董事會決策充分受地區人民影響；學區教育目標遂充分反應地區人民意願而呈極不一致情況。各學區教育目標各自為政，缺乏統一目的作導向，雖然州及聯邦近年致力於州及學區之補助，以誘導教育目標的趨向；但在傳統地方自主精神基礎上，多元化的教育目標極不易趨於統一的方向。

一九六五年起，聯邦為了評鑑補助方案成效，採用目標管理觀念，推行教育規劃預算制度 (Planning Programming Budgetting System)，要求接受補助單位提出具體目標以為衡量績效責任 (Accountability) 的標準。州政府居於地方及聯邦政府間，為溝通聯邦及地方學區之橋樑；由州政府教育廳居間溝通地方學區教育目標，固能減少地區差異，但離開目標統一仍遠，更何能奢言聯邦教育目的之統一！教育目標多元而紛岐，目的不統一，應是美國教育本質上屬於開放型組織的第一特色。

美國憲法未提教育，教育權力因而保留給州。傳統上，美國人民視教育為地方事務，州及聯邦為了遵守此項傳統，對於教育行政一向採放任態度。州對地方學區及聯邦對州均以協商及互助合作態度來辦理教育事業。教育行政的三層級政府聯邦、州及地方學區間並無嚴謹的階級關係可言。近年，聯邦透過種種立法增加對於地方教育輔助，逐漸強化了聯邦控制力量。州雖對地方採放任態度，但由於地方學區財力有限，同時，州教育最高權力又以州為主體；在地方學區辦教育能力薄弱之下，州漸負起掌握教育事業的責任。聯邦加強補助，增加控制地方學區權力後，居於聯邦及地方學區間的州，自然而然增強了其法定權力。州與地方因興辦教育事業接受聯邦補助之後，依法須檢具報告並接受聯邦評鑑。由報告及評鑑所形成的上下關係，強化了聯邦、州及地方學區的階級層次。這種階級層次沒有上下命令及服從的關係，因此並無典型部層

制中所強調的階級色彩⑮。

其次，聯邦、州及地方學區間所形成的階級關係並非是閉鎖型的單一授權型式，而是開放型的多元授權型式。聯邦既未獲憲法授權辦理教育，舉凡聯邦介入辦理教育的事項，僅能在聯邦權力範圍內行使，才能被州接受。同時，聯邦辦理教育，由國會為立法及授權機構。國會對於教育觀念模糊不清，關於教育立法及執行，常委由聯邦政府各部門辦理；各部門對於州及地方教育組織未必具有實質的階級關係。

教育權力保留給州。各州為了辦理教育事業，均設有執行機構—州教育廳 (State Department of Education)。全國五十個州中除了威斯康辛及伊利諾州外均設有州教育決策機構—教育董事會 (State Board of Education)。州教育廳與教育董事會為州教育的決策及執行機關。但，這二機關權力有限；一者，由於教育權力保留給州；州的真正權力機構是州議會，重要教育決策權力操之於議會。議會才是州教育授權的來源。州教育董事會及州教育廳之權力則本諸州議會的授權，其權力及責任大小自然由議會授權多少而定。其次，州一向尊重教育地方自主，將多數權力授給地方學區，所以州教育廳及教育董事會所負責任不多。直到今天，全美州教育廳行政人員為數不多，一般在二百人左右，其中有二十一個州教育廳人員未超過五十人；這就是因州教育廳及教育董事會所獲授權不多的緣故⑯。

聯邦、州及地方授權來源既不同，整個教育決策過程又由不同機構決定，自然導致聯邦、州及地方教育組織間階級關係脆弱。聯邦由人民

⑮ Roald F. Campbell et. al. The Organization And Control of American Schools, 3rd ed. (Columbo, Ohio: A Bell & Howell Company, 1975), P45

⑯ Jhon Thomas Thompson. Policy Making in American Public Education (Englewood Cliffs: Prentice Hall, Inc., 1976), p. 132

經國會及總統授權，州由人民經議會及州長授權，地方學區亦由議會授權。此外，州及地方學區均有教育董事會作決策授權；這一切多元授權均使得由聯邦、州到地方學區間命令及服從體系的建立不可能。梅葉認為美國教育行政階級只能勉強叫做脆弱階級 (Defective Hierarchy) 就是這個道理⓱。由聯邦、州及地方所形成階級既不完全又脆弱，不能發揮行政命令統一 (Unity of Command) 的原則，雖能合乎民主原則，但往往遠離效率原則。這可說是美國教育組織屬於開放型的又一特色了。

可是美國教育組織不能完全屬於開放型組織，正因為有如下幾項特色:

（一）、**地方教育組織階級色彩濃厚**　地方教育組織由教育局長及其總部人員 (Headquater Staff)、作業人員包括校長及其助理及教學人員包括主任及教師等所組成。地方教育局長因直接與州及聯邦接觸，對於聯邦及州補助知之最詳，並掌握地方一切教育事務，在教育董事會作決策時最具影響力。他可以說是掌握上級授權及州授權的核心人物。總部人員在局長監督下掌握了預算、課程、人事升遷等實權。作業人員由校長及各視導人員組成直接控制學校行政。人事升遷又基於專業，實權操在上述人員手中。因此教師成為全部階級中最低層。教師意見極難由最底層往上反應；這完全是地方教育局長以下階級層層控制的結果。近年教師及學生頻頻表示對於地方教育組織部層制的厭惡而要求對決策參與的表現，正是企圖突破這一閉鎖型組織所作的一種努力。

（二）、**法規至上仍是美國教育組織行為的根據**　美國是個成文憲法的國家。一切組織行為，仍以法規為根據。聯邦為保障人權及協助地方而辦教育，都必須透過國會立法再授權各部門實施。州辦理教育，亦

⓱ Peter Self Administrative Theories And Politics, (Toronto: George Allen & Unwin, Ltd., 1972), p. 121

由議會立法作詳細規定。州議會除了有關初、中等教育之一般立法外，
尚制定課程標準、教科書選擇、稅率限制、教育人事任用、升遷、保障、
退休及預算等有關條文。法規運用的解釋，尚有州司法長官（Attorney
General）負專門責任。州司法長官的解釋也成為組織行為的基礎。此
外，各級法院的判例亦成為拘束教育組織行為的基礎。

　　議會及法院立法之外，教育董事會尚可透過決策制定細則及標準，
以管制更瑣細的教育行政行為，諸如教材、作息時間表、開會等。這種
法規至上的特色使美國開放型組織偏向閉鎖型組織。

　　（三）部層制依功能分部並依專業分工　聯邦許多教育行政事務固
然交由有關部門負責，衛生教育福利部下之教育署卻依提供服務項目分
設不同行政部門。署長下設國家教育研究所，負責研究、實驗及發展之
業務外，尚依業務需要設印第安教育（Indian Education），國際文教
（Extenal Relation），高等教育（Higher Education），職業及成人
教育（Occupational And Adult Education）及學校系統（School
System）等部門。

　　州教育廳亦依辦事功能分設行政與財政、教師檢證、教學服務、初
級學院、職業及成人教育和職業重建等不同部，通常部門設立依責任多
寡而定，各州不一致。

　　地方教育當局依事務繁簡而設中等教育、初等教育、特殊教育、預
算及計劃等部門；除外，為了輔助教學，尚設有視聽輔導機構，為了處
理聯邦撥款業務專業，可設主任及人員單獨負責。部門化原係部層制特
色。美國分部能因地方及州業務需要而設立，並非基於邏輯基礎；因
此，這種依專業分工設置部門只能勉強稱為閉鎖型組織特性。

　　（四）美國教育人員角色限制，強調專門知識及專業人才的運用，
以追求效率。

　　美國聯邦教育署長雖無資格限制，其任命至少應獲教育團體支持與接受，否則不易獲國會同意，這可間接保障教育人員專業化。

　　地方教育局長一向由學校人員升遷；近年雖有部份局長由外聘羅致，但教育局長至少有高等學歷及長久教育行政經歷或訓練則是一種普遍存在的事實。

　　總部人員重視資歷，以內升人員居多；校長及助理人員多由具教學經驗的教師中遴選；這都是限制教育行政人員角色及追求專業化精神的一種努力。

　　最近，教育局長及校長之任用，除了延襲專業精神外，更要求具有專門知識及訓練。二者之任用應以具教育專才 (Educational Specialist) 或獲博士學位證書者為主。獲得這二項資格，一般在碩士之後應有二年以上教育專門知識的進修。這種強調角色專業化及專門化的特色，使美國開放型教育組織偏向閉鎖型組織。

　　（五）地方教育組織嚴格督導及聯邦與州督導權的伸張　地方教育組織由視導人員對於行政及教學事務分層分責嚴格督導。視導人員分成二個系統。行政視導由局長以下至校長等直隸人員組成，依其職責分層監督。教學視導則由各種專門人才，依專長視導教學及訓導事項。地方教育組織執行嚴格督導外，近年聯邦及州經由補助後擴大對下級行政組織的督導權限均使美國教育組織逐漸重視閉鎖型組織特性。

　　總之，美國由聯邦、州及地方學區三層次的關係看，階級脆弱，並無命令及服從的體系存在；目標多元而分岐，整個部層制並無統一目標的結構存在；這使整個教育組織能引進多元參與，適合地方差異性，表現民主精神，傾向開放型組織。不過，部門分工、專門與專業人員及法規至上使整個教育組織稍具閉鎖型組織色彩。但如撇開聯邦、州二個階層，僅看地方教育組織則可見到地方學區頗有閉鎖型組織的特色。地方

學區，除了表現目標稍欠統一之外，階級關係頗濃厚，辦事倚重法規及細則，專業及專門人才的重視，督導嚴格，形成層層節制的閉鎖型組織。所以，美國教育組織從整體看只能說是偏向開放型組織。

各國教育組織，因為歷史背景不同，形成閉鎖型組織或開放型組織，但這二種組織架構並不是一種絕對的區分。閉鎖型組織及開放型組織中間是一個連續的點所組成的，而各國教育組織架構均散佈在這些中間連續的點上。

閉鎖型組織比較合乎行政效率原則，而開放型組織比較合乎民主原則；但無論那一類型的教育組織架構無不可以同時追求效率與民主原則的實施的。因為民主原則與效率原則不是相互對立的。所謂相互對立是說追求民主原則就得拋開效率原則，而追求效率原則則得放棄民主原則。當然，為了追求民主原則得放棄局部效率，為了追求效率則須放棄局部民主是不容置疑的。可見任何組織均可以同時追求民主原則及效率原則之實現。

民主原則以多元授權與多數參預及適應組織差異性為主。效率原則則以單元授權與少數參預及運用組織統一性為重心。這二個原則均應成為任何組織追求的目的。

法國是一種典型的閉鎖型組織，最近逐漸擴大多數參預可以說是追求民主原則的努力。英國是一種典型的開放型組織，最近重組地方政府，運用組織統一性，可以說是追求效率原則的一種趨向。美國雖係偏向開放型組織，最近聯邦成立教育部，並且不斷透過學區重組，擴大組織統一性的運用，亦無非在追求效率原則之實施。

顯然，各國無論是屬於那一種類型的組織，都設法從民主原則及效率原則上追求改變，使教育行政更能實現民主原則及效率原則。這也就是說不管歷史背景如何，任何教育組織都可以同時使效率原則及民主原

則付諸實現的。

本章主要參考目書

一 Peter Self. Administrative Theories And Politics. (Tornoto: George Allen & Unwin, Ltd., 1972)

二 Meredyd Hughes (ed) Administering Education: International Challenge (London WCI: The Athlone Press & the University of London, 1975)

三 Herbert G. Hicks et. al. Organization: Theory And Behavior (New York: Mc Graw-Hill company, 1975)

四 John Thomas Thompson Policy Making in American Public Education. (Englewood Cliffs: Prentice Hall, Inc., 1976)

五 W. D. Halls Education, Culture And Politics in Modern France (Oxford: Pergamon Press, 1976)

第六章　教育資源運用的基本概念

　　教育資源包括教育上所運用的人力、物力、財力、時間及空間。人力有一般教育行政人員及學校教師所提供的勞務。他們的體力、智力及一般和專門知識都是具有高度價值的資源。物力指教育所運用的一切財貨(Goods)；財貨本身具有價值，它的價值隨著市場供需情況而改變。財力則是用貨幣表示而經由預算程序編列的資源；一般財力是指預算編列的經費。財力既然是經由預算編列的經費，它的運用數目是受到限制的。時間是指教育資源運用的機會價值；任何教育資源在一定時間內具有許多運用的機會價值；而任何教育資源在一定時間內運用於某種用途上卽相對喪失其它運用機會。這就是說任何教育資源在一定時間內有其不同使用價值；如果任何使用價值在最高使用價值之下便有了時間機會的損失。這是時間相對的機會價值。空間本身就具有價值。這五類教育資源都是有本身絕對或相對價值的。教育組織運用這五種資源最應重視它們本身絕對或相對價值的發揮。這也就是要注意到教育資源的支出經濟 (Economics of Expenditure)。支出經濟是指資源支出的效率 (Efficiency) 及績效責任 (Accountability)。以下將分別介紹教育資源

的支出經濟及把握支出經濟所應注意有關教育資源運用的重點。

第一節　教育資源的支出經濟

　　教育資源的支出經濟意思是說，教育資源的支出具有效率並符合績效責任原則。教育資源的支出要求具有效率，首先就要計算教育利益（Benefits）。如果不計算教育利益，根本無從知悉教育資源的支出是否具有效率。因為效率一辭的解釋乃在單位資源支出獲取最大的利益條件下才成立。不計算教育利益，根本就不能了解教育支出是否具有效率。所以，討論教育資源支出經濟首先要談計算教育利益。

　　其次，教育利益計算之後，即應了解教育資源單位支出是否具有最大的教育利益；在何種情況下，教育資源支出才具有效率；這便是談教育資源支出經濟所應介紹的第二個主題。

　　最後，教育資源支出具有效率，並不能保證教育資源用於最適當用途。教育資源是否獲得最適當的運用要看它是否用在實現教育目的（或目標）上面。教育資源的運用須替教育目的（或目標）的實現負責；這便是教育資源支出的績效責任。教育資源的支出不但要求具有最高度效率，其效率的發揮，仍應以負責教育目的（或目標）的實現為條件才能稱得上是教育資源的支出經濟。

　　由上面的說明，教育資源支出經濟可由三個主題來討論：

一、教育利益計算的必要

　　傳統上，教育人士崇尚精神生活，而諱言物質報酬，言語中如涉及

利益字眼卽以爲有損淸高；這完全基於一些因襲的觀念：一者他們以爲教育是百年樹人大計；只問耕耘，不問收穫。二者他們以爲教育利益不能以金錢計議；多數的無形利益是無法計量的。

　　事實上，在資源未能充分利用的時代，包括游牧、漁獵及農業時代，許多人力投閒置散，許多物力未盡利用，財力的限制未被認識以及時空的重要性仍受忽略之際，只問耕耘，不問收穫大致仍能不受誹議。但在資源稀有性（Scarcity of Resources）獲得各方體認之後，一切資源，除了本身絕對價值受到重視之外，其相對的機會價值亦受到關切。人力不再能投閒置散，物力要求獲最大的運用，財力要求在一定時間內滿足人類最大需求，時間的機會價值獲得重視，並且空間的運用限制亦獲關切。這一切使只問耕耘，不問收穫的傳統觀念，若爲私人德性修養則可，若爲資源運用原則則非。教育不能以百年樹人大計而不問資源支出利益，因爲百年大計所需的支出不限於教育，多數公共支出的重要性都不亞於教育。

　　其次，教育的利益並不限於金錢。利益原是指財貨或勞務直接或間接滿足人類慾望或需求的數量。人類生而具有慾望，由慾望而產生需求；凡能滿足慾望與需求者都具有利益。教育原是一種財貨；它可以直接、間接滿足人類需求，因此，它具有各種利益。教育可以使人增加獲取金錢報酬的能力，以滿足人類對金錢的需求。教育固然有金錢利益，然而，教育仍然具有滿足人類的美的需求，對人關切及交往的需求和對政治活動需求的種種利益。這便是教育在金錢利益之外，尚有文化利益、社會利益及政治利益。教育的利益不限於金錢利益。傳統教育觀念諱言金錢而不計教育利益，不外以爲談到利益必然涉及金錢。其實，這是一種誤解。教育利益的計算是要將教育財可以滿足人類慾望及需求的數量標示出來。它兼顧金錢以外的各種利益，不只顧及物質利益，尚兼

顧精神利益; 不只計量有形利益, 抑且論及無形利益。

教育利益計算的重點在使教育利益量化, 以便了解教育資源支出的單位價值。不將教育利益量化卽難獲悉教育資源支出的單位價值, 也就難於判斷該資源支出是否具有重要性。是以, 教育利益的計算對於決定教育資源是否應予支出的決策具有決定性的關係。

由此以觀, 教育利益的計算對於決定教育支出經濟與否是何等重要!教育利益的計算是決定教育支出經濟與否的重要關鍵; 為了使教育資源運用合於支出經濟原則, 亟應設法計算全部教育利益。當然, 教育利益有極易量化的一面, 也有不易量化的一面。不易量化的一面並非不可能量化。以一定的尺度及刻劃來計量教育利益, 卽使不能將不易量化的教育利益確實的標示出來, 但計量總比不計量要紮實, 何況計量技術是可以改進的。

二、 教育資源支出效率的內涵

教育資源支出效率指教育資源的單位支出能够獲得最大的教育利益。因此, 它應有三種內涵❶: 一是在教育資源支出一定的情況下, 教育利益的產出最大。根據此一內涵, 教育資源的運用在使教育利益產出的價值最大。所以, 教育支出應優先用在單位利益最大的投資上面。二是在產出一定的情況下, 要求教育資源支出最少。在同一教育利益的生產量之下, 務希資源支出價值減至最少的量。三是在產出利益與資源支出都不確定情況下, 以最具生產力的投資, 優先運用教育資源。

投資是否具有生產力要由產出除以投入來決定。不論何種資源, 將

---

❶ 林文達著 教育經濟與計劃 (台北: 幼獅書局六十六年三月), 頁二〇六。

其單位投入資源及產出利益相比較求出一個生產力指數，卽可據以判斷該資源是否具效率。凡具有最大生產力的資源應予優先運用；運用具有最大生產力的資源便合於教育資源支出經濟原則。

在所有教育資源中，物力、財力和時空的運用，首應重視其單位資源支出所產生教育利益的多寡，或一定教育利益所需該項資源的量，以決定是否採用該資源。因爲這些資源容易用一定量化技術計算其單位資源所具有的利益。人力資源則不然，它所產生的利益及單位價值不容易計算；由其總體生產力來判斷其是否具有效率較爲允當。

其次，是否將教育資源用在某類教育，也應以該教育是否具有生產力爲決定教育投資效率的標準。衡量教育投資生產力的標準目前是以教育收益 (Returns of Education) 來評定。教育收益高的教育投資便具效率，相反的，教育收益低的教育投資便無效率。決定教育收益高低可以採用二種標準：一是將各類教育投資收益與一般市場投資收益比較；凡教育收益大於一般市場投資收益卽可投資，否則，就不宜投資。不過，由於市場投資收益常在變動之中，因此，有人建議採用一個固定標準。這一個標準是以一般銀行借貸利率爲最低投資報酬率的標準[2]。凡教育投資收益率高於銀行借貸利率便具效率，否則，卽無效率。這是目前決定教育資源是否該用於教育的一個最起碼條件。

二是將各類教育投資收益與其它公共投資收益相比。凡教育收益大於一般公共投資收益便具效率，否則，卽無效率。資源是否決定用於教育應以教育投資是否具有效率爲標準。具效率便可投資，反之，亦然。教育投資具有效率與否與一般公共投資相比而不與私人投資相比的理由是：教育也是公共投資的一種。公共投資重視無形利益及精神利益，對

---

[2]　仝上，頁四十七。

於有形利益及物質利益比重的計算較私人投資爲輕，所以在做決策時，往往將物質及有形利益的比重放低。公共投資的收益標準遂訂得偏低，將教育投資與一般公共投資收益比較而不與一般私人投資相比較，卽在強調教育投資決定有效率與否是考慮到教育的無形利益與精神利益的。

三、教育資源運用應合乎績效責任原則

績效責任原則是近代重視目標管理運動的產物。在目標管理運動之下，任何資源支出以是否能達成目標爲品評的標準。資源運用卽使具有效率，但是與目標的實現無關或關係甚微，都不能說是適當的運用資源。

教育資源的運用要合乎績效責任原則就得看它是否能有效率的完成教育目的（或目標）。教育資源支出是否經濟就得看它完成教育目的（或目標）的量來決定。這也就是說，教育資源運用要由教育目的（或目標）作導向，要替完成教育目的（或目標）負責。

在強調績效責任原則下，目前教育資源的運用都可以教育目標管理來作導向。在教育經費預算編列及計劃方面，教育規劃預算系統逐漸成爲各國發展支出經濟的武器之一。教育規劃預算要求計劃預算的提出須以教育目的（或目標）作爲活動規劃的導向；計劃預算的提出應以系統分析方法尋找最有利於活動完成的計劃預算。這便是強調經費編列應以最具效率而能實現教育目的（或目標）的計劃爲支出重點。教育規劃預算可以說是逐行教育資源支出經濟的一種武器。

在事務及業務管理方面，由於目標管理的導向也開始重視教育目標的量化，並且利用作業研究方法決定有效管理業務及事務的策略運用。作業研究方法是一種擇優程序。擇優程序是根據策略實現目標函數的數量及投入的資源支出而作選擇，以便決定最優策略的方法。在擇優程序

運用之下，教育業務及事務的管理將會以最優的策略進行。最優的策略是指達成教育目標中最具效率的策略；此種策略在目標實現的過程中，支出一定，利益最大，或者利益一定，支出最少。近年由對局理論 (Game Theory)、等候技術 (Queueing Technique) 及運輸方法 (Transportation Method) 等技術在事務管理方面的運用，顯然可見重視績效責任原則與教育資源支出經濟的一斑。

　　在人力運用方面，績效責任原則的運用使得考績與評鑑方面重視行為目標 (Behavior Objectives)。行為目標是以教育目標為導向的。人力運用是否具有效率要看他執行教育目標的程度及量的多寡來決定。一般教育行政人員的考績要看他實行教育目標的成績；學校教師的評鑑要看他是否具有實現教育目標的能力。這些都是近年教育人力運用強調教育資源支出經濟的一種新趨向。

第二節　教育資源運用的重點

　　教育資源的支出若以市場供需價格加以表示即是一般所謂成本 (Costs)。換言之，教育資源支出的價值便是教育成本。教育成本依其支出目的可分二類。教育資源直接為教育目的而支出的價值是教育直接成本 (Direct Costs)。相反地，教育資源間接為教育目的而支出的價值是教育間接成本 (Indirect Costs)。一切教育資源支出的價值都可以用教育直接成本及教育間接成本加以涵蓋。

　　教育直接成本依其支出使用年限，可分為資本成本 (Capital Costs) 及經常成本 (Current Costs)。資本成本是使用年限在一年以上的持久性支出。教育資本成本是教育資源極重要的支出部份。多數國家的教育

資本成本佔所有教育資源中的比例極高。根據何烈克的統計，在十六國資料中，資本成本佔所有教育成本的比例略在百分之二十以上。同時，教育等級越高，其資本成本佔所有教育成本的比例也越大❸。

此外，資本成本有其特性：一者，它的支出量大。無論是土地、建築或設備每次支出數目都極大。二者，它因具持久性，用途受限制，功能不能因時間變易而改變，影響使用途徑的變化。三者，它引發維持及修護等附加支出，數目亦復不少。

教育資本成本支出既是數目大，用途受限，影響久遠，其運用允宜重視其時地適應及功能彈性變化的需要才能獲得支出經濟效果。許多學校建築往往在強調堅固、美觀與整齊的原則下，規格呆板，不能適應教學改進需要，阻礙新教學法的引進，不適應時間變化。另有些學校興建之初，僅注意當時人口、經濟與社會發展需要，未能高瞻遠矚，往往使學校空間發展受限，不能發展適應經營規模及正常教學。這都是資本成本不能適應時空變化所致。所以，為了使教育資源運用符合支出經濟，第一個重點便是要資本成本支出具有高度適應時空及功能變化的需求。

教育經常成本是使用年限在一年以下，經由年預算編列而在年度內支出的成本。教育經常成本中人事費用占支出的最大部份。人事費用分成一般教育行政人員及教師薪資二部份；二者之中又以後者佔最大部份。教師薪資支出平均約佔教育經常成本的百分之七十五以上；同時，教育薪資支出又與教育等級的高低成反比。教育等級高者，教師薪資佔有經常成本的比例低；反之，教育等級低者，教師薪資佔有經常成本的

---

❸ Phillip H. Coombs et. al. Managing Educational Costs (London: Oxford University Press, 1972), p.205.

比例高❹。本此，教育資源運用第二重點乃在使教師充分運用並高度發揮其生產力，才能達成教育資源支出經濟的效果。

教師充分運用的重點在使教師依其專長擔任職位；並使其時間獲得充分分配在專長方面。大學教師應以研究爲主，教學及服務爲輔；因此，大學教師時間應大部份分配在研究方面，教學次之而服務又次之。

中小學教師以教學爲重點，將其時間充份分配在教學方面，才是運用之道。

反過來說，大學教師如以教學及服務爲主而不分配研究時間；中小學教師以行政、管理及雜務爲主而忽視教學時間的安排都是違反支出經濟的做法。

爲了充分運用教師的時間，須使其時間都用在最主要的職責上。一些次要的教師職責最好能由其它行政管理人員充任；再者，有些機械性的工作更可由輔助教具的使用而減少教師主要時間的輸入；這些都可促成教師時間的充分運用。

其次，爲使教師充分發揮其生產力，須注意教師生產力的維持。在知識爆炸的時代，教師的生產力極易因知識的更新而失效或降低。不斷的再職教育以維持教師高度的生產力正是充分發揮教師生產力的最佳途徑。

教育間接成本非爲教育目的而直接支出，有機會成本 (Opportunity Costs) 及隱藏性成本 (Hidden Costs) 二大項目；而以機會成本爲最重要。

機會成本是因資源在某一機會方面的運用而喪失另一機會所損失的機會價值。大部份的教育資源都有其使用機會價值。在使用過程中，任

---

❹ Frederick H. Harbison. Human Resources As The Wealth of Nations (New York: Oxford University Press, 1973), p.56.

一支出相應有一機會價值的損失。多數教育資源機會價值的損失微不足
道或不易計量。在所有可計量而最具重要性的機會價值中，以學生在學
機會價值最爲重要。教育經濟學者的研究報告中指出：學生的機會價值
損失占教育成本的一半以上；同時，學生的機會價值損失又與教育等級
及經濟與社會發展的等級高低成正比❺。這就是說，教育等級愈高，學
生的機會價值損失愈大；經濟與社會發展等級愈高，學生的機會價值損
失也愈多。可見在經濟與社會發展不斷提升的過程中，教育時間愈長，
學生的機會價值損失也就愈大。一味增加學生接受正式教育的時間而不
顧及其損失的機會價值將非獲取支出經濟之道。

由支出經濟的原則來看，同一效果的達成如果可以不由正式教育而
用其它較低成本的方式獲得應以採用低成本方式爲正理。正式教育不只
要求直接成本的投入，更連帶要求大量間接成本的支出；而在間接成本
的支出中，學生機會成本——機會價值的損失又居大宗。增加正式教
育的時間，總成本極高。此項成本又因經濟與社會發展的提升而大量增
加。如果同一教育目標可不由正式教育來完成而能透過非正式教育方式
來實施，自以採用非正式教育方式爲允當。因爲非正式教育可以採用資
本密集 (Capital Intensive) 及技術密集 (Skill-Intensive) 方式經營，
可以減少教師薪資支出，利用規模經濟效果，充分運用教育資源，降低
教育成本。再者，非正式教育可以在工作以外時間安排，不受教學時間
及空間限制，減少學生機會成本支出至最少量，所以同一教育目標的達
成，採用非正式教育方式要比採用正式教育方式減少成本。

不過在教育目標的實施過程中，必然有些非經由正式教育不克實
施，而有些可以經由非正式教育卽可獲得同一效果。在追求支出經濟的

---

❺ G. Psacharopolous. Returns to Education (London: Elsevier
Scientific Publishing Company, 1973), p.126.

原則之下，敎育資源運用的重點之三將是如何配合正式敎育與非正式敎育方式的安排，充分運用學生時間，使敎育目的（或目標）在成本支出最低之下完成，而非一味延長正式敎育時間卽爲已足。

　　敎育的內容如果由其追求敎育目的區分約可分成專門敎育及一般敎育二類。專門敎育的目的在提供知識及技術，以便利就業。它是以就業爲目標，所提供的課程內容包括基本知識、專門知識及技術。除了技術的敎學受場地及時空限制，應有一特別時間及場所的安排之外，多數基本知識及專門知識的學習均不受時空限制。不受時空限制的敎育內容就不一定要以正式敎育方式來實施。

　　一般敎育的目的在增加學生基本知識，增加對人、對事及對物的了解及運用的能力。這一類敎育內容的學習原不受時空限制，大部份均可透過非正式敎育方式來進行。

　　在經濟與社會發展提升過程中，學生機會成本劇增，正式敎育的直接成本也日漸提高，以延長學生正式敎育年限來安排學制，卻不顧及敎育內容，實在是一種硬性敎育措施，不能滿足支出經濟的要求。

　　爲了符合敎育資源運用支出經濟的原則，未來敎育制度應以敎育目的（或目標）爲導向，根據課程內容及其在正式敎育與非正式敎育方式實施的可能性來安排學生學習時間，彈性規定敎育年限，而不宜劃一正式敎育年限標準，不計敎育目的（或目標），由增加正式敎育時間來解決一切。這種安排應注意下列重點：

　　一、學生資格的決定不以修業年限爲準，而改由學分的修畢爲計算依據。

　　二、學分修習的時間不限定在短期年限，而以在一定連續期間內修畢卽可採用。

　　三、學分修習不宜限定在正式敎育機關——學校。凡在認可的非正

式教育機關獲得的學分同樣採計。

四、由正式教育機關提供的學分應以確非由學校教育方式獲得不可的內容為限，方可以減少以正式教育方式經營的教育成本支出。

五、凡可以透過非正式教育經營的學分盡可能由不同方式提供，減少學生受時間及空間學習的限制。

上列五個教育資源運用要點係分別就主要教育資源——資本、教師人力及學生時間加以摘要說明。在整體教育資源的運用方面，由於資源具有本身的限制，它的運用若非在適當的經營規模之下，無法克服這些限制，也就不能充分發揮資源運用的效率。所以，為了追求支出經濟，在整體資源的運用方面另有一項重點，這就是教育資源運用方面應該特別重視教育產業 (Educational Industry) 經營的規模，以便克服教育資源本身的限制而充分發揮資源所具的功能。

教育資源的運用本身受到二種主要限制: 資源不可分割 (Indivisibility) 及資源整體功能 (Integrity of Functions)。資源不可分割是指資源的運用不能依需要量的大小而決定運用的價值，並將使用價值依需要量分割。每一資源的運用要求採用相當的價值。機器設備至少應採用一個完整個體，不能因需要少而僅使用機器的部份價值；人力至少要採用一個人次，也不可因需要不及一人而使用一部份。

資源的整體功能是基於資源功能的互補及相互依存，某種功能的發揮必須同時運用不同資源。多種資源共同產生某種功能；運用教育資源於生產該項功能必須同時採用多種教育資源。在教育資源的運用過程中，為了發揮某項功能，必須同時採用多種資源，不能因需要量少而僅運用部份教育資源。這就是教育資源具有整體功能，此項功能的發揮不能因需要量多寡而增減部份資源的使用。

基於教育資源不可分割及整體功能，任何教育產業經營都會引發大

量的成本支出，而這些支出並不隨需要量的多寡而變易。為了突破這二項限制，只有將教育產業經營規模擴大到相當程度；這便是教育產業經營的最適當規模了。

在最適當規模情況下經營的教育產業，由於突破二項資源本身限制，將可使資源運用在利益一定之下，成本支出最低，符合支出經濟中的效率條件。

除外，一旦教育資源的運用突破二項限制之後，它的功能互補特性將逐漸發展出來，因而產生多種功能 (Variety of Functions)，引發多種教育利益，而使教育資源之運用在最低成本之下，產生最多教育利益。在適當教育產業經營規模之下，不只單位成本最少，人力因可依專長分工，產生功能互補，使工作專業化，物力及財力因相互支持及共同使用，可使原分散無濟於事的資源能聚少成多，提供新功能所需的足夠資源。時間及空間在適當經營規模之下，亦將獲得充分使用而發揮其全部利益。所以，為了追求支出經濟中的效率條件，在整體資源運用方面，應維持教育產業經營規模能克服資源不可分割及整體功能的限制，而充分發揮其資源功能互補的利益。換句話說，教育資源運用的第四個重點是注意教育產業在最適當規模之下經營，以便在最低成本之下，發揮整體資源運用的最大利益。

本章主要參考書目

一、Phillip H. Coombs et. al. Managing Educational Costs (London: Oxford University Press, 1972)

二、Daniel C. Rogers (ed.) Economics And Education (New York:

The Free Press, 1971)

第七章 教育經費的籌措與分配

　　各國教育發展的結果，對於經費需求與日俱增，其原因不外：(1)
民主思潮的激盪，要求受教育機會均等。凡是有能力受某一等級教育
者，國家應給予同等機會。對於具有不同能力的人，國家負有根據不同
稟賦，辦理各種類型教育的責任。因此，國家必須根據社會的期望，辦
理不同類型的教育。社會大衆經濟情況不一，凡家境清寒，具有能力者，
爲了保障其受教育機會，國家還得設法補助，令其就學。(2) 社會對教
育的期望日高。由於生活日漸改善，社會負擔教育的能力日漸提高；同
時文化累積，使得教育內容日漸豐富；文化代代相傳的需要，迫使社會
對教育時間及內容等均要求增加。(3) 科技發展的結果，人力需求的條
件改變。技術的差異性日增，技術的等級提高；爲了使人力能配合經濟
發展，教育內容及年限均得加長❶。(4) 人口快速的增加，在要求普遍
提高教育水準，增加受教育機會情況下，加上各級、各類教育，隨著生
活水準提高，由師資到設備均要求質的改善，更迫使經費所需不貲。教

---

❶　林文達，敎育經濟與計劃（台北：幼獅書局，六十六年三月），頁六十九

育是一種勞力密集的產業；師資薪資在整個經費中所占比率極高。爲了維持一定水準的師資生活，又要使薪資具有相當的吸引力，以便在百業競爭中，令教育事業可以吸收到素質優異的人力，薪資更得節節提高。時代進步的結果，辦理教育所需提供的項目均因時代進步而改變及增加。不論是爲了維持一定師資素質，或爲了提供學校多重服務，其結果均是走向教育經費增加一途。爲了因應與日俱增的教育經費需求，亟須研討其籌措與分配之道。本章將分別介紹教育經費的籌措與分配的基本概念和各國教育經費籌措與分配之實際。

第一節　教育經費籌措的基本概念

　　教育經費的籌措約可分別由經費籌措的來源、經費籌措的原則及經費籌措的方式三方面來說明。

　　教育經費的籌措有五種主要來源。這五種來源是指稅收、學費、經營收入、借貸收入及捐助款項等。其中，稅收及學費收入是比較固定且比重較大的；其餘經營收入、借貸收入及捐助收入則係收入不固定，或比重較小的。一般教育經費的籌措自以稅入及學費收入爲主，而以經營收入、借貸收入及捐助收入爲輔。

　　稅約可分爲直接稅與間接稅二種。直接稅爲取自所得及財富的稅。根據租稅理論，直接稅較能反應不同經濟發展階段中個人財力，因之徵收直接稅比較切合根據負擔租稅能力收稅的原則，又能獲得巨額的財源。所謂根據負擔租稅能力收稅是指所得與財富多者，其稅負能力亦高，因此，其負稅數額也多；相反亦然。至於間接稅因其取自財貨或勞務在市場交易的量及價值，爲由消費者需要徵稅，所徵之稅大部份是來

自人民生活必需之支出。它忽視根據稅負能力取稅原則，除了可能具有累退效果外，更不易因經濟發展而獲得充分財源，同時又可能流入重複課稅的弊端；在未來租稅收取發展趨勢下，自以儘量加強直接稅收爲主。

教育經費籌措的稅入部份，仍應以偏重直接稅爲主。教育由稅來支應的理由，正與其它公共財由稅來支應的理由相似。可是教育財的稅收理由，更應強調由能力課稅的原則。一者，教育是百年樹人大計，它的效益是代代相承的。二者，它的外在利益極多；一個人致富受此等代代相承的外在利益影響至大。從獲利中支付成本的觀點看，一個有高所得及財富者，負擔較多的教育經費應是合理的。教育經費由稅中籌措，自以負稅能力高者，多付公共教育的稅爲準則。因此，未來教育經費籌措的來源中，根據負稅能力徵收教育經費，自以開拓直接稅源爲宜。

由稅收支應教育，係公共財政策略運用的重點；人民由於承受教育外在利益及代代相承的利益，必須根據稅負能力支應教育，才納教育稅；因此，由教育稅入支應的教育自以產生社會利益者爲主。由稅收支應的教育應不是指產生私人利益的教育投資。所以，公共策略運用直接稅來支應教育，只有在辦理生產社會利益的教育投資才可徵收。至於教育投資產生私人利益部份，則應由學費來支應。

學費係指個人或其家庭爲投資於教育所必須支付的一筆直接費用。個人爲投資於教育所必須支出的固不止限於直接費用；因爲它還包括爲數可觀的其它支出如：機會放棄的支出及其它隱而不見的支出等。但是公共策略所重視教育財的提供自以辦理教育所需的全部直接經費爲主。在直接經費中，除了由公共稅入支應部份外，大部份應以學費收入爲主要來源。

個人對於教育支出的決策，是以私人利益爲主；凡是有關私人利益

部份的教育支出，由學費徵收支應是會受到私人支持的。只是由於教育投資市場資訊傳送不易，或礙於受益資料不明，或因當事者無從獲知以致無由作成適當決策。這就有賴公共策略運用學費政策，輔導作成適當的教育投資了。

學費政策旨在釐訂適當的學費標準。適當的學費要使教育投資量適當，就得使個人教與養兼顧。養是指在一定的經濟、社會發展情況下，個人生活應維持一定的水準。學費釐訂不宜偏高，也不宜偏低。偏高及偏低均會促成教育投資量的不恰當。因此，教育投資宜兼顧人民的生活水準。學費的徵收，當以配合人民生活水準為前提。其次，學費釐訂也要參考個人受教育利益的多寡。個人受益部份當然是以私人利益為準。學費徵收量應與個人所受教育利益的量維持一定的比率。

私人對於市場分配的教育利益並不十分敏感；私人決策不一定能配合經社發展需要；為了維持適當的教育投資政策，並釐訂合理的學費徵收標準；在決定學費政策之前，應先作有關教育投資分析；並詳細研討人民的合理生活水準內涵及標準。

教育本身並不是一種營利事業。經營收入是指辦理教育過程所附收的利潤，因此，營運收入決不是教育所依賴的重要財源。可是教育的附屬業務常可以增加不少收入，將它列為教育收入的來源之一，仍是恰當的。

借貸收入是一種信用收入；它是由辦學主體基於信用保證，並負償還責任的一種收入。此項收入來自個人、銀行或者國外貸款。借貸收入必須有償還能力的保證；並須妥當預作償還準備。因此，此項教育經費不可作為教育事業所賴於維持的重要財源。它只被用做教育發展，經費預作投資的一種方式。在一個求取高速開發的國家常舉外債作教育投資；是根據未來開發的需要而預行投資；其投資的收入當足於償還本金

及利息。另一種舉債收入方式是向人民或銀行發行教育公債；利用人民對教育的期望，以較低利率舉債，以應付臨時重大投資的需要。由債務發生而收取教育經費財源；除了應付特殊需要，並對償還能力能十足把握之外，是不宜應用的。因此，由借貸收取教育經費必須看償債能力及是否時間上有預爲籌措的重大需要。它是不可以被用做獲取經常教育經費的一種來源的。

　　捐助是由私人、團體、國外政府或者政府間，基於善意的捐獻或協助。它是無條件的給予；因此是不負償還責任的。許多外國政府，基於協助開發中國家發展文化需求，常無償給予文教發展基金；私人或社團，基於文教及社會福利的重視，亦無償贈予教育發展經費。此類捐助款項，或間接透過文教事業的舉辦，或直接贈予受教育者而成爲教育經費的一種來源。

　　捐助的另一方式是協助。協助金額的給予雖是無償的，但給予者及接受者基於契約或立法關係應履行契約或法律所規定的責任或義務。國外政府或國際基金常要接受協助者履行若干規定。政府辦理教育亦常規定中央補助地方，或地方協助中央皆是協助的方式。

　　上列五種經費來源中，稅收是各國政府經費籌措的主要來源；義務教育經費大致以政府徵稅負擔爲原則；而非義務教育經費中，學費收入則扮演極爲重要的角色。借貸收入並非教育經費籌措的經常性來源；各國利用借貸方式籌措教育經費皆設有相當的限制。美國地方學區如欲發行教育公債，除了要有償還保證外，尚有二種限制：其一，舉債最高限額不得超出地方財產估價一定的千分率；其二，舉債方案須獲得有財產選民多數的複決❷。英國只允許地方教育當局利用貸款支應學校資本建

❷　Roald F. Campbell. The Organization and Schools (Columbo, Ohio: A Bell & Howell Company, 1975), p.63.

築支出；但其借貸方式及款項則應得議會通過，並經中央政府教育科學部之批準❸。可見為顧及債信及教育經費穩定，除了部份國家利用舉債充長期資本支出用途外；由借貸籌措教育經費並不是教育經費籌措的常規。捐助方式中，捐贈數目不定，很難成為教育經費的支柱；協助由於築基於政府廣大財力的基礎之上，已成為教育經費籌措的最重要來源之一。經營收入一向不為非營利的教育事業所重視；但私立學校由服務提供的收入仍為重要教育經費來源。美國私立高等教育機構一九六九—七〇年教育經常收入中包括提供公共服務及附屬事業經營收入二項約佔總經常收入的百分之二十四❹。這一個數目不能算小了。由此可見，私立學校在其有限經費來源中，經營收入應具重地位，但政府辦理教育有龐大稅收及其它來源為支柱，自不宜強調經營收入的重要性。

公共財政策略對於教育經費的籌措，固然需同時注意上列各種來源；在全體經費的收入觀點上，捐助、借貸、及營運收入宜統盤加以考慮；但在經常收入的籌措範圍，應以稅入及學費收入為主要項目。

經費的籌措，因所提供教育經費種類差異而有不同原則。教育根據其產生利益的不同可以區分為義務教育及非義務教育。義務教育是以訓練及養成健全國民為主要目標；其受益者應為全體社會成員。非義務教育則以個人潛能的充分發展及生產力的發揮為主，因此，其受益者以個人為主，社會為附。教育經費之收取，以是否用於義務教育及非義務教育，而有不同的原則❺。

支付義務教育的經費，應以取自直接稅為原則。義務教育所衍生的

---

❸ Bernard Lawrence. The Administration of Education in Britain (London: B.T. Batsford Ltd., 1972), p.97.

❹ Harold L. Wattel. Planning in Higher Education (New York: Hotstra University, 1975), p.315.

❺ 同❶，頁八十六～八十八

利益是由社會大衆所公享。並且是代代相襲的；因此，不論是有子女受
教育者，或無子女受教育者，皆應根據其負稅能力而支付辦理義務教育
的經費。義務敎育是國民的權利，也是國民的一種義務；卽使有私人利
益；在社會全體利益的重點之下，公共策略辦理義務敎育應盡可能免納
學費。換言之，辦理義務敎育的經費不宜由學費收取。卽使在經費拙拮
之下，其經費也應由公共財源負擔。公共財源之取得自以根據國民支付
能力而徵收的直接稅爲主要項目。義務敎育經費之取得，如非來自根據
人民負稅能力而徵收的直接稅，將使其經費負擔不合理。不合理的產
生，當然是因爲富者受全體利益多，反而支付少。美國中小學敎育已是
屬於義務敎育階段，其經費主要取自地方及州的財源。地方及州的財源
又以買賣稅及房屋稅爲主，這二種稅頗具有累退性質；不是根據個人負
稅能力而徵收；因此，美國支付義務敎育經費的徵收方式已受到多數敎
育財政學者的指責。他們一致認爲辦理中小學敎育的稅源應取自反應負
稅能力的所得及財富的稅才恰當。這便是基於義務敎育經費應取自直接
稅的理由。

　　至於由借貸及捐助取得辦理義務敎育財源的問題，在低度開發國家
人民稅負能力薄弱，借貸及捐助固常成爲辦理義務敎育的一種財源；一
旦邁向開發途程中，人民稅負能力提高，還是以取自反應人民所得及財
富的直接稅收爲原則。義務敎育本身經營收入是極少的，因此，此項收
入可以忽略。

　　非義務敎育的辦理主要在發展個人不同潛能，使個人在不同經社發
展階段中自我實現。個人受此敎育之後，獲充分自我實現及由經社發展
中獲取利益的機會，由其負擔合理的成本是恰當的。所謂合理的成本是
指考慮其受益多寡及生活水準的原則下，決定應負擔成本的數目。個人
負擔成本便是繳納學費。當然，社會也因個人受非義務敎育的結果而取

得不少政治、經濟及社會利益。由公共財政負責部份經費仍是必要的。因此，非義務教育經費的支應以取自學費及直接稅為主。

可是，非義務教育所需經費頗鉅，在經社發展甚速之過程中，不乏所得及財富頗鉅而又有善意資助教育者，應極力鼓勵其捐助；由捐助取得辦理非義務教育的財源應是可行之道。非義務教育辦理過程中，有不少附屬業務可以經營；經營收入也是一種可觀的財源。借貸收入之是否採用，則當以其獲利是否能償還所貸款項為原則。蓋非義務教育應配合經社發展需要而投資；所貸款項如不能獲得應償還貸款的相當酬報；此項貸款便是不合經社發展需要的；非義務教育不合經社發展需要是不宜投資的。

除了上列二項原則之外，義務教育經費的籌措應以穩定為主，而非義務教育經費的籌措則以彈性適應為原則。

所謂經費收入穩定是指其不因經社發展而大量變動其收入量。義務教育是全民教育，不論經濟景氣與否，社會繁榮與否，均要求一定量以上的支出水準；因此，其財源應由直接稅當中，彈性較小的稅收支應大部份基本經費；再由彈性較大的稅收支應部份改進經費。

非義務教育則不然。它的辦理要適應經社發展需要，因此，其經費收入應十足反應出經社發展情況。在經社發展極須大量興辦非義務教育情況下，應使財源能快速轉入教育投資；反之，在經社發展萎縮，對於非義務教育需求不足時，應適時減少流入教育投資的財源。掌握公共決策之財源，為了配合經社發展而投資於非義務教育應以直接稅中彈性較大的稅收為財源。

教育經費籌措的方式可以區分為例行性與非例行性二種。例行性方式係針對一般教育目的而收入的經常性籌措方法。此法仍須根據其徵收時是否將教育經費收入與其它行政收入分開而分為獨立徵收及統一徵收

二種方式。教育經費收入項目與其它行政項目分開並由教育機關及人員分別徵收；其財源固定又有保障，裨益教育事業的發展。惟教育機關及人員獨立徵收教育財源難免增加徵收支出；同時教育人員不諳稅務，徵收過程也較難得心應手，影響徵收的效果。

　　統一徵收係將教育及其它行政收入，合併由徵稅機關徵收或交由國家金融機關統一收取。此法固能增加收入效果，節省徵收經費；但教育與其它行政經費收入項目如涇渭不明，將使教育財源失去保障。不過它對於全部經費的統籌分配效果極佳，則是不可否認的事實。

　　教育經費例行性徵收，爲了顧及教育財源的穩定，當以劃清教育收入項目並與其它行政收入分開徵收爲佳；徵收如果委由財政機關當可免除教育機關及人員爲經費收入而忙碌之弊。劃清教育收入項目並委由財政機關代收教育財源，以其代收量之多寡收取手續費，一方面有助於教育經費的收取，一方面又可確保教育經費財源不受其它行政財源之影響；這應是可行的辦法。

　　非例行性方式係指針對特種教育目的而收入的專案經費籌措方式。爲了加強某種教育功能，或者增加爲實現某種教育目標的收入，特別成立教育專款，徵收教育經費。凡是在例行徵收之外，爲某種教育而收取的經費，不論來自那一種財源，其用途是受到保障的。因此，非例行性方式實是彌補例行性方式不足的一種教育經費籌措方式。

第二節　　教育經費分配的基本概念

　　教育經費經籌措之後，爲了提供教育財，並使教育財合理的分配給受益者，分配的行政過程及方式如下：

分配的過程，如由例行性分配來區分，可分爲統一分配及獨立分配二種。統一分配係將教育經費與一般行政經費合併統盤考慮之後，再根據教育需要，而決定分配給教育的比例或數量。此一分配方式固能兼顧社會多方面發展需要，但對於教育事業的穩定發展則無裨益。獨立分配係教育應分配的款項有其一定數量或比例，不受其它行政經費分配的影響。它有利於教育事業的穩定發展，因此，理論上較受一般教育學者所歡迎。

例行性分配之外尙有非例行性分配；非例行性分配係根據特種教育目的而專案決定其分配的教育經費；此項經費，對於彌補經常性分配之不足，具有極大的功效。

教育經費經由例行性及非例行性分配過程之後，決定其是否直接分配給受益者，約有二種不同分配方式。一是直接分配，二是間接分配。直接分配是將收入的教育經費，根據不同經社背景受益者的需要，直接分配給受益者。受益者在獲得所分配的教育款項之後，有權決定其購買教育財的方式及數量。弗萊門等❻所主張的教育券 (Educational Voucher) 就是直接分配方式的一種形態。這一種分配方式之下，公共政策運用財政收入辦理不同教育，並不強迫受教育者進入某種學校，受某種教育。受敎者可根據其能力及意願，運用其所獲分配教育券，選擇所欲進的學校，及所受敎育的類型。此種敎育經費分配方式，較能適應受敎者發展的需要；更可以免除私人因不滿公共敎育進入私校而支出雙重費用的弊端。雙重費用的產生來自私人繳交敎育捐之後，不滿公立學校，必須再付出入學私校的學費所造成的。此種浪費對於富有者並不構

❻ Charles S. Benson et. al., Planning for Educational Reform: Financial And Social Alternatives(New York: Dodd, Mead & Company, 1974), pp. 111-118.

成損失，但對於貧困者，其損失極大。教育經費的直接分配既將決定求學的權限交給受教育者，在公私學校競爭的條件下，既不優遇公立學校，將有助於學校競爭及營運的改進。再者，所籌措的教育經費，直接根據受教者家庭經濟、社會背景而分配，對於貧困者當能酌量增加分配量而對於富有者相應可略減其分配量；因之，此種直接分配方式，如運用妥切，將有助於所得與財富的重分配。這是一種澈底的直接分配方式。可是採用此種分配方式除了要增加行政作業費用外，另有二重限制：一是此種方式之採用必須是一個充分自由競爭市場而有各種類教育機會的提供。二是此種方式優點的表現建立在受教者能充分知悉各種教育機會及學校辦理的優劣。這二種限制是不容易突破的；目前此種分配方式只是在理論發展及試驗階段。一九六〇年代美國聯邦委託哈佛大學公共政策研究中心研究其可行性，不久建議美國學區酌予採用。一九七二一七三年全美僅由聯邦補助亞里桑納州洛克（Alum Rock）學區採用❼。目前雖然有其它學區亦加入試驗程序，但整個分配方式仍未達普遍推廣階段。

　　澈底直接分配方式既未達普遍推行階段；則目前只能採用間接分配方式輔以部份直接分配方式。部份直接分配方式是透過獎學金及低利貸款方式而進行，目前已甚普及。

　　間接分配則由公共財政策略運用下，將收入教育經費分別舉辦各類型教育，或補助私校提供受教育者不同受教機會，間接將所收教育經費分配給受教者。由公共策略辦理教育，分配給受教者，機會均等，有助於全民教育的實施。但在公私學校競爭的市場，如果公立學校經營不善，間接分配方式將不利於貧困兒童。富有兒童進入辦理績優的私校，

---

❼　Roald F. Campbell. op. cit., p. 33.

乃反掌折枝之易；而貧困兒童在無法進入續優私校的形勢下，則惟有公立學校一途。這個事實以美國高等教育最爲明顯。美國一些著名私立大學幾乎皆爲來自經濟、社會背景較優異的家庭子女；而由公共財力大量津貼的社區學院才成爲經濟、社會背景較劣家庭子女的集中地❽。美國高等教育如此，英法初、中、高等教育更不例外。英國私立學校一直是富有者及貴族階級的寵物；雖然近年英國政府一直想打破這種雙軌色彩，但私校爲中上階級的子女提供較佳機會的事實，一直無法改變❾。法國私校一直爲中上階級養成所。工人階級子女送往免費幼稚園、小學及公立中學直到受完義務教育。中上階級子女則走私立中學小學部、中學而通往高等教育的路線；第五共和和之後，政府雖然戮力改善非中上階級子女教育機會；但私校仍然成爲中上階級的特權一事則少有變異易❿。這正是間接分配不利於貧窮者子女爭取教育機會的最佳寫照。由此可見，間接分配固有助於全民教育理想的實現，但直接分配更能實施個人發展機會均等的教育原則。

　　義務教育強調全民教育，由公共財政將教育經費妥善運用，重視學校經營，由間接分配方式，將教育經費分配給受益人是合理的；但在非義務教育階段，特別重視個人潛能的發展，似乎更須留給受教育者更多自由抉擇的機會，採用直接分配方式，應是值得考慮的途徑。

　　教育經費不論採用那一種方式，作爲分配的手段，均必須考慮下述分配的原則：

---

❽　John D. Owen. School Inequality and the Welfare State (Baltimore and London: The John Kopkin Press, 1974), p.46.

❾　孫亢曾"近年英國教育發展的幾個動向"世界教育改革動向（台北：幼獅文化公司，六十五年一月），頁三十五～四十三.

❿　Gwendolen M. Carter. The Government of France (New York: Harcourt Brace Govanovich Inc., 1972), pp. 7-10.

（一）績效責任（Accountability）

係指教育經費的分配應對有效執行教育目標負責。教育經費的分配，固需求不浪費，不苟且；更需求其分配方式至爲有效。可是有效運用經費達成所做的事情，或完成所做的任務，仍然不能認爲對績效已負起應負的責任。經費分配能否有效採用可行途徑來完成或踐履教育目的才是績效責任的一個評判標準。經費的分配應能有效達成教育目的或實踐由教育目的導出的教育目標才具有績效責任的標準。所以，教育經費的分配，不只以是否有效地執行任務爲標準，更要以任務的執行能合乎教育目的或目標踐履的要求爲最高原則。

（二）優先順序（Priorities）

物有本末，事有輕重緩急。教育經費的分配應對所需完成的目的及任務，分別輕重、緩急並作一個全面而周詳的分析。安排事情的優先順序宜採用嚴密的系統分析方式，將所應考慮的因素詳細計量，由其重要性大小及時間先後程序，決定經費分配的順序，才能使經費作最有效的分配。

（三）彈性適應

教育經費應能配合事務屬性差異及不同地方需求而作成合理的分配。呆板的，單調的分配措施常不能適應時、空、事務變化的需要，終必導致不良的教育發展。

（四）機會均等

教育旨在提供具有不同潛能者各種發展機會，使他們對社會具有最大的貢獻。凡有礙個人獲取均等教育機會的措施均應設法消除，並積極開創人人得以發展的教育機會。

（五）有效投資

在社會整體發展的前提下，教育財源的分配決不可一廂情願，儘量

支出。經費的分配應考慮教育獲利的能力及機會，並且與其它社會投資相比較。在合乎有效投資的經濟原則之下，作成合理的經費分配。

當然教育經費分配旨在確保教育財源能穩定並有效的提供教育財給受教者；其分配的過程及方式雖有不同類別；但充分提供教育機會；使人人獲自我實現，使社會獲整體發展的目標則無殊。雖然本文僅略舉五項教育經費分配原則，但這五項原則應是犖犖大者；教育經費分配的其它原則，當可以此類推而舉一反三。

第三節　各國教育經費籌措與分配之實際

教育經費籌措與分配之主要目的，當然，在設法提供充分教育經費以便辦理各種類教育，充分提供各項教育財以滿足社會需要。各國教育經費籌措與分配的主體有二：一是政府，一是私人或財團法人。這二個主體能否充分籌措教育經費並提供全社會所需均等教育機會，完全要看他們籌措教育經費的能力及所負分配教育經費的責任是否互相配合而定。本文將分析英、美、法三國政府及私人教育經費籌措能力及所負分配責任是否配合的問題，以便找尋有效教育經費籌措與分配的答案。

一、各國政府教育經費籌措能力及所負經費分配責任

各國政府教育經費的主要來源以稅收為主，學費、捐助為輔；至於經營收入及借貸收入則非經常所依賴的重要財源。義務教育免學費，因此，學費僅在非義務教育階段才扮演較重要角色。捐助部份有關私人及外國政府捐贈因非例行性財源，其在教育經費提供過程中自少重要性；

準此，政府教育經費來自捐助部份者應以政府間的相互協助爲主。政府間相互協助的財源還是以稅收爲主要支柱。本文論政府教育經費籌措能力遂以稅收及協助部份爲中心。

　　各國政府教育經費的籌措及分配大致分成中央及地方二個階層，有採中央責任制者，有採地方責任制者。前者如法國，後者如英國及美國。採用中央責任制者，其教育經費的籌措及分配由中央政府負主要責任，而地方政府僅負有限責任。中央政府因超越地域範圍，其稅源較廣，更能配合經濟發展階段發展彈性稅收類別；其稅入主要皆以直接稅爲主，因此，財源豐裕，能針對經濟發展階段，籌措相當充裕資源以供應教育經費之需求。法國地方僅負擔幼兒及小學教育經費之百分之三十一和供給中等學校校地之經費，其餘小學、中等及高等教育經費皆由中央政府負責籌措。在全部教育經費中，中央政府負擔近百分之九十・三而地方政府僅負擔百分之九・七⓫。教育經費絕大部份來自彈性大的直接稅如所得稅、貨物稅、關稅等；其教育經費支付能力遂能配合經濟成長而直接滿足大部份教育需求。因此，近幾年來法國教育經費及支出隨着受教人數及經費不斷增加之需求而由公共政府相與增加支出獲得解決；實在是教育經費籌措能力及教育分配責任相互配合的最好例證。法國教育經費支出反應經濟成長及政府責任的數字可見下表⓬：

　　由表二可見法國教育經費增加由國民生產毛額充分表現出來；這說明支持教育的稅入與國民經濟成長具有關係。這顯然是法國教育經費由直接稅收入的結果。其次，教育經費增加由公共政府教育經費支出比例

　　⓫　W.D. Halls. Education, Culture And Politics in Modern France (Oxford: Pergamon Press, 1976), p.72.

　　⓬　UNESCO Statistical Year Book 1975 (Paris: UNESCO, 1975), p. 386.

表二 法國教育經費總支出占國民生產總毛額及公共
政府支出的百分比

年代	教育支出占 GNP 的百分比	教育支出占公共政府支出的百分比
1965	4.0	21.5
1970	4.7	23.6
1972	5.0	26.5
1973	5.3	27.4

的不斷增加反應政府直接肩負教育責任。法國可以說是教育經費籌措能
力與所負責任相稱的一個典型。

英國及美國教育經費籌措與法國大不相同。二個國家均採用地方責
任制；地方教育經費的籌措皆由地方財產估價中，收取一定稅率而得。
地方稅以間接稅如房屋、土地及人民消費必需品為主，反應經濟成長的
彈性小；其稅源也較貧瘠。英國除了大學教育之外，無論中小學教育
或擴充教育皆由地方教育當局負主要責任。但英國地方教育當局的稅源
僅限於地方財產估價的一定磅率。地方財產估價五年才舉辦一次，不易
反應經濟成長，同時，財產價值亦因地區而不同；這種教育經費來源不
僅具租稅的累退性，更不能反應經濟成長；無法配合教育需求。為了彌
補地方教育當局教育經費籌措能力與分配責任不相稱的缺陷；英國中央
政府不斷採用協助方式一由中央政府採用一定補助模式來消除這一項缺
陷。近年地方教育當局在短絀經費能力之下，三分之一以上經費用以支
付教育。教育雖為地方政事之首，但仍不能應付其所負的全部教育責任
需求；以一九七五一七六年為例，百分之六十八的地方教育當局經費需
由中央補助⑬。中央補助地方經費，雖能解決經費問題，但中央與地方

---

⑬ Martin Minoque. Documents on Cotemporaray British Government.
Vol. II Local Government in Britain.(Cambridge: Cambridge University
Press. 1977), p.30.

權力糾紛，及責任歸屬不免成爲爭論之點。一九五七年以前，中央政府補助地方教育當局採用特別補助（Specific Grants）方式，便有妨害地方自主的疵議出現；一九五七年之後中央政府逐漸改變特別補助模式，採用一般補助模式。

特別補助有利於補助者的監督，也增加補助者的責任；一般補助使受補助者有伸縮自主機會，不致因接受補助而削弱其權力與責任。顯然，補助方式僅能彌補局部經費不足問題，並不能全部解決教育經費與責任配合的需要。補助權力既然操在中央政府，則中央政府度量其經費支出能力才決定補助數量；這與中央政府實際負責任再量度所需支出數量結果迥異。這就難怪英國教育經費支出由一九六五至七〇年由國民生產總毛額的百分之五·一增爲百分之五·九，而其占政府公共總支出卻從百分之十三·四降爲百分之十三·二❹。這個結果顯與法國中央政府直接負擔責任而不斷提高教育經費在公共總支出的比率大異其趣。

美國辦教育責任保留給州；而州又以學區責任爲主。由此可見美國教育責任是由州及學區組成的地方責任制。學區教育經費來源爲財產估價中收取一定千分率的稅入部份。學區以辦理中小學教育爲主；學區辦理以外的部份—擴充教育及高等教育則爲州政府的責任。州的稅源雖較學區爲廣，但仍以間接稅如買賣及消費稅爲主。因此，其教育經費負擔能力亦極有限；教育經費來源不能相對經濟成長而具充分的彈性；中央對地方教育經費的補助偏於憲法規定，並無明顯的補助政策；一直到最近，中央才逐漸透過立法，給予地方大量補助。聯邦的補助以發展研究、消除貧窮及維護人權爲原則，採用重點補助方式；同時補助模式與英國發展相反，由一般補助改爲特別補助，以加強聯邦的監督權力及責

❹　UNESCO Statistical Yearbook 1975, op. cit., p.388.

任。然而，聯邦政府實際上並不負責教育責任; 其補助量自然不能滿足地方教育需求。這就與英國犯相同的缺點。難怪美國一九六五一一九七三年教育經費支出佔有國民總生產毛額的百分比率雖由百分之五‧三提高爲百分之六‧七; 但其佔公共總支出的百分比則由百分之十九‧五降爲百分之十七‧九**⑮**。

美國中央—聯邦政府有充裕的經費來源及支付教育經費能力，卻因未負實際教育責任而由國會及總統因其確認需要與否採重點補助; 實際負教育責任的州卻受財源限制，不能絕對負起教育責任; 因此，人民受教育機會卽因州提供教育經費能力的差異而顯有不同: 全美五十個州中，公立中小學學生單位成本平均在一九七一一七二年爲九二九美元，超過平均標準者十八州，低於平均標準者則有三十二州; 最高紐約州爲一四六八美元，最低阿拉巴馬州僅得五四三美元，最高與最低者相差九二五美元之巨**⑯**。教育機會的不均已可見其一斑。

綜合上述三個國家資料及分析已可明顯看出，經濟發展結果，由直接稅收取財源的中央政府經費充裕; 而以間接稅收取財源的地方政府經費拙掘。由政府辦理教育，爲了使籌措教育經費的能力與負擔教育責任相配合以便提供均等的教育機會最好是由中央政府負擔較多責任，或者改變地方籌措教育經費能力。否則，採用英國及美國協助方式，仍難達到眞正提供均等教育機會並辦好教育的目標。如果只能採用協助方式，則以建立好的補助或協助模式爲中心。好的補助或協助模式至少應考慮下列三個條件:

（一）受補助者籌措教育經費的能力 能力低者應得較多補助; 反

---

⑮ Ibid., p.380.

⑯ NEA. Estimates of School Statistics (Washington: Survey of Business, 1971), p. 37.

之，亦然。

（二）受補助者籌措教育經費的努力程度　負擔教育經費稅率高者應得較多補助；反之，亦然。

（三）受補助者應維持平均以上教育水準　換句話說，宜使受補助地區單位學生平均成本接近一般水準。

二、各國私人教育經費籌措能力及所負經費分配責任

所謂私人係指由民間個人或團體爲辦學主體的意思。它與以政府爲辦學主體的方式是不同的。在五項主要教育經費來源中，私人辦學僅得四項：**學費、經營收入、捐助及借貸**。私人債信不如政府，由無息或低利貸入所需款項實非易事。借貸需負償還本金及利息責任，以所貸款項辦理非營利爲主的教育事業實屬下策，因此，借貸一項更非私人所賴以維繫教育事業經費之支柱。私人籌措教育經費遂以捐助、經營收入及學費爲主。過去辦學經費需求少，以慈善個人義舉或團體支持的學校容易生存。歐美各國教育一向有宗敎團體財團做支柱，私立學校極爲普及。法國在一九七〇年代初期，小學生中每六個卽有一人在私校就讀，中學生中每三個卽有一人在私校就讀[17]。英國學制夙有雙軌之譏，私校地位極爲重要。美國私校在學人數在一九七〇年代初期亦達到初等教育人數的八分之一，並爲中等教育人數的廿分之一。私校高等教育在學人數亦爲全部美國受高等教育人數的四分之一[18]。由此可見私校在法、英、美

[17]　Gwendolen M Carter., op. cit., p.7.

[18]　Kenneth A. Simon (ed.). Digest of Educational Statistics (Washington: U.S. Government Printing Office, 1970), pp. 24-25.

地位的重要。

　　法國及美國私校雖有廣大的宗敎團體或私人捐獻基金作基礎，在有限的經營收入之下，面對快速增加敎育經費的需求只有從提高學費，並維持私校相當水準以吸引中上富有子女入學著手。因此，私校極易成爲中上階級子女的敎育場所。法國從一九五一年開始大量補助私校，迄一九五九年補助政策更趨積極；其目的無非要打破雙軌色彩。英國自一九四四年法案後，中小學亦漸接受政府補助以彌補歷來雙軌制所帶來的敎育機會不均後果。美國私立初等及中等敎育未受政府補助⑲仍不免繼續成爲經社地位不平等的根源。蓋美國私人敎育發展並不具法國及英國雙軌色彩；但私校經費來源有限未免產生二種後果：一是提高學費辦好學校以吸引富裕子弟入學；貧者子女只好望門卻步。二是收取低學費，但僅能維持起碼的敎育水準；這種學校雖門戶開放，但富者子弟則不屑一顧。學費不同造成敎育機會不均。

　　各國有關初等及中等敎育階段均逐漸劃入強迫敎育範圍並規定免納學費；私人辦理強迫敎育範圍的初等及中等敎育自不宜徵收學費；其辦學經費不足之處應由政府補助，並使其提供一定水準以上的敎育。如此，才能使私校經費來源與所負敎育責任一致。

　　選擇性敎育包括部份中等敎育及高等敎育。法國高等敎育由政府直接負擔經費；英國亦由中央科學敎育部撥款補助。美國政府對高等敎育不論公立或私立亦採補助政策。一九六九一七○年私立高等敎育經常費中有百分之二十二是由政府研究及其它補助經費中獲得的；公立高等敎育經費則百分之五十以上經常費皆由政府支給⑳。

---

⑲　Ibid., p.19.

⑳　Harold L. Wattel (ed.) Planning in Higher Education (New York: Hofstra University, 1975), p.315.

　　由上列資料略見法、英、美三國對於私立選擇性教育包括高等及部份中等教育皆採補助政策而由公共經費支給部份教育經費；但各國也同有一個特色；私校學費往往高於公立學校，其中有些私校為了維持其高的學術競爭地位，往往學費偏高許多；盡量利用高學費來維持其優勢。這一個問題，從私校經費負擔來源、責任及教育機會均等的提供原則來看；它是頗有商榷之地的。

　　按教育經費籌措的基本原則有二：一是義務教育應以免納學費由政府依負稅能力籌措財源為主；二是選擇性教育應以依受益主體受益多寡而徵收經費為主❷。選擇性教育學費及其它經費的籌措自應按受益者受益量來決定。受教育者不論就讀公立或私立學校，皆希望由學校獲得相當等級的智識及技術，以便在社會中獲得適當的接受價值。換句話說，不論公私立學校，只要提供相當水準的教育機會都可向受教者收取一定的教育經費—學費。公立學校及私立學校向受教者收取學費應無不同標準。同理，受教者只要獲得同一等級、同一水準的教育，不應該因進入公立或私立學校而付出不同的學費。學校無分公立私立，要向受教者多收學費只有在下列條件下才成立：

　　（一）受教者需較多的服務　受教者入學條件差，為了彌補其教育條件不足，須提供較多教育時間。

　　（二）學校提供高於一般水準的智識及技術　學校為了維持高水準的教育程度，費用高，因此，必須額外收取經費以支應其所負額外責任。

　　這二個條件只允許學費可因學校好壞及提供服務多寡不一而有差別；卻不能因學校係公立或私立而異其學費徵收標準。

----

❷　林文達，教育經濟與計劃（台北：幼獅文化事業公司，六十六年三月），頁八十三～八十八。

　　政府亦爲選擇性教育的受益者。政府是社會大衆的代表，其稅收來源係由大衆依負稅能力而支給，其經營及其它收入亦是向大衆收取。爲大衆所享有利益而支出成本係政府的責任。受選擇性教育者，無論來自公立或私立學校，都能提供間接利益給社會大衆。因此，由政府代表社會大衆支付其所應負擔教育經費是責無旁貸的。準此，政府對選擇性教育的補助也不可因公私立而不同。如果學校提供教育水準及項目對社會貢獻有所不同，政府自可因而異其給付數額。所以，政府補助選擇性教育可因學校辦學成績而不一，卻不可因公立或私立而不同。

　　當然，私人辦理教育是鼓勵社會善良風氣及興學義舉的產物。私人辦理教育應無營利動機。財力雄厚者，將資金投入教育，維持一定水準以上之教育，不必依賴政府補助，僅收取合理的學費，替政府分擔部份教育經費乃私校辦理的原則；財力不足者，由政府補助相當經費，也能在合理的學費之下，維持相當的教育水準。因此，各國無不鼓勵私人興學；因爲私人興學可分擔政府部份教育經費，又能提供多重教育機會；在財政策略運用下是具有充分理論基礎的。不過在學校經費支出日形增長情況下，私人辦理教育經費日形支絀。爲了使私人在負擔教育責任上，不斷貢獻其力量，並維護社會善良風氣；政府應積極負起補助責任，但政府補助款數自以不超過公立學校所接受補助的數額爲度；同時，私校學費徵收亦不得超過同等公立學校的數目。至於私校辦理的水準，理應與公立學校一樣維持一定的水準之上。

　　綜上分析，由間接分配方式提供均等教育機會給全體國民，政府及私人必須充分合作使教育經費籌措能力與其所負責任相互配合始克有成。政府及私人合作及配合以提供全民均等教育機會的要點臚列如次：

　　一、根據各國現狀，中央政府由直接稅籌措經費，其稅源對經濟成長彈性大，教育經費充裕，應由中央政府負擔較多教育責任。

二、地方政府由間接稅籌措經費，其稅源對經濟成長彈性小，教育經費有限；應由地方政府負擔較少教育責任。如果，現狀係由地方政府負擔較多責任，顯出教育經費不足者宜採用三種方式來彌補：

（一）增加中央政府直接負擔教育責任，調整辦理教育權責，由中央政府直接辦理或維持較多學校。

（二）增加地方政府直接稅源，在中央稅源中以較具彈性稅如所得稅、貨物稅、關稅等以固定稅率劃入地方財源。

（三）中央政府採用補助方式：補助額大小的決定應顧及地方教育機會均等原則。

三、政府應對私立學校補助。接受補助私立學校須維持不低於公立學校的水準；而私校接受補助數額應不高於一般公立學校，同時公私學校學費標準應無不同。

本章主要參考書目

一、Charles S. Benson et. al. Planning for Educational Reform: Finãncial And Social Alternatives (New York: Dodd, Mead & Company, 1974).

二、John D. Owen. School Inequality And the Welfare State (Baltimore And London: The John Hopkin Press, 1974).

第八章　教育事務管理

　　教育行政工作分成二個主要部份：教育業務工作及教育事務工作。

　　為了達成教育目的，針對各項教育目標去辦理各項教育活動，必須處理有關計劃、組織、領導及評鑑工作。這便是教育業務工作。它是教育行政工作的最主要部份。日常部層制分層分部進行的業務如初等教育、中等教育、高等教育、國際文教合作、特殊教育以及學校行政中的教學及學生課外活動等均屬於教育行政業務工作範圍。

　　教育事務工作旨在輔助業務工作之進行，以提供教育業務工作所需各項資源為主要目標。為求順利提供教育業務所需資源，一些輔助工作最為必要。這一類工作由學校建築、設備的維護及使用到學校預算、會計及審計都可以說是教育事務工作範圍。

　　歷來教育行政工作皆以教育業務工作之處理為核心，教育事務工作頗受忽視。近年由於教育事業日漸龐大，辦理教育業務工作所需資源日夥，攸關教育資源提供所須辦理的輔助工作是否處理得當，足以左右教育業務工作之進行。復以分工日細、工作專業化的結果使得一向不為人注目的教育事務工作也被納入教育行政工作研究的範疇。

　　教育事務管理的研究卽在對於輔助教育業務所需資源的整備、調度及管制作深入了解，以便支助並改進教育業務工作。由此可見，教育行政二個主要工作中，教育業務工作是主而教育事務管理工作是輔。在教育業務工作日亘，需求資源日股的情況下，如何辦好教育事務管理工作，使教育事務管理眞能完成其輔助並改進教育業務的目標乃成爲今後教育行政重要工作項目之一。了解教育事務管理工作，對於教育行政工作的進行，實有其必要。

　　教育事務管理爲輔助教育業務，針對其所需資源加以整備、調度及管制。教育業務工作所須運用的資源不論人力、物力、財力、時間或空間大致可區分爲兩類：一類是可以用貨幣加以表示的；一類則爲貨幣之外，以其它財貨及勞務型態而出現的。凡對於教育所需貨幣資源作整備、調度及管制工作者屬於教育財務管理的範圍；如果對於教育所需非貨幣資源之外有關財貨及勞務加以整備、調度及管制者則屬於教育庶務管理的範圍。教育事務管理因而可以區分爲教育財務管理及教育庶務管理二大類。

第一節　教育財務管理

　　教育財務管理係指運用教育貨幣資源所作整備、調度及管制的工作。此項工作包括財務資料和教育貨幣資源的管理。財務資料管理包括紀錄、整理、審理及報告等程序；其目的在保障教育財務管理的妥切性：確保財務安全、資源運用的合法並增進財務情況的了解以利教育業務的進行。爲此，健全的會計及審計工作的建立，有其必要。

　　教育貨幣資源的管理是以追求支出經濟效率與績效責任爲目標。爲

了實現這些目標，財務管理程序應特別強調良好的預算制度、薪資政策及評鑑系統的建立。

一、教育資料管理的妥切性

教育財務資料管理的妥切性，可由教育財務管理的二種活動程序中去完成。此二種程序是指教育會計及審計。

教育會計不只是簿記；教育簿記僅為教育會計的一方面。它只將教育財務資料加以記錄而已。如果將教育會計僅當作是一些收支記錄及帳目登記工作，便是犯了因陋就簡的缺失。

根據美國聯邦衞生、教育、福利部所編公共學校會計原理❶一書所載，會計乃一個組織財務活動結果的記錄、分類、綜合及解釋的一種藝術。因此，教育會計不是簡單的簿記工作；它尚包括教育財務資料的分析及解釋。由於分析及解釋的作用，使得會計工作容許判斷及推理因素介入。會計工作一旦引進判斷及推理因素，便具有十足彈性以適應研究及計劃上的需要。判斷及推理因素的引進使會計工作由單調變成靈活，由單純記錄變成具有創造性的藝術工作。雖然，會計工作追求的不只是資料的記錄而由於解釋工作使資料適應多重教育業務的需要；但要求記錄準確及合法仍然是教育會計工作的第一項目標。每一會計年度預算通過後，其執行過程的詳實記錄是會計工作最主要的責任。詳實紀錄不只有利於預算執行工作，更將成為未來提出新年度預算工作的礎石。教育長期計劃基於短期計劃工作；但不論是長期或短期計劃，其基礎則為以往資源分配的事實。教育會計工作可以使過去教育資源分配情況昭然若

---

❶　HEW. Principles of Public School Accounting (U.S. Government Printing Office, 1967), p.2.

揭。由會計記錄、分類、綜合、分析及解釋便可以提出各項成本資料。成本資料配合利益資料之後，可資品評決策效率的參考。各種決策途徑及其效率之分析是各項未來教育計劃擬定的基礎。因此，良好的會計工作是有利於未來教育計劃工作之推進的。

最後，由成本會計的分析可以診斷出已分配預算的得失；根據已分配預算的得失以改進未來預算分配的項目及方式應是會計工作的一重要目標。

綜上所述，教育會計工作不僅在提供詳實的教育財務處理資料，以利預算及計劃的執行及監督，更進一步要求分類、綜合、分析及解釋以為教育研究、改進教育預算及從事教育計劃的根據。

為了滿足教育會計目標，教育會計工作至少應符合下列條件❷:

（一）**週全充分** 教育的每一種措施資料均要有記錄。在簿記及會計程序中，應有各種檢定及制衡功能以防止疏忽及人為疏漏情事的發生。

（二）**方便可用** 教育會計制度的建立應使行政人員易於在管理過程中獲得及時而可用的各項資料。資料的記錄及儲存應簡便易於取用。

（三）**簡單明瞭** 會計記錄宜簡明而完整；實際會計作業人員在少數人力之下，便能有效處理一切記錄工作。

（四）**統一一致** 教育會計用語、分類及處理格式應具相關內涵並劃一；處理方式也要相同。

（五）**永久保存** 所有教育財務資料之保存至少應在五年以上，以利教育計劃分析及研究之用。教育財務處理資料因之須在防火、防潮的設備之下儲存。但是，由於每一種教育會計資料用途不同，其保留時限

❷ Oscar T. Javis et. al. Public School Business Administration And Finance (West Nyack: Parker Publishing Co., 1967), pp. 322-4

不一，各項資料的保存及銷燬時限應由法令作成明文規定。

　　爲了使會計工作符合上列五項條件，會計不宜採用現金基礎 (Cash Basis)。現金基礎只有在實際有現金收入及支出時才作成記錄。這種會計方式無法使記錄週全充分。一般會計工作以採用權責發生基礎 (Accrual Basis) 爲原則。權責發生基礎的會計工作只須發生收支責任及義務時，卽可記錄而不必等待實際收支行爲的發生。此法較能使會計工作週全而充分，更可由會計記錄中詳察一切資料處理的情況。

　　如果以權責發生基礎作會計工作而遭受困難，不妨改用現金及權責發生基礎交互使用方式；但純以現金基礎的會計工作亟宜避免。

　　教育審計工作是由機關內人員或機關外人員對於貨幣收支行爲之處理，加以審理、核定以了解其妥切性的過程。此一過程中，一切審計工作不外有三種目的：

　　（一）了解每一財務處理及支出的合法性以便防止不法行爲的發生，並且在事後予以補救。

　　（二）了解每一教育財務處理及支出的妥當性；撥款過程由核定到支出內容及數量是否恰當；支出過程由定價到支付是否恰當。

　　（三）了解每一財務處理及支出的效率。衡量投入資源及產出間的轉換比率。這一審計工作有利於未來提出報告及從事進一步預算的參考。

　　審計工作如果由其是否由機關內部人員來負擔可以區分爲內部審計 (Internal Audit) 及外部審計 (External Audit)；如果由其執行時間來區分亦可以區分爲事前審計 (Pre-Audit)、連續審計 (Continuous Audit) 及事後審計 (Post-Audif) 等三種。

　　不論事前審計、連續審計或事後審計都可以採用內部審計及外部審計；但事後審計應以外部審計爲恰當。由於事後審計主要爲全部預算執

行完畢或年度終了所做的審計工作，爲計劃階段執行的一個段落，其重
點應強調事後審計及報告，由機關以外人員做審計工作自較允當而易於
取信。

以下將分別介紹教育審計工作的不同類型：

（一）由審計程序先後及時間分

1. 事前審計　在實際支出及財務處理之先所做的審計工作卽是事
前審計。事前審計的目的在：（1）確定財務處理及支出是否合理合法。
（2）確定其是否爲預算所擬支出的款項。（3）確定其支出款項是否合於
預算所擬撥款的數量。

2. 連續審計　在財務支出及處理過程中，分期結算審計便是連續
審計。分期長短可以視實際工作需要而定，每週一次、隔週一次、每月
一次或隔月一次均可。連續審計目的在：（1）檢查簿記是否有錯誤。
（2）便利分期報告。（3）了解收支結存態勢。此項審計旣以了解分期財
務處理及支出情況爲主，自以內部審計爲宜。

3. 事後審計　每當年度終了或會計時間結束，對於所有教育財務
處理及支出做一審計工作卽是事後審計。事後審計須處理全部會計記
錄，因而任務特別繁重。通常就其工作倚輕倚重有所選擇乃區分爲一般
審計（General Audit）、特別審計（Special Audit）、全部審計（Total
Audit）及有限審計（Limited Audit）。

（1）一般審計　對於教育財務處理及支出中每一款項均作詳細分
析審核。

（2）特別審計　僅對所有財務處理及支出中一項款項加以審計。

（3）全部審計　對於全部記載各款項及帳目的有關日帳、總帳及
一切登記資料均加以審計。

（4）有限審計　僅就具有代表性的資料或帳目加以審計。

（二）由執行審計人員區分

1. 內部審計　由機關內人員自作審計便是內部審計。此項工作係審計的自我審核初步工作，其目的在：（1）保證每一財務處理及支出均有完整的登記。（2）要求在實際登記者之外，有其它人員負責資料正確性的共同責任。（3）要求對於價格、數量及所收取財貨或勞務作見證，並對數目的寬減、折算提出證明。（4）保障財產安全，以防盜取；並使必要時財產順利移轉收取。（5）保證每一財務處理的正確性。（6）保證財務處理及支出工作的順利進行。

2. 外部審計　由機關以外人員對於財務處理及支出做審計工作。由於此項工作係最後審計應以周詳、準確的一般審計爲原則。由原機關以外的人員處理最後審計工作固足昭信於納稅人，更可延攬專門人員負責審計任務，詳細分析財務處理的效率，以爲進一步計劃與預算的借鏡。事後審計在一切工作完成後應提出報告，一方面說明年度預算實施的詳情，分析其得失，爲計劃的完成提出佐證：一方面由事實分析提出過去預算實施得失，爲年度新預算之起步。所以，事後審計乃是承前啓後的重要工作。

二、教育貨幣資源管理的效率與績效責任

教育貨幣資源運用爲了兼顧效率及績效責任目標，應以建立良好的預算制度、薪資政策及評鑑系統爲重心。

預算制度的建立旨在替教育計劃實施過程提出財務準備以便作爲資源分配的依據。良好的預算制度才能確保教育計劃的圓滿實現。歷史上，預算的改進已由傳統預算逐漸改進而成功能或績效預算；現階段又邁向規劃預算。這種改進的特徵可以由三種預算的比較中看出。根據柯乃資維（Stephen J. Knezevich）所列綜合比較結果；三種預算的特徵

重要特徵	傳統預算	功能預算	規劃預算
1. 預算實際開始建立時期	一九二〇年	一九三五年	一九六〇年
2. 預算的主要任務	支出的嚴謹控制	工作成本資料搜集和支出控制	目標完成與支出控制
3. 預算官員的主要意向	保管資金以切合指定用途	收集各種功能或組織工作程序的成本資料	決定每一途徑的成本支出間之關係
4. 將預算看做是財務工具的觀點	財務控制的工具	成本分析及提高效率的工具	資源分配所需的設計及分析工具
5. 預算機構及官員的主要角色	財務信託工具的發展及財務控制作業的責任	維持程序活動及工作效率	財務政策發展與決定資源分配的目的
6. 所強調預算的過程	執行與評鑑	準備與執行	預備、準備與評鑑
7. 最主要的預算或財政因素	收支的統一分類	過程的調派，成本會計與分析	成本效用分析
8. 預算所強調的分類單位	支出事務綱目	功能或活動	規劃組織目標與目標群相關的活動
9. 預算期限	限於一個財務期間（單一會計年度）	限於一個財務期間（單一會計年度）	至少一年，多則五年（多年財務設計）
10. 預算執行所強調者	技術性、作業性活動	技術性、管理性活動	策略性設計與行政
11. 所強調的作業技術	技術性財務計劃	三級或二級官員的視導活動	規劃設計之領導與高級行政技術
12. 實施技術的焦點	會計與審計活動	效率計算，單位成本分析	經濟與系統分析
13. 對發展預算最有貢獻的學科	會計	工程或行政	經濟與系統分析
14. 資料重心或預算重要單元	支出項目	過程或工作功能	表現或變化目標－產出
15. 新的成本估計方法	遞增	遞增	零基
16. 預算發展所重視的設計	預算平衡	成本與功能	決策的設計與選擇
17. 預算產出	財務控制	效率的決定	審慎考慮分配決策
18. 評鑑預算決策的標準	各種實際運用的活動及其資源設計的方式	最有效功能運用或最低成本活動運用的次數	提出途徑的質和經成本效用分析後選擇途徑的次數

應如上述❸:

由上列特徵比較發現今日建立合理的規劃預算制度旨在作成長期財務運用計劃; 運用系統分析方法分析教育產出及投入資源, 選擇途徑以便有效完成教育目標。因此, 預算制度可以說是對教育目標負責。教育預算不只要完成目標, 更要保證以最合理而具有效率的途徑或決策來達成目標。這種不只重視效率, 更要求對教育目標的達成負責的預算制度正是重視績效責任的表現。

為了使預算制度的建立具有績效責任, 應特別重視下列工作:

（一）重視教育目標及產出計劃的作業及分析 教育目標由抽象而具體化固然困難重重, 但它的困難不是不能克服的。將有關教育目的具體化而成目標, 再將具體化目標轉變為各種教育產出, 逐步達成量化的步驟, 應是建立教育計劃目標及產出計劃的最重要工作。教育目標及產出計劃完成之後, 即應著手建立衡量教育產出利益的衡量標準, 以便使教育目標函數的計算成為可能。

（二）做好教育支出各項成本分析工作, 以利成本利益分析之進行。

（三）統一會計分類及處理程序, 做為預算提出、執行及評鑑之依據。

（四）增加策略設計及分析的作業人員。這類人員所應具的教育、訓練應該加強。

良好的規劃預算制度不是一蹴可及的, 其實施過程難免發生觀念不一致及作法分歧的結果, 因此, 不斷地溝通觀念, 改進作業方式是在所必行的。為了使未來財務管理方面的預算制度能產生績效責任效果, 決

---

❸ 林文達譯 教育規劃系統（台北: 聯經出版公司, 六十四年十二月）頁四六～四九。

不可在實施過程中邊然因難而退; 這一點是極關重要的。

具有績效責任的預算制度可以確保教育目標在一定資源限制下獲得最有效的實現, 但在計劃及決策的執行過程中, 人員生產力的充分發揮則更為重要。為了充分發揮人員的生產力固然有各種不同途徑可循, 但由財務管理著手建立能激發生產力的薪資制度, 彌關緊要。

一個能在教育方面激發生產力的薪資制度至少要具備二個條件: 其一, 薪資制度的建立應以能誘使資質優異的人力進入教育產業為前提。要使教育生產力高, 當以能否獲得優異教育人員為條件。教育與其它產業一樣, 必須以一定的薪資及有關待遇作為人員服務的酬報。因此, 教育人員能否獲得較為優異的人力自以其薪資制度及其有關待遇能否與其它產業相互競爭為條件。為了使教育能獲得不亞於其它產業而具同等條件的人力, 其薪資制度及有關待遇應不低於其它產業人員。首先, 任何人力決定是否進入教育產業服務總以其起薪、年資加薪、最高薪資及有關待遇為考慮對象。起薪太低往往不易吸進新進入市場的優異人力。年資加薪幅度太少, 最高薪額太少, 均易造成引進優異人力的困難。當然, 以貨幣為計算範圍的薪資只是人力待遇的一部份; 其它待遇如各種福利一包括保險、退休、休假及其它如職業地位及安全等均為人力考慮的關鍵因素。不過, 一個年紀較輕, 初進人力市場覓職者往往以薪資的重要部份一貨幣利益一包括起薪、年資加薪及最高薪額為主要決定因素。準此, 為了使教育能吸引優異人力, 其薪資之貨幣部份一起薪、年資加薪及最高薪額至少應能與其它產業相比❹。

其二, 報酬的給付應能充分激發任職者工作意願及熱忱, 並按其生產力大小而計量。工作意願及熱忱決定教育人員所欲擔任職責多寡及其

---

❹ Roe E. John et. al., The Economics And Financing of Education (Englewood, Cliffs: Prentice Hall, Ine, 1969), p.325.

工作成績的優異。凡在工作人員能力範圍之內，當以任職多責任重者獲得較多的報酬。準此，教育人員如在其能力範圍及時間許可下兼任較多職務及負較多責任者應酌予加發一定量的薪資。加發量應以所兼工作確為教育人員時間及能力限制許可之內者為準。往往部份教育人員為了獲取較多酬報，多求兼職，使所任職務超過其能力範圍及時間限制，導致績效不佳，則與發揮生產力的精神背道而馳。在此種情形下，若因其負較多職務而多給酬報，將失去激發工作熱忱及提高工作生產力的本意。

工作意願及熱忱，除了由所任職責多寡中看出外，更須觀察其工作表現。凡任職成績優良者應酌增酬報。任職多寡是量，任職良否是質，二者同時考慮才能真正激發工作意願及熱忱，並發揮教育人員的生產力。任職多固應酌量增加薪資，但如所任職事多而成績不佳者則不宜增加薪資，否則將至於濫。這便是提高教育人力工作熱忱所宜遵行的方向。

薪資按生產力大小而計量有如下所述應考慮的原則：

（一）依教育敍薪資須將教育實際生產力列入考慮之中，薪資給付額係依因素生產量大小而改變，則按教育因素敍薪資應以教育增進生產的數量為準。凡不能增加生產量的教育應不予考慮增加薪資。所謂不能增加生產量的教育是指不合需求的教育－包括不具生產性的教育、過量的教育及教育不足。不具生產性的教育僅具消費利益，過量的教育是與生產無關的，教育不足則未能養成可以參加生產的人力條件；這三種與生產無關，自不宜作為敍薪的考慮因素。為了免除不具生產性的教育獲得敍薪，首應革除以文憑為敍薪資的依據而改變為根據所獲教育內容（課程、智識、技術）為敍薪標準。舉凡課程內容增進技術、智識水準並能用於生產者酌量敍薪資，凡不能用於生產者則不以為敍薪的根據。受教育者如願購買不具生產性的教育，自應負擔其投資成本並不計較其

生產利益而僅以獲得消費利益爲已足。凡與增加生產力無關的教育在敘薪資時不予採計應視爲合理的薪資原則。當前盛行依學位及文憑作基礎的敘薪標準未必能符合此項原則。重新考慮依課程內容及所修學分時間敘薪資，實有必要。

（二）依經驗敘薪資應有其時限以激發不斷進修及提高生產力的意願。依經驗敘薪資旨在鼓勵忠於職守，並重視實際工作經驗；通常教育人員在同性質工作所服務的時間是受到敘薪資考慮的。惟在科際智識進步迅速的時代，多數技術及智識是無法由工作經驗中取得的。一個薪資制度如果長時期鼓勵依年資加薪將會使教育人員守成不求進步，而導致落伍，降低生產力。根據經驗，年資敘薪資遂有限定年限的必要。同時，不同教育依年資敘薪資的時限亦應有所不同。技術與知識水準高的教育，依年資敘薪資時限可長；技術與知識水準低的教育，依年資敘薪資時限宜短。這便是考慮經驗、年資因素以激發生產力的薪資原則。因爲技術與知識水準高的教育，其學習時間較長，而受淘汰的時間也較長，依年資敘薪資自然可長。相反地，技術與知識水準低的教育，其學習時間短，其受淘汰的時間也短，依年資敘薪資的時限自不宜長，如此，才能激發不斷進修，增加教育人員的生產力。

（三）不同年齡的生產力有別，依年資敘薪資應因年齡而不同。各年齡階段之生產力大者，其因年資而增加薪級幅度宜大；反之，生產力小，其因年資而增加薪級的幅度宜小。這是依各年齡階段的生產力大小而敘薪資的又一原則。大學教育以前的各級學校畢業生，年屆三十五，至少離校皆在十年以上；其所學知識及技術已有失效或降低生產力之慮❺；由學校畢業到三十五歲應是精力最充沛時期，同時，這段時間大

---

❺ 林文達著 教育經濟與計劃（台北：幼獅書局，六十六年三月），頁三十七。

都是成家養家最切要時期，故此一時期依年齡而敍薪資應給於最大增長幅度。三十五歲以後，由經驗而得之生產力自難維持三十五歲以前的水準。卽使三十五歲之後經驗日漸增多，但因有利於生產力的年齡因素仍以三十五歲以前爲多，因之三十五歲以前依年齡、年資加薪的幅度應較三十五歲之後爲大才是合理的。

（四）爲鼓勵人員新陳代謝，並使主要人力充分發揮生產力，凡接近次要勞動力及退休人員，依年齡及經驗年資加薪的措施應予停止。如此，才能使人力依生產力大小而進出市場，充分發揮教育人員的生產力。

系統評鑑的建立旨在維持教育貨幣資源運用的效率。此項工作以建立教育貨幣資源運用的效率標準爲起點，然後再建立資料傳送的偵測系統。至於偵測系統的建立則應有一科學的資料儲存作業體系。

財務資料的儲存在有效的輸入、輸出設計作業之下，可以保持資料的準確性，並有利於資料的取用及分析。有效的評鑑系統應使各種財務資料快速輸入資料儲存中心，並以一定作業方式將資料轉變成各種評鑑上可以使用的資訊。資料的取得有賴於偵測系統的建立。資料轉變成可用的資訊之後，必須有專門人員從事評鑑。評鑑的作業以成本利益分析爲重心。專門人員依評鑑標準，審愼研判各項資訊，俾了解財務運用效率。評鑑的結果可以提供財務管理重新設計的參考，使財務管理更易達成其佐成教育事業的目標。

第二節　教育庶務管理

教育庶務管理係對於教育業務所需貨幣之外有關財貨或勞務資源之

管理工作。此類工作往往因教育業務繁簡不一，其所提供輔助管理工作多少便有所不同。美國大多數學區所需並能提供的庶務管理工作仍然侷限於部份主要庶務。根據葉登 (K. Forbis Jordan) 在一九六九年出版的學校事務行政一書所載：一個全美學區事務行政調查指出，美國百分之六十以上學區所需並能提供的庶務管理工作項目爲：採購與日用品供應、保險、食物供應、交通運輸及學校建築之興建、維護與使用等工作❻。資料處理、業務人員的選舉等則僅爲少數學區所列管的庶務工作。有些學者在討論學校庶務管理工作，往往特別強調某些庶務工作的重要性，例如納爾遜在學校事務行政書中，卽以極大篇幅討論倉庫 (Warehouse) 管理工作的重要❼。其實，各國無不盛行寄宿學校制度，學生宿舍管理的工作也將成爲教育庶務管理的重要工作之一。

教育庶務管理工作既然基於教育業務的需要，往往因所提供勞務多少及方式不同而需要不同的庶務管理工作。此外，一個國家或一個地區基於其意願及事實情況往往對於教育提供額外的財貨及勞務以利業務之進行。因此，列舉教育庶務管理工作內容將是一件不容易的事。不過，下列教育庶務管理工作項目則爲今天普遍存在及爲學者所樂於探究的主題。

一、辦公室管理 (Office Management)

係對於辦理教育業務與事務場所的整備、調度與管制工作。此項工

---

❻ K. Forbis Jordan School Business Administration (New York: The Ronald Press Company, 1969), p.12.

❼ Lloyd Nelson School Business Administration: Lexington, D.C. Heath & Company, 1972), p.142.

作的進行有如下要點:

（一）辦公室應集中在一個地區以利溝通、視導及設備之使用。

（二）物質設備力求統一一致。

（三）辦公室位置應便利服務對象；凡接洽公務頻繁者宜儘可能配置在樓房底層。

（四）有適當多餘空間可以作為工作巔峯時期臨時工作人員辦公處所。

（五）設置會客室以接待訪客；避免訪客進出妨礙其它工作人員工作情緒。

（六）設置交誼廳以備休閒、交誼之需。

（七）相關工作的辦公室宜相鄰接。

（八）除非為處理機密、利於工作中集精會神或適合特殊身份者之使用，辦公室應一律採面對服務對象，公開作業方式。

（九）配置事務機器如打字機、複印機及錄影機等，約聘特殊技術人員如打字員、速記員及打卡員等應視需要設自動化系統集中管理。

（十）庶務處理當詳細研擬，設定處理規格，詳其說明以利作業。

二、採購與日用品供應 (Purchasing And Supplies)

採購在適時、適地、適價取得教育業務及事務所需日用品，而日用品供應則為將教育業務及事務所需日用品在圓滿的條件下交給使用者。這項教育日用品的取得及支用程序有如次管理要點:

（一）採購須由決策者及使用者共同擬訂標準採購單，以利定期大量公開標購。公開標購須詳訂標購規格及底價，標購程序要求合法。

（二）標準採購單得應使用者需要加以更改，以利試用新的用品。

　　（三）大量採購之外，得由使用者依一定申購程序提出小額採購及緊急採購申請。

　　（四）採購日用品得事先檢查其品質，確定日用品質料及價格。

　　（五）採購日用品之交貨應由專人或使用人驗收，確保採購與申購物規格相符。

　　（六）貨物驗收後應卽儘速將貨款交由貨主取得。遲延交款將造成日後貨主因在價格之內溢收遲滯金而高估價格。

　　（七）採購日用品應取得使用者使用後之反饋，以利未來採購活動改進之用。

　　（八）產品日新月異，爲了對新產品性能有所了解，以利採購，庶務管理工作者有做產品試驗之必要。

　　（九）爲了便利採購與供應，倉庫的設立實有必要。倉庫除了可以儲存所購日用品外，更可以成爲日用品分配的中心。

三、建築與設備之管理

　　建築與設備之管理包括建築 (Plant)、教育設施 (Facilities) 和裝備 (Equipment) 之設計維護 (Maintainance) 與使用 (Operation)，其主要目的在提供適當的教育工作或教學環境，輔助教育目標之實現。管理的目標不只要求教育工作或教學所用之建築、設施和裝備能充分發揮其效率，並且要求其在安全與經濟狀況下發揮功能。

　　建築與設備之設計，關係到教育資本的長期投資。教育資本的長期投資具有持久性及不變性。持久性使得建築與設備之投資非經一段相當長久時間不易因折舊及耗損而喪失其功能；但爲了維持其原有功能，長期的維持費用支出頗鉅。不變性則指建築與設備之功能不因環境變遷需

要而作彈性的調整。教育建築物或設備往往以原設計的功能繼續下去，不易隨境況改變而變易其功能。基於教育建築及設備具有持久性及不變性並引發龐大的資本投資，其設計工作更顯得重要。

建築與設備之設計工作，為求其充分發揮輔助教育業務及庶務工作之進行，並合於支出經濟與安全之原則至少應注意下列要點：

（一）設計工作宜反映教育工作的理念。建築與設備之規劃宜配合教育理想而實施。不同類型的教育相應有不同教育構想，其所根據理念也自不同。教育建築與設備自當表現不同類型教育的理念，不宜千篇一律，劃一規格。

（二）建築與設備之設計工作應接受相關人士參與藍圖之設計，使其能成為未來多方殷望之所寄。

（三）為求教育建築與設備具有實用性，設計工作應得具有建築專門知識與經驗者之協助，使其合於一般專業規格。

（四）建築與設備之設計，應盡可能允許其功能之可變性，以適應未來教育理念及工作方法改變的需要。

建築與設備的維護工作係對於建築、設施及裝備損毀部份的修護與替換。維護工作旨在使建築與設備能發揮原具功能。維護工作至少應注意下列要點：

（一）切實做到預防性維護 (Preventive Maintainance)。預防性維護乃建築與設備部份因折舊及耗損未妨礙原功能情況下，事先修護或替換，以免惡化而導致加速毀損情況的發生。這是一種預防性的維護工作。

（二）切實掌握毀損資料。除了加強使用者對於建築與設備損毀報告責任外，應多方開拓有關人員報告毀損途徑。

（三）維護工作之進行，配合教育工作者之需要，應在適當時機與

使用者共同磋商維護方針，便利建築與設備之汰舊換新。

　　建築與設備之使用在確保建築、設施與裝備接近原來所具效用下，充分發揮其功能，以輔助教育工作目標之實施。因比，建築與設備之使用，一求其保持原有效用，一求其充分使用。建築與設備之清潔、防腐、防銹、修補、打蠟、磨光、殺蟲等卽成為使用建築與設備的例行工作。為求充分使用，圓滿達成輔助教育工作之目標，適當控制其使用範圍及效果便成為使用建築與設備的專門性工作。建築與設備之使用既然是例行性工作又是專門性工作，至少應注意二種管理要點：

　　（一）安排管理的時序　針對每一建築、設施及裝備項目，安排一定時間及一定順序作例行保養及檢視工作。

　　（二）由專人專責管理。所聘之人，除了具工作熱忱外，最好對教育建築、設施及裝備之操作備具知識，才能確保建築與設備之充分獲得使用，並滿足教育工作者之需求。

四、食宿供應 (Food And Boardings Supplies)

　　食宿乃維持個人體力的必要條件，攸關教育行政人員、教師及學生工作精神及體力的維持，透過教育庶務管理工作以提供食宿服務已成為教育行政的普遍事實。

　　義務教育階級，由學校提供全部午餐已普遍為各國所接受；非義務教育階級為了便利學生就學，亦多由學校提供餐食服務。行政機關員工午餐的供應也逐漸受到關切。學生離家就學，住宿問題也成為庶務管理的重要環節。在食宿服務中，最須重視的管理要點如下：

　　（一）食物供應要有計劃的設計菜單，注意食品營養及食慾變化。

　　（二）由進餐中安排學生態度獲社會化的機會，更要進一步配合伙

食管理，實施部份學術性教學。

（三）由住宿服務養成學生生活上健康的作息習慣及優良的交友處事態度。

五、交通服務 (Transportation Sevice)

交通服務在提供員生往返交通工具，確保途中安全，準時上下班。交通服務管理要點：

（一）員生上下車地點務必在員生合理的時間之內能到達之指定地區。

（二）交通車輛路線安排切忌重複，以避免浪費。

（三）員生上下班時間與上學、工作時間應密切配合。

（四）車輛應定期檢查，加強預防性維護。

（五）駕駛人員應予定期調訓，以提高服務熱忱。

（六）駕駛人員駕駛時間分配力求公平。

（七）由員生中選任安全助理人員，以協助車輛運輸途中所發生之緊急情況。

六、財產及員生保險

為了預防建築與設備及其它財產因天然災害如水、火與風災等及犯罪如竊、盜與破壞等所造成的損失，庶務管理者必須辦理各項保險。辦理此類保險，管理方面最須注意：

（一）對財產價值作適當估計，以便獲得最恰當的保險價值。

（二）對於財產適當的維護，並減少其危險情況如：加裝滅火器與

醫訊等以減少保費。

（三）作詳細保險財產紀錄，以備理、賠之用。

（四）選擇適當的保險人，以最少保費獲最大保障。

除了財產保險外，庶務管理者尚可因員生需要負責辦理各種意外及責任險、學生旅行平安險、員工汽車責任險及傷害保險等均是常見的教育保險業務。教育保險是由庶務管理人員與保險公司合作所提供的服務項目；此類服務項目的多寡當視事實需要及庶務管理所能涵蓋的範圍而定，並無明顯的種類限制。

以上係六項常見的庶務管理工作。教育事業日漸加多，業務日繁，未來所須管理的庶務工作自會增加。在庶務管理項目中，如果事務過少，往往不能設定專人專責，將必大大減低管理效果。因此，為了加強庶務管理效果，對於部份事務，的確有集中管理（Centralized Management）以收規模經濟效果的必要。

集中管理可使人力的提供專業化，聘請具有專門知識及技術的人力，從事某項庶務管理。菜單的設計、建築與設備的維護及電腦程序的設計均需專門人才。此類工作如由分散管理（Decentralized Management）將因經費有限，無法聘請專門人才而減低庶務管理的效果。

其次，集中管理可以使資源統籌運用，減少浪費。食宿供應可以節省器皿及用人費用；大量採購可以減少購物價格；這都有利於資源的經濟利用。

總之，庶務管理之例行工作應以分散管理為主，但是，對於非例行性而需集合運用資源者，不妨以各種方式集中管理，以收規模經濟運用的效果。

本章主要參考書目

一、K. Forbis Jordan School Business Administration (New York: The Ronald Press Company, 1969)

二、Lloyd Nelson School Business Administration (Lexington, D.C. Heath & Company, 1972)

三、HEW Principles of Public School Accounting (U.S. Government Printing Office, 1967)

四、Oscar T. Javis. et. al. Public School Business Administration And Finance (West Nyack: Parker Publishing Co., 1967)

第九章　教育人力的培育與運用

　　教育人力是指教育組織中人的資源。教育組織從其任務區分爲一般教育行政組織及學校教學組織二類。一般教育行政組織中人的資源爲一般教育行政人員；學校教學組織中人的資源則爲學校教師。因此，教育人力從其任務分，可以一般教育行政人員及學校教師二類加以表示。討論教育人力的培育與運用也可以分別就一般教育行政人員及學校教師加以論述。

第一節　一般教育行政人員的培育與運用

一、一般教育行政人員的培育

　　一般教育行政人員應具備四個條件：

　　（一）適合組織要求的行爲操守　一般教育行政人員係教育行政組織的一員；組織要求每一成員能貢獻一己力量，實現組織目標。組織目

標是基於組織的基本價值觀念而訂出的；此一價值觀念未必能與每一成員價值觀念相符。爲了使組織目標能成爲行政行爲導向指南，每一成員均須以組織的基本觀念爲自己的價值依據。在行政行爲方面，每一組織成員對於組織基本價值觀念的歸依應表現在對組織的忠誠上面。忠誠因之成爲一般教育行政人員最爲重要的操守。

其次，任何一個行政人員均在組織中扮演一個角色，而每一角色往往是組織部層中一個責任區分的環節；爲了使得每一環節能相互配合，使得組織發揮責任區分與合作功能，組織成員必須養成服從守紀的行爲。服從守紀乃是行政人員在忠誠之外，另一個重要的行爲操守。

（二）**具備相當的基本知識**　基本知識是指一般教育水準。教育行政人員爲了能替大衆服務，以便有效提供教育財以滿足大衆需要，自己應先具備服務能力。相當的一般教育 (General Education) 水準是保證行政人員能提供有效服務的基本條件。

（三）**專門知識的獲得**　一般教育行政人員爲了能在教育行政組織中發揮一己之力，首先應了解教育行政的運作原理。教育行政原理及其運作的理解必須求助於教育行政學知識的獲得；因此，一般教育行政人員所應獲得的專門知識應指教育行政學有關的知識。

（四）**具備教育行政實際經驗**　這是保證一般教育行政人員了解教育行政實務的技能。有了教育行政實際經驗才能理會教育行政組織運作的關鍵。因此，一個教育行政人員具備相當的教育行政實際經驗之後，才能在教育行政組織中得心應手，充分發揮其生產力。

以上係培育一般教育行政人員應注意的四個基本條件。各國關於一般教育行政人員培育的條件雖然各有倚輕倚重，但都離不開上列四者。

英國一般教育行政人員的培育，一向秉承通才 (Generalist) 哲學而忽視教育行政專門知識的學習。通才哲學在培養萬事通 (All Rounder)。萬事通的培養與英國文化、希臘和羅馬文化有關。英國一般教育行政人員取材自一些著名大學畢業生；而各著名大學都以提供人文知識為主，強調士紳行為及傳統文化修養的培育。在這種教育之下，一般教育行政人員具有對傳統文化的忠誠並且以傳統規範為行為的守則。英國高等教育一向是由少數人口所獨占；一般行政人員取材又與學校畢業資格配合而形成行政階級。行政階級大部份由大學畢業生中產生，其它十八歲證書及十六歲證書以下者僅能處於執行、文書及打字等作業人員階級。因此，國內百分之三·三的人口就提供了約百分之三十七·二的行政階級人員❶。這些行政人員既來自少數曾受高等教育的畢業生，而英國高等教育又由一些偏重人文一包括歷史、文學與法律等科系所組成，一般教育行政人員只能獲得一些通才智識而疏忽了一些社會科學及行政知識。因此，英國一般教育行政人員只能說具有通才的基本知識，但未有教育行政學的專門知識。

採用通才哲學的理由可以用英國首相在平民院(House of Common)作證時所揭示者為代表。一九六八年富爾敦報告書 (The Fulton Report) 指責英國政府六項缺點中有四項關係一般行政人員的培育問題。一是業餘哲學及萬事通的不當，減低行政效率；二是階級限制過嚴，使行政人員前途受限制產生沮喪；三是專業人員未能發揮所長；四是行政人員缺乏管理技術訓練。這四點都指出英國政府的缺點起因於行政人員缺乏專門知識。但首相為此則提出傳統上行政相關科系不能被接受為理由；此外，在各行業競爭中，有能力者未必就讀相關科系，為了

---

❶ Peter Self Administrative Theories And Politics (Toronto: George Allen E. Unwin Ltd., 1972), p.242.

獲得有能力者替政府做事，還是以通才哲學為佳❷。

　　其次，採用通才哲學還有一個學術上的理由：一些學者認為行政上溝通、協調及彈性措施非常重要；具有專門智識的人常易產生部層偏執 (Bureacra-Pathology)，影響到行政領導，採用通才則不易犯此項缺失。

　　儘管英國行政領導階層基於通才哲學而忽視未來教育行政人員專門知識教育，但國內對於政府行政效率要求改進，希望利用具有專門知識人力替國家做事的努力則未曾稍懈。

　　一九四四年亞色頓報告 (Assheton Report) 提出時即要求重視行政人員專門知識訓練。公務人員任職前二年即有各種短期教育安排，到了第三年則有行政學習中心 (Center for Administrative Studies) 提供二十二週的行政及社會科學訓練❸。富爾敦報告提出之後，公務部脫離財政部而獨立，專責人事，並於一九七〇年成立公務學院 (Civil Service College) 以提供行政人員有關管理及行政知識的訓練❹。這可以說是英國近年逐漸重視專門知識的一種新趨向。不過，所提供專門知識與行政有關，但卻不以教育行政學為內容。

　　英國對於行政人員行政經驗的培育不在甄選之先，而在甄選之後。自一八五四年特富林報告 (Northcote Trevelyon Report) 建議依經驗任用人力以來，利用職位輪調 (Job-Rotation) 以使行政人員社會化並獲得行政經驗就成為一般行政人員獲得行政經驗知識的支柱。不過，這

❷　Martin Minoque (ed.) Documents on Contemporary British Government: Vol. I. British Government And Constitutional Change (Cambridge: Cambridge University Press, 1977), pp.200-210.

❸　R. G. S. Broon. The Administrative Process (London: Methuen & Co., Ltd., 1970), pp.65.

❹　Martin Minoque (ed.) op. cit., p.221.

種職位輪調還是受通才哲學的影響，其目的在使行政人員學習對人，對事及對物的態度。教育行政人員職位輪調並非限於教育機關；他與任何行政人員一樣，在不同性質機關間實行論調；因此，其經驗知識獲得不以教育經驗爲限，這可以說是英國通才哲學下的產物。

　　法國一般教育行政人員的培育與英國略有不同。法國一般教育行政人員的基本操守以對國家忠誠、服從命令與嚴守法紀爲主。一般教育行政人員卽國家公務人員，取材嚴格，範圍有限，以維持行政人員的自尊及榮譽。一九四六年開始，法國將公務人員分成四級：行政、執行、文書及打字員。行政階級保留給大學畢業高材生，執行階級則由好的文法、古典中學優秀畢業生中選拔，三級以下一文書及打字亦按學校出身決定其前途，升遷極爲困難。因此，行政人員的基本知識是以學校所學爲基礎。法國行政及執行二階級均爲古典及文法中學以上畢業生，其基本知識仍是以人文通才智識爲主。由於行政人員取材嚴格，限定出身，因此，使得高級行政人力仍然來自少數人口。一九五九年百分之三・一的人口提供了約百分之六十七・四高級行政人員❺。由此可見，法國一般教育行政人員的培育，取材範圍狹窄及重視基本人文知識與英國相同外，法國比英國更強調忠誠、服從及守紀的行爲操守。

　　法國另一與英國不同處爲法國對於一般教育行政人員的專門知識頗爲重視。一九四五年法國成立國家行政學校 (École Nationale d'Administration)，提供學員三年的行政專門知識教育及訓練❻。此類學校提供給進入行政部門工作的學員專門行政知識的教育，修習科目包括現代史、經濟、政治及國際關係等，以便對於現代社會有廣泛的了解。

---

❺　Peter Self. op. cit., pp. 238-242.

❻　Gwendolen M. Carter. The Goverment of France (New York: Harcourt Brace Jovanovich, Inc., 1972), p.99.

　　法國專門知識的提供是以教育行政學的基礎相關科際知識為主，但並未對教育行政學本身作深入介紹。其專門知識是以社會科學相關知識的傳授為重心；這種重視行政科際知識的獲得可說是法國重視行政專門知識的一種特色。法國早就替教育行政從業者提供學校以外的教育機會，使他們從中獲得教育行政專門知識及經驗。這毋寧說是法國對於行政專業化的一種努力，這一點是英國所望塵莫及的。只是，法國雖然提供教育行政相關科際知識，但對於教育行政學本身知識的提供卻未見深入。這可以作為法國專業化程度不足的一個說明。

　　美國與英國及法國都有不同之處。美國一般教育行政人員的培育由於缺少統一的傳統文化基礎，不像英國行政人員可以從士紳文化中養成一貫的行為操守，更不像法國以忠誠及服從為行為操守的根基。學校背景不同，培養成的人員價值觀念不一；一般教育行政人員的任用受政治人物左右，其行為價值觀念也就比較實利，常隨政治人物的價值觀念而改變。

　　近年美國教育水準不斷提高，行政人員的基本知識也因受教育年限的增加而增加。一般教育行政人員的培育採取學術化制度，將所需的基本知識、專門知識及行政經驗均透過學校制度來提供，不另設一般教育行政機關來實施。因此，在學校就已安排好基本知識、專門知識及教育行政經驗的各種學習機會，使學校畢業生即獲得各種必備知識。美國由聯邦到各州一般教育行政人員的取材均自認可的學校畢業生中直接取得；由於其取材廣，範圍大，不像英、法均侷限於少數人口，這也可以說是美國一般教育行政人員出身較大眾化的一個特色。不過，教育行政人員既由學校產生，目前學校教育機會不均，仍不利於低所得子女，所以一般教育行政人員仍以來自中上階級家庭者居多。

　　美國一般教育行政人員的培育特別重視專門知識及教育行政經驗的

獲得，其專業化程度特高，為英、法二國所不及。

　　根據一九六九～七〇年全美學校行政協會報告，提供教育行政課程的學校計有二八八所。這些學校提供課程計分三類：

　　一、教育博士及哲學博士課程。

　　二、碩士學位課程。

　　三、專業人員（Specialist）課程。

　　這三類課程均係大學畢業以後至少須再接受一至三年以上有關教育行政知識的教育。課程內容有二：教育行政專門知識及教育行政經驗。

　　教育行政專門知識近年有逐漸分化的跡象。各校常開設的科目有教育財政、一般行政理論、學校法律、人事行政、學校建築及設備等科目。其餘新增的高級科目有教育計劃、教育系統分析、教育政治學、教育社會學、教育經濟學及教育事務管理等科目。至於和教育有關的科際知識則為人類學、歷史、哲學、法律、作業研究、電腦科學、社會學、經濟學、事務管理、心理學及統計等科目；這些科目的開設完全看各校師資、設備及學生需求而定❼。

　　從美國教育行政課程所提供內容約可看出教育行政專門知識應包括二種：科際知識如統計、經濟、政治、心理、哲學、歷史、法律、作業研究、電腦、社會及人類科學；和教育行政科學如教育經濟學、教育行政理論、教育財政學、教育社會學、教育政治學及教育計劃等。

　　教育行政經驗的學習也是近年美國一般教育行政人員培育的另一重點。自一九六〇年代以來，二八八所學校新增教育行政課程中最常見的便是行政實習（Administrative Internships）。由此可見，在美國教育行政人員專業化過程中實際教育行政經驗的獲得是何等重要！

---

❼ Stephen J. Knezevich. Preparation for the American School Superintendency: Working Draft (ASSA, 1972)

綜觀英、法、美三國因文化與社會背景不同，一般教育行政人員培育的重點亦不相同。法國是一個閉鎖型組織的國家，一般教育行政人員行為的操守特重忠誠、服從與守紀。英國是一個開放型組織的國家，一般教育行政人員的行為操守並不嚴格要求忠誠、服從與守紀，但本諸傳統士紳文化，負責與守紀仍為一般教育行政人員的行為規範。美國是一個偏向開放型組織的國家，聯邦一般教育行政人員多以政治人物的價值為取向，對組織的忠誠及服務要求並不重視。州及學區因部層制的影響，一般教育行政人員在任職之後，逐漸產生服從與守紀的行為。不過，美國一般教育行政人員的培育過程，在人員任用之先並無忠誠與服從守紀的特別訓練。

忠誠、服從及守紀乃是典型部層制發揮功能的一個主要條件，閉鎖型組織國家固特別重視；開放型組織國家為了使組織行為發揮整體功能也多少要求行政人員具備相當的基本行為操守。這些操守雖不強烈要求對組織忠誠、服從及守紀，但負責、盡責及守法仍是行為的基本圭臬。法國對一般行政行為操守的訓練在任職之先即由國家行政學校加以灌輸；英國近年亦透過公務學院在任職期間加以培養；美國略無此類教育及訓練措施而要求一般教育行政人員在任職時自動體會。大致上，三國對於一般教育行政人員基本行為操守都有相當的要求則可以說是殊途同歸。

一般教育行政人員的基本知識方面，不論英、法或美國都要求具有相當的水準。英、法二國行政人員限制自大學優秀畢業生中取材；美國則以大學畢業生再受一至三年以上的專門知識教育才成為合格一般教育行政人員。可見英、法、美三國一般教育行政人員的基本知識已提高到大學畢業以上程度。

專門知識方面，英國一向受通才哲學影響較不重視，但近年透過各種安排，加強行政教育課程的訓練，已有逐漸重視專門知識的趨向。法

國早就重視專門知識的灌輸，但內容僅以科際知識爲限，專業化程度不夠。專門知識的培育至少應兼顧二項：一是科際知識；一是教育行政知識；這樣才能透過專門知識使教育行政專業化程度提高。英、法二國一般教育行政人員所獲得的教育行政專門知識均是不夠的。

教育行政經驗的獲得，在有效行政的原則下，自以任職之先卽行取得爲佳。美國近年各教育行政系所逐漸增列教育行政實習課程應是良策。法國在任用之前，由國家行政學校施以行政實習課程，但未對教育行政經驗特別講求，實在美中不足。英國行政經驗的取得在任職之後的職位輪調，旣費時又乏效率，頗受詬病，且輪調不以教育行政機關爲範圍；一般教育行政人員未必能獲得必備的教育行政經驗。

由英、法、美三國一般教育行政人員的培育實施中不難窺見大勢所趨。一般教育行政人員行爲操守的培育應以負責與守紀爲基本條件；這一條件由一般教育中卽可取得。若能以訓練養成忠誠及服從的行爲操守，對於行政行爲效率的推進將大有裨益。其次，爲了保證教育行政人員的素質，基本知識水準至少應以大學畢業爲基礎。再者，專門知識方面，應以正規教育機關提供二項知識：科際知識及教育行政知識；如此，才能確保教育行政人員的專業化。最後，由學校教育中，事先安排教育行政實習課程，使一般教育行政人員在任職之先卽有充分教育行政經驗，任職之後當能隨心所欲不踰距，有助於行政效率之提高。同時，爲了使行政人員不致流於專業部層偏執，任職之後由不同行政機關輪調的實際經驗，將有助於行政上的溝通及協調，對於行政領導有所幫助。

二、一般教育行政人員的運用

一般教育行政人員的運用內容包括職位設計及改造、人員招募、甄

選、任用、酬勞、保障、考績、職位調整及發展，其目的在獲得教育組織所需各種角色並發揮組織功能。

獲取組織所需各種角色的首要步驟是職位設計及改造 (Position Design & Reconstruction)。職位設計在根據組織對於角色完成任務所期望具備的知識、技術及經驗作一個詳細規定，然後編成職位指南 (Position Guide) 以作為人員招募及甄選的參考。職位指南對於每一職位應有二項描述： 一是人員條件，一是職位條件❽。人員條件除了規定所應具備的知識、技術及經驗之外，人員健康及價值體系也要有詳細的說明。知識通常指基本知識及專門知識。技術則包括觀念的，人際間的及作業上的技巧。經驗指實際從事教育行政或教學的時間及內容。職位條件係先作職位分類編號，然後再詳具其在組織中的主要功能及責任範圍，並列舉其重要職責及任務。除外，每一職位在組織中的地位、績效標準及其前瞻均應扼要標出。

職位改造即在根據組織目的及任務，對已有的職位條件，重作調整工作。職位改造可以說是組織角色的重新調整，它可以使組織人力資源獲得更恰當的運用，而利於組織目的的達成。職位調整固能使部份人員保留原職位，但大部份人員因須去職或重新適應新職，可以使人力引進新血，並激發人事革新。它有利於組織目標的實現。

人員招募在獲得適當的個人以配合職位。個人需求及人格等條件不一，人員招募的目的在使最適合的個人能進入職位擔任適當的角色。為了招募到最適當的人，必須吸引多數個人的注意，再從中選取。有些職位，已具備資格者多，招募容易，但往往有些職位新訂之後缺乏合格人

---

❽ William B. Castetter. The Personnell Function in Educational Administration (New York: McMilliam Publishing Co., 1976), pp. 277-281.

選，或者，適當人選的產生仍待一段較長的緩衝時間（Lead Time）才能產生，對外公佈長期及短期人員招募計劃遂有必要。人員招募計劃除列舉未來用人職位條件及待遇外，更須規定招募方式。

招募方式有二：一是內部取才，一是外部取才。內部取才方式的人員招募是升任、調職及降補方法自機關內人員取得，此法有利於組織內部工作人員工作熱忱之激勵。外部取才方式的人員招募是以公開招考或推舉方法自機關以外，引進新的人力，此法有助於組織人力的新陳代謝，利於工作革新。職位招募方式當以配合情境需要，靈活運用二種招募方式，一方面激勵人員工作熱忱，一方面促進人員新陳代謝的流暢。

人員甄選旨在獲取最可能實現組織目標的人選，以填補職位空缺❾。人員甄選不僅在尋找配合職位的候選人，並且要求獲選擇的個人能在職位中獲得自我實現的機會。當然，人員甄選應以能實現組織目的為最高指針。在組織目的導向之下，所甄選的人員能具備職位條件所規定的人力條件並且在職位中能自我實現，才會有高度的工作熱忱去實現組織的工作目標。

為了獲取最可能在組織中實現組織目標的人；甄選過程務必使甄選者及被甄選者充分了解職位指南的內容。甄選者依據職位指南，要求被甄選者提供個人資料並參酌其測驗結果才作成判斷，決定甄選結果。至於被甄選者在甄選過程中實不宜完全處於被動地位；他應對於未來職位條件取得資料，否則，盲目應徵職位，一旦錄取之後才發覺職位不合自我實現標準，在低動機與工作熱忱情況下，會影響組織工作效率。目前，甄選者往往不主動提供給被甄選者充分資料，以致被甄選者處於被動地位；這種甄選方式是不恰當的。

---

❾　Ibid., p.167

人事任用程序包括試用及正式任用二個階段。試用期間的規定是在使不當的甄選獲得補救。甄選者發現被錄用者未能擔任組織所要求的職位，經過試用期間後，卽可不予正式任用；被錄用者在試用期間發現無法自我實現亦可在試用期間離職。試用期間可使兩造在甄選過程所發生的缺失獲得補救。否則，一旦正式任用之後，兩造受契約及法規約束，如輕易離職及免職均對組織及個人發生極大的傷害。

爲了免除人事任用不當，通常在試用期間應有誘導 (Induction or Orientation) 過程。誘導在使試用人員在與組織相互適應過程中，減少摩擦，充分適應組織氣氛以發揮自己生產力。因此，誘導過程可以有下列功能：

（一）提供給試用人員有關工作資料，增進其了解組織並適應組織的機會。

（二）協助組織同儕接受試用人員，避免因不良適應而減低試用人員工作效果。

（三）提供人力及物力支持，使試用人員發揮其最大自我實現機會。

試用期間如果沒有適當的誘導過程，往往未能窺得試用人員實現組織目標的能力，導致能力低估而不任用適當人員；這就會增加甄選頻數，增加甄選經費及手續。如果試用人員未能與組織認同而離職則可能導致適當人力的走失。無論是增加甄選手續及經費或遺失稱職人力都是甄選過程中的失誤，因此，試用過程可以補救甄選所能發生的失誤。英國一般教育行政人員都列有二年的試用期間而美國多數一般教育行政人員的任用也都有試用的規定，足見試用過程重要性的一斑了。

酬報 (Compensation) 一辭根據貝契爾 (David W. Belcher) 的解釋是指人與組織間的一種交易行爲；這種行爲是以僱用契約爲基礎的

⑩。此項交易行為，根據雇用契約，由一方面提供勞務，一方面提供酬報相互交換。交易的範圍約可分為五項：

（一）經濟交易：以勞務交換經濟代價。

（二）心理交易：以高雅行為交換稱頌及心理滿足。

（三）社會交易：以工作交換人際關係。

（四）政治交易：以責任交換權力。

（五）倫理交易：基於公平基礎的交易行為。

上列五項交易，基於雇用契約，但除了經濟交易稍有普遍軌跡可尋外，其它四項交易皆因職位而不同。

經濟交易在受雇者付出勞務後，所得經濟代價應以薪資為主而以附加利益為副。

薪資卽薪水（Salary）及工資（Wage）。工資為支付給無雇用期間保障人員的酬勞；而薪水則為支付給有雇用期間保障人員的酬勞。工資既無工作期間保障，通常因時或依件計酬，工作多久卽獲多少報酬。薪水為有工作期間保障的酬勞，通常可按週、按月或按期而給付。一般教育行政人員大都有雇用期間的保障，其酬勞的給付類皆有一定的範式一薪級表。

薪級表是根據基本知識與專業知識及經驗二類因素所訂出的統一薪階。統一薪階有二種釐訂方式：單一薪階制（Single Salary Schedule）及比例薪階制（Ratio Salary Schedule）。

（一）單一薪階制　依教育準備多少及經驗久暫而增減一定的貨幣支給量。其支給標準示例如表三：

表中B是指各階薪水基本數。E是指依年資加薪數。P是指依學術

⑩　David W. Belcher. Compensation Administration (Englewood Cliffs, New Jersey: Prentice-Hall, Inc., 1977), pp.3–15.

表三　單一薪階制示例

教育準備年限 \ 經驗年限	學　　士	碩　　士	碩士後進修三十學分
0	B	B+P	B+2P
1	B+E	B+P+E	B+2P+E
2	B+2E	B+P+2E	B+2P+2E
3	B+3E	B+P+3E	B+2P+3E

準備加薪數。

（二）比例薪階制也叫指數薪階制　以一定薪水基數爲準，再依教育準備及經驗年資多寡調整一定比例。調整的比例必須再轉化爲薪資數量，才能標出全部薪金。比例薪階制示例見表四：

表四　比例薪階制示例

教育準備年限 \ 經驗年限	學　　士	碩　　士	碩士後進修三十學分
0	B	B+Pi	B+2Pi
1	B+Ei	B+Pi+Ei	B+2Pi+Ei
2	B+2Ei	B+Pi+2Ei	B+2Pi+2Ei
3	B+3Ei	B+Pi+3Ei	B+2Pi+3Ei

表中 B 是指各階薪水基本數。Ei 是指依經驗年限增加的比例，Pi

則為依教育準備增加的比例。

　　單一薪階制因用一定貨幣量表示各階薪水應支付數額，容易識別，便利預算作業；只是物價變動及生活水準改變時調整不易。比例薪階制則相反，可以適應物價及生活水準而適應調整，但表中卻不易看出每階應支付數額。

　　二種制度皆僅考慮教育準備及經驗年數未免失之太簡，未必能够促進勞務與酬報的公平和有效交易。公平和有效交易應使提供勞務者能充分發揮其生產力，並且依其生產力的多寡獲得酬勞；此外，尚應促進提供勞務者改進其生產力的機會，使他能獲得更大的交易能力。

　　訂定一個公平而有效的薪階至少應考慮下列因素：

　　（一）基本薪水數額的訂定應能考慮適應經濟社會發展情況下人民生活的一般水準。

　　（二）依年資及教育準備增加的數額應充分反應物價及生活水準的變動。

　　（三）薪水依年資及教育準備增減應能促進人員進修及生產力的提高。

　　附加利益（Fringe Benefits or Colateral Benefits）是不額外付出勞務而在主要薪資之外，為了誘導工作人員工作熱忱或保障工作人員安全而支給的有關利益。此項利益多寡常因國家福利措施及教育組織不同而有差異。大體上，國家越開發，一般教育行政人員所獲附加利益也就愈多。教育組織越傾向閉鎖型，附加利益的支給也就越統一。

　　人員保障旨在穩定人員工作情緒並激發人員忠於職責。除非犯有重大過失危害組織達成目的，法律都保障一般教育行政人員的職業安全。人員在經過試用期間，獲得正式任命之後，非有重大事故，均不得解雇。受解雇的人員依法均有申訴之權。申訴及保障方式也因各國規定不

同而有差異。但各國以法律規定一般教育行政人員解雇及申訴方式以保障工作穩定的目標則無殊。

考績 (Performance Appraisal) 依字面意義是指對於人員行為表現的評鑑。它在鑑別人員過去及現在的表現,並替其在未來組織工作潛能預作評估,以便作為未來職位調整的參考。本此,考績應有二項功能:一在設法實現並了解個人工作潛能;一在根據行為表現評鑑資料作成職位調整使人員在組織中獲充分自我實現機會並使組織目標獲得實現。

為了設法了解並實現人員工作潛能,考績者與被考績者應處於合作地位而非在考績過程中由考績者作成片面評鑑結論即為已足。考績過程中,考績者與被考績者應共同確定行政行為目標及衡量績效標準,詳細觀察並紀錄進度,檢查並尋找工作障礙,設法解決困難並排除障礙,使被考績者在不斷自我改進中,充分發展其潛能。兩造共同合作下,透過人員不斷自我改進,才能真正了解人員工作潛能及其在組織中應負擔的責任。

了解人員工作潛能及其在組織中能作的貢獻之後,設法調整人員職位以使其在組織中能充分自我實現並完成組織目標是考績的最主要功能。

職位調整有五類: 晉升 (Promotion)、晉級 (Upgrading)、調任 (Transfer)、降級 (Downgrading) 及免職 (Dismissal)。晉升系將人員提升到具有更大責任及地位的職位,通常因其付出勞務的增加亦獲得薪水增加的酬勞。晉級則指小規模的地位提升。調任則為改變人員工作性質,但不增減其所負責任及地位。降級則為小幅度的降低人員工作地位。免職則為除去人員工作責任及地位⓫。

⓫ Paul Pigors et. al. Personnell Administration (New York: McGraw-Hill Book Company, 1977), pp. 282-286.

　　職位調整旨在設法使人員能充分發揮其潛力替組織工作，使人盡其才，才盡其用。潛能大者獲晉升或晉級；潛能小不能勝任既有職位者獲降級。調任則爲人員不能適應現有職位環境，設法改變其工作環境，以利其充分自我實現。免職則爲對於不克勝任職位者的一個最嚴重職位調整。一般教育行政人員在獲得正式任用之後，均有法律保障其職位穩定，除非人員行爲操守不當或的確不能負責職位者是不會被免職的。受免職者依法仍具申訴機會；此項措施旨在吸收並保留優異人力並改進已有人力的素質。爲了吸收並保留優異人力於教育行政人員陣容，一般教育行政人員薪階的規定應至少能與各種行業相匹比。太低的薪階是不能達到吸收並保留優異人力的目的的。

　　爲了改進現有人力素質應積極鼓勵自我進修及研究。組織除了對於人員研究成果應卽重視、獎勵並不斷提供技術改進及專門知識進修項目如演講、討論會、選課、示範、模擬等活動外，應以適當薪階制度激發人員進修動機。

　　激發人員進修動機的薪階給付應考慮三項因素：

　　（一）薪階的釐訂須能鼓勵人員工作一段時間後爭取再教育機會。凡不進修者不宜繼續因年資提高薪金。進修者應依成本利益計算其應增加薪額。

　　（二）依進修教育內容加薪應以能增加人員工作潛能並提高其生產力者爲限；消費性的教育不宜據以加薪。

　　（三）進修方式不宜限於長期正式教育，而應以學分累積方式爲標準。進修人員只要在一定年限下修畢並具備某類專門知識卽應獲得加薪。

第二節 學校教師的培育與運用

　　學校教師包括中小學教師、技術與職業學校教師和大學教師三類。中小學教師以教學爲主要任務，其施教對象是未成熟的國民；中小學教師卽在將基本知識、傳統文化及生產技能透過教學活動，使未成熟的國民變成一個國家的合格公民。因此，中小學教師的責任主要在傳遞知識、文化與養成公民。

　　大學教師以研究學術爲主要責任，其施教對象爲將成熟的國民，以養成專業及學術研究人力爲主要任務；因此，其主要職責在生產知識與發揚文化，引導社會發展。

　　這二類學校教師主要責任不同，其培育與運用自然有別。技術與職業學校教師除了所具專長與專門技術與中小學和大學教師略有不同外，其培育與運用可依其施教對象屬於中小學階段或大學階段而比照中小學教師及大學教師的培育與運用來辦理。本節將僅分別介紹中小學教師的培育與運用和大學教師的培育與運用而技術與職業教師的培育與運用則從略，卽基於前述理由。

一、中小學教師的培育與運用

(一) 中小學教師的培育

中小學教師應具備四個基本條件:

　　1. 適合社會要求的行爲操守　教師的主要任務之一在傳遞社會文化，無形中他們遂成爲社會穩定力量的泉源。社會文化是社會大多數共

同認可的行為或言論的精華。教師的主要任務之一卽在將這些行為或言論精華透過教學過程獲得學生的接受。為了便利教學過程，促進學習效果，教師的行為及言論自然要求符合社會認可的共同標準。為此，教師的行為操守並不是為了適合某一個特別組織；換句話說，教師的行為並不能因組織的特別要求而改變。教師的行為不能因學校組織而不同。他們是以社會共同認可的行為及言論為標準。這是教師與一般教育行政人員不同之處。

　　一般教育行政人員的行為操守以適合組織要求，共同達成組織目標為主，其行為操守在忠誠於組織目標，嚴守組織要求，卽使組織要求有違社會共同認可的標準，一般教育行政人員亦應接受。教師則不然。教師以社會共同認可的行為及言論為操守的標準；一旦組織提出違反此一標準的行為要求，必將不利於教師本身任務的達成，在此情況下，教師是不會順從組織的要求的。

　　教師的行為操守特質既是一些社會共同認可的行為及言論精華，遂有人將教師的行為操守稱為中等階級道德 (Middle Class Virtue)⑫。這個意思是說，教師的行為操守不是少數上層階級及下層階級的行為，而是社會大多數中等階級共同遵守的行為，如：勤勞、誠實、儉樸、整潔及節慾等。

　　2.具備充分的基本知識　教師的主要任務之一在激發學生理智發展，適應未來社會改變的需要。社會改變因情境變化日形複雜；為了引導學生對改變中的情境所產生的問題作良好適應，教師必須具備充分的基本知識。所謂充分的基本知識是指教師對於構成知識的根本因素──社會、自然及人文內容有充分認識。情境改變，時序變更，基本知識的

---

⑫　John Martin Rich. Challenge And Response: Education in American Culture (New York: John Wiley & Sons Inc., 1974), p.31.

因素也自不同。教師爲了獲得充分基本知識只有不斷提高修習基本知識的時間。

3. 具備教學專長及專業知識 教師的主要任務之一在有效實現教學目標。爲了完成此一任務，教師必須具備二類專門知識：教學專長 (Teaching Specialization) 及專業知識 (Professional Knowledge)。教學專長是指教師任教科目。教師必須對於所欲任教科目具有深厚的知識，才能勝任教學。專業知識是促成有效教學所應具備的態度及技術養成的基礎。教師專業知識通常是由教育科目所組成的。

4. 具備教學實際經驗 教學實際經驗是指對於教學工作的實際操作與體會。教師的培育工作如果沒有教學實際經驗的養成，將使教學工作出現不適應，減少教學功能。教學實際經驗的養成有二類，一是在任教以前的教學實際經驗；一是在任教以後的教學實際經驗。這二類教學實際經驗的養成都是一個教師應具備的條件。

各國學校教師的培育，大致都以這四個條件爲依歸。一九六〇年代以前，各國學校教育擴充甚速，師資供應奇缺，學校師資取材極廣，對於專業知識及教學實際經驗較爲忽視。其次，由於多數國家，學校教育初具雛形，不易獲得高素質師資，復以師資待遇菲薄，更不易獲得優異人力，因此，學校師資的基本知識亦較貧乏。一九六〇年代開始，學校擴充速度漸緩，尤其到一九七〇年代，教師需求漸形穩定，各國遂不斷戮力提高師資素質。這些努力表現在三方面：

1. 提高基本知識水準 各國都極力提高小學教師的基本知識水準。歐洲各國除了部份國家小學教師基本知識水準規定至少完成中等教育程度外⑬，無不儘量提高到大學程度。英國小學教師一向由師範專科

---

⑬ William Taylor. Ressarch And Reform in Teacher Education (Windsor, Berk: NFER Publishing Company, Ltd., 1978), p.95.

施以二至三年訓練；一九七二年開始將其提高至接近大學學位資格；該年已有百分之十五教師受完四年大學課程。法國則規定自一九七八年開始，小學教師至少應具備學士證書。美國小學教師在一九三〇年代仍多未具學位到了一九六〇年代則幾乎全部具有大學學位⓮。

各國中學教師在一九四〇年代均少有具大學學位者，近年亦逐漸提高至大學以上學位。英法二國中學教師均要求具大學畢業以上資格，而美國中學教師則已提高至具有碩士學位證書⓯。

為了不斷提高學校教師的基本知識水準，各國均以在職教育 (Inservice Education) 提供給學校教師各種進修機會。美國專為教師進修而設立的暑期學校，英國三分之一的學生來自教師的開放大學 (Open University) 及法國更以一九七二年教育部公報規定小學教師進修的方式等均是很好的例證⓰。

2.強調專業知識的學習　一九六〇年代以前，專門知識的學習以任教科目為主，各國師資培育強調能勝任教學科目，至於有否專業知識並不重要。一九六〇年代以後，教育專門知識的學習，逐漸成為學校師資養成的最重要課程。英國傳統上，中學教師由各大學培育，不需教育課程。但一九六五年後，教育課程逐漸成為必要課程。一九七〇年中小學師資一律要求有教育科目訓練；一九七四年起，凡大學畢業生無修習教育學分者不再具有任教資格。

法國亦然。一九七〇年，法國開始規定，凡任教師者應有一年的教育訓練；一九七八年起任職教師者應有二年以上教育訓練的規定開始實

⓮　John Martins Rich, op. cit., p.64.
⓯　OECD. Recent Trends in Teacher Education (Paris: OECD, 1974), p.16.
⓰　William Taylor. op. cit., pp.168-169

施。

美國是倡行教育專業知識的最重要國家；教育專業知識學習的倡行遠比英法二國爲早。美國各主要大學均有教育學院提供各類教育課程備中小學教師檢證與修習的需要。教育課程的提供分三類：博士課程、碩士課程及專業人員課程；這些課程經常提供給教師修習機會。近年，爲了使教師的培育能更切合績效責任的要求，美國更倡行教師性向及專業化的研究而提出能力本位師範教育 (Competence Based Teacher Education)，希望能使師資培育依專業能力需要而產生。這可以說是強調專業知識學習的一個新方向。

3. 重視教學實際經驗的獲得　獲取教學實際經驗的目的在使教師所學能順利在教學情境中運用，並協助其在未知情境中獲得適應的能力。各國爲了使師資培育過程中，增加教學實際經驗的學習，往往採用不同的措施。歐洲各國如英法等在教師未任教之前，卽在正式課程中安排獲得教學實際經驗的機會；這些機會如小型教學 (Micro-Teaching) 及模擬 (Simulation) 等課程的安排都是。美國則有實習 (Internship) 課程提供給學生學習教學實際經驗的機會。

任教之後，各國亦安排繼續吸收教學實際經驗的時間。英國在學生初任教師時，指定專業教師 (Professional Tutor) ⑰ 協助實習教師解決教學困難並指導教學之改進。法國則規定教師任教之後定期進修以學習實際教學經驗。定期進修強調實地經驗 (Field Experience) 及團體經驗 (Group Experience) 方式的運用旨在觀摩並作經驗上的切磋。美國亦透過各種教學觀摩作任教後相互學習教學經驗的安排。

由此可見，各國師資培育過程中，爲了增加獲取教學實際經驗的機

---

⑰　Donald J. McCarty et. al. New Perspective on Teacher Education (London: Jossey-Bass Publishers, 1973), p.170.

會，無論任教前或任教後都有不同安排方式出現，這無非相信教學經驗的學習因情境變易有不斷改進的必要。教學實際經驗的獲得並非在任教前即可完成。今後，教學經驗的學習方式，不論在任教前或任教後將因情境需要而不斷推陳出新一事將是顯而易見的。

（二）中小學教師的運用

中小學教師的運用有六個重要內容：選教、檢證與任用、勞務與酬報、繼續教育、評鑑與職業發展和職業保障。

1. **選教**　選教是招募有志任職教師者，從中選取合格者，施以師範教育。選教與選任是有分別的。選任是招募有志任職教師者並從中選取合格者，任用為教師。一九四〇及五〇年代，各國中小學發展迅速，教師任用不免從寬；多數教師在未經施以師範教育即予任用。英國早期中學教師由大學畢業生中選取任用即是選任的最好例子。一九六〇年代開始，中小學的擴展漸形穩定，為了提高教師資格，各國運用教師逐漸採用選教而揚棄選任。

選教的採用有如下優點：

(1) 可鼓勵研究教師能力性向；選取具有教師資賦者，施以教育，促進教師職業專精與效力。近年英美二國著手研究教師性向[18]即是選教方式運用的結果。

(2) 可以獲得真正有志於教師職業者，從事教師工作。凡欲任教者必須立定志向接受長期的師範教育而非即刻獲得任用。即刻任用易於引入倖進者。

(3) 可以穩定師資供給，減少不必要的人事招募費用。師資透過有計劃的培育可以掌握其供給，減少選任過程中，人力的過份流動。

---

[18]　OECD op. cit., 1974, p.19.

選教過程所獲的師範教育只是一種專業化的初步訓練，因此，其教育時間往往因所培育師資種類而定。小學師資所需的教育時間比中學師資短。由於師資的教育是分段的；選教過程只是師資教育的初步階段，它所提供給師資的教育以能勝任職位為已足。至於教師資格的養成則依賴以後不斷的施以繼續在職教育。

2. 檢證與任用　檢證在確定教師條件並頒授專業資格憑證。檢證一般由政府設定機構辦理。英法檢證由教育部辦理，美國則由州教育廳負責。

檢證方式可由公開測驗方式進行，亦可由資格審查而銓定。公開測驗固然公平，但以有限測驗內容來評斷資格未免失之草率。同時，測驗受時間、地點限制也不可能對受測者多加了解。資格審查則可透過長久資料收集及安排而深入了解受審對象。它可以廣泛了解事實，易得事實真象。因此，利用資格審查方式檢證貴在能從容安排審理時間及範圍，步步為營，深入事實；如果以此方式檢證卻以局部，有限時間解決問題即失卻運用此方式的意義。

美國多數州教師資格檢證即採資格審查方式。學生能否獲得教師證書由他們能否在合格的大學受完規定的教育來審理。州政府審核教師資格即以 (1) 是否在合格大學獲得文憑。(2) 是否獲得足夠的學分。這種審核方式近年已漸有訾議。一者合格大學的認定頗有困難；再者，獲得足夠的學分未必能保證其具有教師應具備的能力。在能力本位師範教育受到重視之後，教師應具備的能力及其相關課程的學習遂受到注目。由此可見，採用資格檢證貴在將審查範圍擴大，審核時間加長。美國最近欲將審核範圍擴大到學生受教育的全部內容及特質，審查時間推進到其在學的修習過程自能增加真象的了解。

如果採用測驗方式，以部份試題即輕易在短時間內決定是否合於任

教師資格，不難見其輕率之一斑。權衡檢證所用測驗及資格審查方式仍以後者為佳；惟其運用當以推廣審查範圍加長審查事實所發生的時間為原則。

任用是指對具有教師資格者，令其負教師的勞務。教師資格分二類：試用教師證書 (Probationary Certificate) 及任期證書 (Tennure Certificate)。

試用教師證書是頒給受完初步師範教育開始任職的教師。各國教師的任用都設有試用期間。試用期間在使教師了解教學實務，增加教學經驗並改進自己缺失。因此，試用期間的勞務減少而增加其學習機會。英國一九七二年白皮書規定試用教師課程負擔減輕，至少有五分之一以上時間接受在職教育，並且在試用期間有專業教師指導卽是一個很顯明的例子[19]。

試用期間的設置可協助教師改進教學，減少因不適應而去職所產生的浪費，有助於教師專業化；足見試用證書的頒發對於教師任用是何等重要。

任期證書是頒給經過試用期間，確認能執行教師全部勞務的教師。教師獲得任期證書應執行全部教師勞務，獲得相當酬報，並享有一定的保障。

3. 勞務與酬報　教師任職期間依照各國法律規定，提供一定時間的勞務而交換相當的酬報。中小學教師由於施教的對象是未成熟的國民，使其勞務的提供受到限制。未成熟的對象不能判斷是非，因此，施教內容便有限制。各國通常都不鼓勵中小學教師對其施教對象提供與社會要求不一致的思想觀念。這使得中小學教師偏重傳遞社會既定文化的

---

[19]　William Taylor. op. cit., p.186

教學而忽視其從事研究的工作。在中小學教師所提供的勞務中，教學工作遂佔去了教師所提供勞務的最大部份。以英國小學教師爲例，百分之六十三的教師時間用於教學而其餘百分之三十七時間用於行政、管理及雜務⑳。荷蘭小學教師用於教學時間在百分之七十五而中學教師用於教學時間亦在百分之五十至七十五之間㉑。教師除了教學之外，便是處理行政、管理及雜務，幾乎不重視研究工作。這種限定教師所提供勞務的趨勢往往因各國法律明文規定教師提供勞務時間及項目而更形明顯。法律規定往往僅注意形式而忽視實質，要求教師教學及工作一定時數，以致教師在教學之外，兼理行政、管理及雜務。這種規定用盡了教師所能提供勞務的時間及項目，絲毫不會有彈性適應的機會。近年更有些國家要求替教師安排所有工作時間及內容。一九七三年挪威國會委員會建議教師應視同公務員，每日工作八小時，工作項目除教學外，應從事學生輔導、課程設計、研究發展及會議。當然，這種建議受到該國教師組織的反對。中小學教師至少是一種半專業職業；它應有充裕時間作研究以增加專業知識，任何法律規定詳細工作內容並充分安排工作時間都不免流入形式。何況，教師爲了獲得充分的基本知識，宜有時間自我進修；一味重視替教師安排全部工作時間及項目，將有害無益。

教師是所有教育直接成本中最昂貴的一種，允宜做最恰當的運用才不致浪費。聽由教師時間在教學之外，負擔極大部份的行政，管理及雜務工作，實在不智。行政、管理及雜物應統籌安排其它人員如教師助理 (Teacher Aid) 及文書人員 (Clerk) 去執行，而讓教師能有充分的時間從事研究及教學設計工作。如此，才是適當的運用教師勞務之道。

---

⑳　UNESCO, New Patterns of Teacher Education And Tasks (Paris: OECD, 1974), p.54.

㉑　William Taylor. op. cit., pp.40-42

近年各國發展的團隊敎學 (Team Teaching) 及電化敎學等無非都是這種精神的運用。

敎師所獲的酬報除了不能言宣的精神酬報外，以薪資爲最重要。爲了獲得優秀人力，敎師薪資至少應能與其它行業相匹比。事實上，各國大量擴充學校敎育的結果，選用敎師素質偏低，薪資亦偏低。今後，一旦敎師需求穩定、爲了提高敎師素質，其薪資亟應提高。蓋薪資可說是敎師能獲得的、幾乎是惟一可見的酬報；它是敎師提供勞務所交換的惟一可見交易品。一般敎育行政人員所能獲得的職位調整、升遷、責任的增加等都不容易在敎師身上發生。這也就難怪麥克樓 (R. Mclure) 在作敎師不滿原因研究時，發現敎師最大的不滿便是缺乏職業升遷梯級了❷。其實，敎師以敎學爲主要勞務，任何責任可因服務而擴大因此據以調整職位，但敎學職務絕無擴大其任務之理。敎師的職位升遷階梯自然不可能與其它行職業相比。爲了鼓舞敎師，在不可能給予薪資以外的其它酬報之下，應以大幅度增加薪階來交換敎師所付出的勞務。

除外，敎師薪資的給付尙應考慮:

(1) 依不同職責而異其薪資; 擔負敎學、行政、管理或雜務之薪資應不同。

(2) 依不同研究成績而定不同薪資。

(3) 依在職敎育之不同而決定不同起薪。

(4) 依年資晉升應予限制。

(5) 繼續敎育。

敎師在傳遞文化; 文化的發展受國際文化交流的影響而改變。師資爲了善盡文化傳遞的職責，對於文化的發展應有新的認識，繼續敎育因

❷　UNSCO. op. cit., p.69.

有必要。其次，近年知識爆炸的結果，使一般知識範圍增廣而程度加深，爲了充分具備基本知識，敎師不斷接受敎育的要求更形迫切。再者，敎育專業知識的發展日以千里；爲了促進敎師職業的專業化，更要求敎師不斷接受敎育。總之，爲了符合作一個合格敎師的條件，初階段的師範敎育只是敎師培育的一個開始而不斷的繼續在職敎育才是造成合格師資的不二法門。因此，敎師的運用過程應安排激發敎師繼續敎育動機的機會。近年各國激發敎師接受繼續敎育所採用的方式不外在進修前給於帶薪進修及休假進修等優待，而在進修之後給於加薪、晉級及改進工作環境的機會。這種安排都是在一個前提下進行：那就是今日敎師之培育與運用已因繼續敎育的需要而結合。

　　5. 評鑑與職業發展　敎師評鑑在提供敎師行爲資訊，給予評價並提出建議以供敎師行爲改進及獎懲之依據。敎師評鑑的首要目的在改進敎師行爲，以利敎師職業發展。評鑑工作的進行如欲達到此一目的，必須設法令敎師參與決定評鑑標準之釐定，並了解評鑑工作進行的程序，使敎師在評鑑進行中，依所訂標準及程序執行自我評鑑 (Self-Evaluation)。評鑑與敎師自我評鑑協同進行，使敎師行爲能在評鑑過程中獲得改進機會，如此才能眞正促進敎師的職業成長[23]。

　　敎師評鑑的另一目的在提供決定獎懲的依據：以評鑑結果作爲升遷、免職及敍薪的基礎。事實上，敎師職位升遷的階梯甚少，敎師的另一職位調整－調任更不切合實際。敎師在獲得任期保障之後，不易獲得晉升機會。一般敎育行政人員處理對象是各種行政事務；行政事務有輕重、大小之分；職位設計可依事務大小及輕重區分成不同責任及重要性的各種職位以利一般敎育行政人員的晉任。學校敎師所敎育的對象是未

---

[23]　Richard A. Gordon. School Administration (Dubuque, Iowa: Wm C. Brown Company, 1976), pp.196-204

成熟的個人，每一個人都是一個亟待開發的人格整體，各具重要性與價值。學校教師對於每一個人應負責任相同。每一學校教師所能教學的個體自受限制，無法從其教學對象劃分不同職位的重要性以設定晉任機會。這便是教學升遷階梯甚少的主因了。

教師因其能力大小及行為表現良窳而調任更不切合實際。每一受教育個體應獲教育機會相同，誰都不願意接受一個表現不佳的教師，以調任作為教師獎懲的方式遂不可行。

許多國家基於教師職位調整困難，固然開放學校教師轉任一般教育行政人員的途徑；但教育行政及學校教師所需服務能力並不一致，此種轉任只能有利於提高教師士氣，卻不是一種人盡其才的方法。其次，若以轉任一般教育行政人員為晉任的範例，將以一般教育行政職位優於教師職位為原則，終將貶抑教師職業，不止不利於教師職業發展，且將杜絕優異人力進入教師之路。

為了促成教師職業發展，激勵教師士氣，最好還是以評鑑結果作為敘薪的依據。利用大幅度薪資的調整，鼓勵優良教師才是上策。

6. 職業保障　教師職業保障有二：

（1）職業安全　教師經過試用期間取得任期教師證書之後，職業安全多受法律保障。任期教師若非因道德虧損、叛國及不能任教等重大原因是不可以任意免除職位的。任期教師受免職處分時，當有申訴的規定。

（2）生活安全　教師在任職達一定時間之後，依法取得準退休及退休時間生活上的保障。教師任職達一定時間，雖未達退休年齡，但因其它原因不能提供全部勞務，亦可以部份勞務的提供交換全部酬報，這便是處於準退休狀況。凡達到法定退休年齡教師或者雖未達到法定年齡而獲得退休的教師均可以不付出勞務而獲得酬報；這便是退休。準退休

及退休旨在保障敎師生活安全。

二、大學敎師的培育與運用

(一) 大學敎師的培育

大學在西洋最初原是由一群喜愛研究的學者所組成的，以研究學術及保存文化爲任務。敎學的功能是繼研究功能之後才發展的。至於服務的功能則是近代大學進一步演進的結果。研究、敎學及服務這三項功能在傳統上是以研究爲根據的。大學敎師因各具卓越的專門知識才有資格從事敎學及服務功能。所以，大學敎師培育應以能從事研究爲主而以執行敎學及服務功能爲輔。

大學敎師旣以能從事研究爲主要功能，則其必備條件至少應有三:

1. 行爲操守方面必須堅守事實而服膺眞理　大學敎師以探討事實眞象爲首要任務，自以追求眞理，堅守眞實爲行爲指針。這與一般敎育行政人員尙忠誠、服從團體之德性和中小學敎師守中等階級道德等二類操守都有分別。組織對一般敎育行政人員的要求未必能與事實一致，但爲了達成組織目標一般敎育行政人員仍得恪遵勿逾。中等階級道德固爲多數人奉行的德性，卻未必是事實與眞理之所寄，從事敎學活動的中小學敎師則不能違背。大學敎師不然；他們以追求事實眞象爲主，不能接納非事實與非眞理作自己行爲的南針。

2. 具備廣博與深厚的一般知識水準　大學敎師以探求知識，追求眞理爲目的。因此，無論對知識領域的任何一面一自然、社會和人文都應能有深厚的基礎。知識是相互關聯的，任何知識的缺乏都可能影響眞理的探索工作。

3. 卓越的專門知識　大學敎師最重要的條件是因具有某一專門知

識的卓越成就；他所以成爲合格大學教師常因他代表了某一專門知識。

這三種條件是合格大學教師所應具備的。爲了培育合格大學教師當以造成合於這三種條件的人力爲主。

一個人力具備堅守事實而服膺眞理的德性必然具有追求事實眞象與從事研究的熱忱，如果能具備相當的智力，在適當的研究環境下，透過一連串一般教育課程的提供，自然能奠定廣博與深厚的一般知識水準。各國大學教師的培育均不斷要求其具備最高年限的正式教育水準，便是此理。

追求事實眞象與從事研究的熱忱和深厚的一般知識水準應只能提供個人進入大學教師職位的敲門磚。他是否能成爲合格大學教師還有待其能否在專門知識方面有卓越的表現。未成爲合格大學教師之前，通常在某專門知識部門擔任研究、教學及服務工作；至於能否成爲合格大學教師仍有待其研究成果能否獲得認可。今天多數國家在正式成爲合格大學教師之前，設定多種職位如副教授、講師與助教等，即在給於初具資格者研究、教學及服務機會。至於他能否成爲合格教師，完全要看他的研究成果能否在專門知識方面獨樹一幟。

各國對於合格大學教師的資格頒授寬嚴不一；有些國家資格審查從嚴，如德法等國限定合格大學教師名額，只有在專門知識上獨樹一幟者才可能成爲合格教師。大學教師通常都代表某一專門知識。因此，合格大學教師不多。

有些國家大學教育發展極速，所需教學及服務人力多，大學教師資格審定從寬如美日等國，獲得合格大學教師資格者未必能具有卓越的專門知識。有些國家大學教師資格審查甚至本末倒置，偏重教學年資及服務資歷爲審定根據而忽視大學教師研究功能；在此情形下，合格大學教師往往不知研究爲何物，更遑論其爲某類專門知識的代表了。

一言以蔽之，大學教師的培育各國仍未有一定範式，多數仍透過正式教育，由最高年限的教育來養成。但大學教師的產生多有一定認定標準，則爲各國的通則。這一個標準以大學教師的專門知識爲主要因素一教學及服務工作爲次要。

（二）大學教師的運用

大學教學的運用由選任開始。獲選初任大學教師均係試用教師。試用教師由於未具有卓越的專門知識，只能襄理合格教師在專門知識內負責指定教學工作，一方面在研究環境中自我進修研究並擔負指定服務工作。試用教師能否成爲合格教師端視其專門知識能否獲得大學教師專業團體的認定。一個未能在專門知識有卓越成就的大學試用教師常不能成爲合格教師；這是大學教師的任用與中小學教師所不同之處。中小學教師經試用期間，獲得專業發展機會，大都能成爲合格教師，司教學任務。大學試用教師則不然，許多大學試用教師經多年研究仍乏成果可言，終身難獲資格認定，只能永久爲試用教師。

大學教師資格認定在確認其在專門知識的成就是否卓越而堪爲表率。認定的程序與一般教育行政人員和中小學教師不同。這二者資格認定有既定標準及內容；它可以透過一般行政程序處理，依一般行政人員及中小學教師所具資格是否符合既定標準及內容而認定。大學教師資格的認定在決定其是否具有某類專門知識而確實成績卓越者；此項內涵並無標準可爲依據。因此，其資格當以性質相近而已具卓越專門知識的合格大學教師共同審核，並獲該專業團體正式認定才能成立。所以大學教師的資格是由專業團體共同認可的。各國大學教師資格的認定程序雖具不同類型，但其爲專業團體共同認定的精神則是一致的。

合格大學教師所提供的勞務以專門知識的研究及生產爲主。大學教師應是一個眞理的追求者與專門知識的創造者。美國學術界有一句形容

大學教師生存競爭的俚語:「出版否則走路。」卽在說明大學教師眞正存在的理由在於他是一個專門知識的生產者。因此，不能在專門知識有所生產的教師卽應走路。

　　大學教師提供的主要勞務旣是知識的生產，則大學教師資格的認定及任用自不能以敎學及服務需要來決定。換句話說大學聘用敎師名額的決定不宜以敎學及服務需要來決定。大學任用教師應以其具備研究及卓越專門知識爲最必要條件。至於大學教師提供敎學及服務項目應依社會發展而定。社會發展需要某類敎學及服務項目，大學敎師才有敎學及服務的必要，否則，大學敎師應以從事研究及專門知識的生產爲已足。

　　大學教師提供敎學及服務的勞務是在其專門知識範圍內提供。大學依社會需要開設其專門知識有關的課程，他卽負有敎學的任務; 社會需要其專門知識有關的服務，他卽負有提供服務的任務。但大學敎師的敎學及服務工作應不影響其主要勞務的執行。這就是說不能以敎學及服務妨害研究工作之進行。在知識發展迅速的時代，一個合格大學敎師，經久不作研究工作，往往失去其在專門知識卓越成就的地位，也就有不能執行其大學敎師勞務的可能。這也就是大學敎師不能以敎學及服務影響研究的理由了。

　　大學教師以研究爲主，敎學及服務爲輔; 其報酬的決定自以其研究勞務提供的能力及成果爲重心，而以敎學及服務時間的提供爲次要。爲了避免大學教師勞務的提供本末倒置，大學敎師的敎學及服務時間應有最高的限制。大學敎師報酬的給付應限定其得自敎學及服務的數量。

　　最後，大學教師一旦獲合格敎師的認定之後，爲了促成其專業發展，亦應有職業保障。大學教師的職業保障除了與中小學教師同樣有任期安全及生活安全的保障之外，最重要的是依法保障其學術自由 (Academic Freedom)。學術自由是指發展與溝通知識，不受行政、政治、

宗教及其它形式干預的自由❷。大學教師的主要勞務在發展與生產專門知識；其知識的創新往往與現階段行政、政治、宗教及其它既有知識有出入，若因此而受干預，自難邃行其最重要任務。教學只是大學教師溝通其研究成果的一個方法；知識發展既不得干預，教學更應獲得自由。大學教師講學不應獲得干預也是學術自由的主要內容之一。當然，大學教師溝通知識不限於教學，不論採用何種方式溝通其研究成果相應獲得不受干預的保障，這才是學術自由的真諦。

本章主要參考書目

一、Peter Self. Administrative Theories And Politics (Toronto: George Allen & Unwin Ltd., 1972)

二、William B. Castetter. The Personnell Function in Educational Administration (New York: McMilliam Publishing Co., 1976)

三、David W. Belcher. Compensation Administration (Englewood Cliffs: Prcentice Hall Inc., 1977)

四、Paul Pigors et. al. Personnell Administration (New York: Mc Graw-Hill Book Company, 1977)

五、John Martin Rich. Challenge And Response: Education in American Culture (New York: John Wiley & Sons, Inc., 1974)

六、William Taylor. Research And Reform in Teacher Education (Windsor, Berks: NFER Publishing Company, Ltd., 1978)

---

❷ John Martin Rich, op. cit., p.98.

第十章　教育領導

　　教育領導是將一般行政行為領導運用在教育組織行為上面。因此，要想了解教育領導自以先了解一般行政行為領導才是。近來教育學者研究教育領導也都從一般行政行為的領導中鑽研，以求解釋教育領導的事實與現象。本章將分二節，先介紹可適用於教育事實與現象的領導基本概念包括領導的意義、來源、類型及活動，然後再對有關領導概念在教育上運用的情形歸納成教育領導的簡介。

第一節　領導的意義、來源、類型及活動

一、領導的意義

　　領導的意義因其應用範圍有別而有不同的內涵。由一般行為的領導上著眼，領導可以說是一股指導行為往一定方向的趨力。韋氏字典解釋領導為思想、行動或者意見的指導。這類說法在強調領導在給於行為或

觀念一個方向。它應只適用於一般生活範圍。

從行政行爲上著眼，領導是發生在組織內。爲了趨使組織走向一定方向，領導的內涵自應有其獨特之處。郭德門 (Harvey Goldman) 在教育行政者一文中曾將領導一辭作如是說明：「領導是制定組織完成目標的新結構及程序的力量。」❶ 這一個說明包括二個主要部份，一是領導在使組織完成目的。爲了使組織達成目標須有一股力量加以引導。領導卽推動組織完成其目標的一股趨力。二是領導在誘發組織作成新結構及新程序，以利目標之完成。領導的功能可以說在引發組織的改變。持這一觀點者不乏其人。哈里遜卽強調「教育領導需以改變爲主要方向」 (Change-Oriented)❷。當然，教育領導應注意引導教育革新。可是教育行政領導在革新之外，仍應以集合組織資源完成目標爲主要任務。柯乃資維 (Stephen J. Knezevich) 在公共教育行政書中卽將領導看作是「創始、引導並維持團體行爲趨向組織目標，並聯合團體力量以達成共同目的之趨力。」❸ 團體行爲創始的工作當然是以引導組織創新、革新爲重點。柯氏在創新、革新之外，仍然強調領導在引導及維持組織行爲趨向目標並完成目標的重要性。本質上，領導行爲固應重視創新及改變，但組織力量的維持與導向仍是領導行爲所不可忽視的。教育行政領導者如一味強調改變及創新，忽視組織力量及行政的維持，恐會導致行政行爲的紊亂，防礙組織目標的達成。領導的內涵同時強調組織行爲的維持、引導及改變才是正確的。

❶ Vernon F. Haubarich. Freedom, Bureaucracy & Schooling (Washington, ASCD: NEA., 1971), p. 127.

❷ Raymond H. Harrison. Supervisory Leadership in Education. (New York: American Book Co., 1968), p. 23.

❸ Stephen J. Knezevich. Administration of Public Education (New York: Harper & Rows, Inc., 1968), p. 95.

薩維爾（Anthony Saville）對於構成領導行為的條件也有新的觀念提出。他認為「領導在構組並引導情境使所有團體成員能以最大經濟效益與最少時間和力量達成共同目標。」❹ 這一個解說指出領導行為不止在引導組織達成目標，更要求領導過程務須確實採用最經濟有效的方法。在領導內涵中強調領導方式的使用可使它與牽動的差異分開，牽動的行為照樣可以維持或改變組織以達成目標。不過牽動可能使組織力量運用極不經濟，甚至發生浪費。把牽動當作領導在現代行政觀念中是極不適當的──一個現代行政領導者如果在組織中不是以最經濟有效方式趨使組織達成目標；卽使目標達成，其行為不堪稱為領導，只能說是一種機械的牽動。以最經濟有效方式來使組織創新並維持活動以達成目標應視為現代行政領導的重要內涵之一。

根據上列有關領導意義的解說，畧可看出領導一辭在一般行為上與行政行為上略有不同。一般行為上，領導被看做是行動及觀念的指導。它強調領導是指引並牽動行動及觀念方向的一股力量。行政行為上，領導應用範圍受到限制。領導在行政行為上發生在組織中，受到組織目標及資源的限制。為了使組織目標達成，領導須維持組織動力，改變組織結構或程序，為了使組織力量統合運用，領導應重視組織資源的調配及有效運用方式。因此，行政行為所運用的領導一詞是不可以同一般行為上領導的用法相提並論的。行政行為上，領導一詞的內涵應強調行政組織目標的達成，創新並維持組織的結構與程序和有效運用組織資源的方式等重要因素。行政行為上的領導因而可以說是有效運用組織資源條件之下，維持或改變組織結構與程序以達成組織目標的一股趨力。

---

❹ Harold W. Boles (ed.) Multidiciplinary Readings in Educational Leadership (New York: MSS Information Corporation, 1976), p. 255.

二、 領導趨力的來源

行政行為上，領導既然指一股趨力，而有關此一股趨力的來源卻衆說紛紜。以下是歷來最受人重視的四種說法:

（一）**領導卽人格特質說**　此說又叫需求性格（Needs-Dispositions)說。它以領導趨力的來源是因為領導者具有一些人格特質（Personality Traits) 或者需求性格 (Need-Dispositions)。至於領導者所需具備的人格特質或需求性格的內容迄未有一個定論。羅賓士在行政歷程書中所列歷來多數研究所擧領導者需求性格特質如次: 智力、自信、權力慾、成就慾及創造❺。波爾在教育領導彙編書中列擧出多數實驗所支持的需求特質如自我參與（Ego Involvement)、結構能力（Structure Ability) 掌握與支配性格和同情等。二書所擧項目並不盡相同❻，顯然持這一說法的研究報告大致體認一個領導者具有一些非領導者所無的需求性格。至於那些需求性格仍未有一致的結論。

大體上，領導者某些特質較顯著的說法是可以被接受的，但如果認為具有某些特質的人，天生就是一個領導者，並且必將會成為一個領導者，便是大錯特錯了。

1. **領導者具有顯著的特質**　雖然研究結果未能有一定結論列擧領導者必有異於非領導者的地方，許多研究卻從一個成功的領導者中所表現行為去了解可能存在於成功的領導者中的人格或需求特質。研究結果經過整理分析後，史特普（Emery Stoops）曾將一個成功的領導者所表

---

❺　Stephen P. Robbins. The Administrative Process (Englewood Cliffs: Prentice Hall Inc., 1976), pp. 354-355.

❻　Harold W. Boles, op. cit., p.241.

現的行爲分爲二十個項目如下❼:

(1) 工作超量: 不以自己所不喜歡的工作要求屬下去做。

(2) 工作守時、守分、守紀; 不勉強, 不發怨言。

(3) 專心工作, 心無旁騖。

(4) 依決策行事, 並且身體力行。

(5) 體認問題困難處; 每當有屬下奮力解決困難, 必加讚揚。

(6) 與人和睦相處。

(7) 以行動表示關切, 爭取屬下福利。

(8) 對屬下深具信心。

(9) 鼓勵屬下參與決策。

(10) 由難處著手, 引導問題解決, 不以現成解決方式交屬下辦理。

(11) 與群衆齊頭並進, 不敢爲天下先。

(12) 使有關人員充分了解工作狀況, 尊重不同意見。

(13) 解決問題而非提供答案。

(14) 不輕易將問題提付表決, 容許充分時間討論, 以求行動一致。

(15) 對事不對人。

(16) 讚揚成就, 遺忘失敗。

(17) 勇於承擔團體行動的結果。

(18) 授給權與責。

(19) 令人相信其具備屹立不搖的精神。

(20) 把握重點, 替團體導向。

❼ Ibid., pp. 246-247.

　　一個成功領導者的行爲必有讓屬下信服之處。行爲的表現不能說不受個人人格特質的影響，領導者的產生基於人格特質所表現被人仰賴的行爲的說法應是可以採信的。

　　2. 具有領導人格特質者未必能成爲領導者。造成一個領導者的背景，除了領導者本身的條件之外尚有許多其它因素。沒有其它因素的配合，單有領導人格特質未必能成爲一個領導者。這也就是爲何有多種說法解釋領導來源的主要原因了。

　　（二）**領導卽職位說**　此說以領導趨力的產生源自領導者所居的職位，在組織結構上，有些職位具有領導功能；居其位的人自然會發生領導功能。歷史上的確不乏因職位而產生領導功能的例證；但職位相同，領導者不同，組織行爲常不一致。職位說的領導亦只能說是產生領導的條件之一。

　　（三）**領導卽功能說**　此說以爲領導趨力的產生是由領導者所表現的行政功能所決定的。凡表現行政中重要功能的人將會成爲領導者。決策、命令、指導、控制等重要行政功能均具有領導的趨力。實施這些功能者自然成爲領導者。在組織行爲中，居於領導功能者是團體所仰望者，其成爲領導者是必然的。無論是由職位而成爲領導者，或者由人格特質而成爲領導者，在其發揮領導趨力過程中，皆會發揮主要行政功能。功能說可以看做是產生領導的必要條件。領導者一定發揮重要的行政功能，而爲組織所仰賴者。

　　（四）**領導卽社會關係說**　此說主張領導者是基於群體間相互依存的事實需要而產生。領導者爲群衆所依賴的對象。因之，領導乃是在群體間相互依存及交互行爲中產生的。它不依附於職位，也不依附於人格。在群體相互行爲過程中，某些人的主動、關懷，往往成爲大衆依存的對象。領導的趨力便自然由大衆依存的對象中產生。

以上四種來源描述了產生領導趨力的四個可能性。在專制及人際關係未活絡的時代，許多領導者大多決定於人格及職位。獲得領導地位的人往往掌握了行政主要功能，決定組織重要行為而成為掌握組織命運者。現代的行政因人際關係活絡，人在團體中互動的相關性日趨重要。有領導人格特質者，居於領導職位者固然可以成為領導者；但在社會關係日繁，人際關係依存情況日漸複雜情況下，具有領導人格特質者，居於領導職位者未必能發揮領導的行政功能，同樣掌握領導行政功能者也未必能發生領導趨力。領導逐漸受到多重因素的決定而在團體互動歷程中產生。領導的產生在組織互動過程中一方面決定於領導者的特質，一方面也決定於情境因素——包括被領導者及工作環境因素。因此，當前談論領導的來源當以社會關係說比較能夠獲得多數人的接受。

三、領導的類型

領導是在組織中基於互動關係歷程並受到多重因素影響而產生的。在領導產生的歷程中如將有關因素加以分類，應可概略分為關於領導者的因素及情境因素（工作、被領導者及環境）等二大類。學者對於領導類型往往就是基於每類型中所強調因素特質而加以分類的。

（一）**由情境因素（工作、被領導者及環境）出發描述的領導類型。**屬於此一類型的分類主要有李克 (Rensis Likert) 的工作中心 (Job-Centered) 及僱員中心 (Employed-Centered)、莫頓等 (James S. Mouton et al.) 生產定向 (Production-Oriented) 及人員定向 (People-Oriented) 及柯門 (A. K. Korman) 的生命歷程理論 (Life Cycle Theory)。

1. 工作中心及僱員中心領導　工作中心領導重視工作本身及工作

環境的改進及其效率的講求，忽視被領導者（雇員）情感及參與。領導是透過嚴密監督及控制某功能而表現出來的。反之，雇員中心領導重視被領導者需求而不以嚴格監督作爲發揮領導行爲的圭臬。領導過程是由溝通、協調及雇員參與而表現出來的。

2. 生產定向與人員定向領導　生產定向與工作中心相似，人員定向亦與雇員中心雷同。惟莫頓等對於領導分類更以座標方式加以說明，使領導類型之區分更爲精密。他們將橫座標分成九個等刻劃以代表重視工作生產程度的多寡，同時將縱座標亦分爲九個等刻劃以代表重視人員關係的尺度。橫縱二座標組成九九、八十一個方格用以描繪領導行爲中分別重視工作及人員的數量。由此繪成一個領導類型識別座標圖稱爲管理條格 (Managerial Grid)。管理條格的分數卽代表不同領導類型。

莫頓等的領導類型可以說是李克分類的一大改進；這種方法可以使根據情境因素描繪的領導類型更清晰。

3. 生命循環理論　本理論強調被領導者需求而描述領導應有的不同類型。被領導者因爲心理成熟情況不一，其需求的領導類型也就不同。被領導者愈不成熟愈需被動安排及社會情感支持，同時也愈不能自主及負擔工作。反之，亦然。領導爲了配合被領導者生命歷程，由不成熟到成熟，其類型自應改變。類型的改變可由四種型態加以代表，卽由 (1) 高工作—低關係到 (2) 高工作—高關係，(3) 高關係—低工作到 (4) 低工作—低關係❽。這四種領導類型說明人生命歷程中，最初身心不成熟，所需的領導類型應少關懷並機械的安排好各種工作。多關懷造成倚賴是不恰當的；是以在最初身心不成熟時應以嚴格督導方式，不令其自主而詳細安排各種工作，這是高工作—低關係的領導。稍長，身

---

❽　Ibid., pp. 192-193.

心成熟增加應提高關懷，注意其需求，給予工作支持；但由於其自主及負責能力不夠，仍須妥予安排好工作程序。這便是高工作一高關係的領導。等到成熟度增加時，應盡量讓被領導者負起工作責任並自動管制工作，領導者僅須給予關懷和支持，這便是高關係一低工作領導。一直到被領導者完全成熟能自主並以能工作爲滿足，所需關懷及情感支持也相繼減少；領導方式就可採用低工作一低關係類型。

生命循環理論可以說是繼莫頓等領導分類的又一發現。

（二）由領導者本身因素出發描述的領導類型　領導者對於被領導者所持的態度及對於組織所尊重的程度有別而區分領導不同的類型。前者如傳統的區分法將領導類型區分爲專制（Autocratic）、民主（Democratic）及放任（Laissey-Faire）三類。後者則爲由蓋銳等（J. W. Getzels et al.）將領導類型區分爲規範式（Nomathetic）、私意式（Idiographic）及事理式（Transactional）領導三類❾。

1. 專制、民主及放任領導　這三種類型的區分是以領導者對被領導者的態度而決定。專制領導者對被領導者冷漠，採不尊重被領導者的態度。領導者決定政策，不計被領導者的意願分派工作，被領導者僅能恭謹接受，毫無表現意見的餘地。

民主領導者尊重被領導者的意見及地位，讓被領導者參與決策及工作分派。領導者站在服務被領導者的立場，與被領導者共同工作。

放任領導者尊重被領導者，任由被領導者作成決策並從事工作安排，自己盡可能置身度外，只有在被領導者要求情況下才予協助。

2. 規範式、私意式及事理式領導　這三類型的區分是以領導者尊重組織期望的多寡爲標準。依角色理論，領導者的角色受組織期望及個

❾　Stephen J. Knezevich. op. cit. pp. 101-103.

人需求的影響; 二者決定領導者的行為。領導者處處以組織規範及期望為行為標準，不計個人需求時，其領導行為便是規範式領導。反之，領導者一切以個人意願為先，忽視組織對其角色所要求的期望便是私意式領導。事理式領導則以工作為中心，依工作情況兼顧組織期望及個人需求的實現，一方面希望在組織規範下完成組織目標; 一方面也要求在組織目標實現過程中，滿足個人的需求。

區分領導類型的基本目的是學者為了找尋理想的領導方式。他們試著由不同出發點描繪領導型態並觀察與研究有無可資採用的最佳行政領導類型。可惜研究的結果迄未發現一個行政上可以適用的最好領導類型。結論大致以最好的領導類型要適應領導者人格特質、被領導者的需求、組織的期望及工作情況等多種因素才能決定。一個成功的領導者必須善於體認諸種情境因素並適應個人人格特質而因勢利導。由此可見，領導在現代仍然只能停留在一種藝術的境界。

四、 領導活動

領導雖然是一種藝術，如能針對領導活動，特別強調其技術運用仍是可以改進領導品質的。領導活動可由不同觀點來描述，如要一一道出誠非易事; 但今日學者討論領導活動已能針對一些主要活動加以研究。這些主要活動如溝通 (Communication)、協調 (Coordination) 與仲裁 (Mediation)，視導 (Supervision) 與控制 (Control) 及改變 (Change) 與革新 (Innovation) 等，如能做好，都會有利於行政領導工作的。

（一）溝通、協調與仲裁

溝通的意義依菲律浦等的說法係指二個以上的人經由有意義符號的

交換而建立或增進關係❿。他們認爲溝通的目的在建立或增進人際關係而溝通過程是由有意義符號的交換而產生的。交換一辭說明溝通過程一定是有反應的。亞特偉等 (Clarles Atwell et al.) 在行政團隊觀念一文中指出「溝通乃觀念創造、傳送以形成意見及態度的相關過程。」❺這個說法說明溝通的目的在形成意見及態度。意見及態度的形成遠比建立關係還能道出溝通的反應效果。建立關係未必能有意見及態度的形成;但形成態度之後，關係自然明朗。如果欲强調溝通過程中的反應效果還是以形成意見及態度爲溝通目的比較能說明溝通的交換效果。至於亞特偉等以溝通過程是觀念創造及傳送的活動未免忽視了溝通的交換活動。溝通不只要有觀念創造及傳送，更須有反饋。爲了說明溝通的傳送及反應效果還是以有意義符號的交換作爲溝通過程的解說來的恰當。根據上面的解說，溝通的定義應如下:「溝通是有意義符號的交換以建立關係，形成意見和態度的過程。」有意義符號不限於口頭語言;身體語言 (Bodily Languague) 如手勢、動作均應包括在內。有意義符號交換的過程從溝通來源到接受者是有反饋的。由反饋的過程可以使溝通雙方建立關係並了解彼此意見及態度。

　　溝通的雙方爲了使對方了解自己的態度及意見，都希望溝通過程中不致有誤解情況發生，因此，溝通過程中，雙方都應避免一些極易出現的主觀誤解。此類誤解不外:

　　1. 預存觀念 (Dogmatism)　當事人具有先入爲主的觀念，以致拒絕接受新的資訊，而將預存觀念加入新資訊的意義中。

---

❿　Gerald M. Phillips et. al., Communication in Education (New York: Holt Rinehart And Winston, Inc., 1974), p. 13

❺　A System Approach to Educational Administration (Dubuqu, Iowa: WMC Brown Company Publishers, 1973), pp. 85-86.

2. 期望類化 (Sterotyping) 當事人心中存有期望，決定了溝通內容之後，加以類化。

3. 對立效果 (Halo Effect) 受雙重價值對立效果的影響，凡事抱非好卽壞，非白卽黑，非所欲卽所恨，輕易作成結論❷。

4. 以偏概全 (Generalization) 當事人僅以對方片面的表現卽斷定其全部事實而不再注意其它溝通的資訊。在溝通過程中，當事者往往僅注意講話技巧及修辭而忽視其它溝通訊息。

諸如此類的主觀誤解，當事人應亟力避免，以使溝通過程達到交換態度及意見的目的。一個行政人員在領導過程中不論透過何種方式的溝通均應避免有主觀誤解的情況發生。

行政人員的溝通情境有二，一是正式的；一是非正式的。正式的溝通包括上對下，下對上及與參謀人員的溝通三者。溝通方式雖然不一，由命令、勸導、諮詢、報告到共同參預類皆有法規及行爲規範可循；主觀誤解較不易產生。非正式溝通係對非正式組織規範下的人群而行動；基於溝通雙方互不了解，最易產生主觀誤解。行政人員對於非正式溝通更應謹愼將事。

溝通的結果必然引發種類繁多的態度與意見；有些是相輔相成的而有些是矛盾對立的。爲了使組織行爲一致，行政領導必須運用協調及仲裁活動的各種技巧。

協調是同時兼顧不同態度及意見，統一步調而求組織行爲的一致。組織成員因利害不一形成不同態度及意見，但並無極端對立及衝突情況，領導者可以透過協調兼顧多重態度及意見以求獲得行動的統一。由於協調活動中，不同利害、態度及意見者均或多或少獲得考慮，領導者

❷ Herbert G. Hicks et. al. Organization: Theory And Behavior (New York: McGraw-Hill Company, 1975), p. 332.

可以不必過份倚賴權力或權威卽可從事。

仲裁則不然。仲裁起因於當事者雙方利害衝突，態度及意見的對立。這是一種零和對局（Zero-Sum Game）局面。領導者若無權力或權威，極不容易造成行動的統一。仲裁的行動將使一方受損，一方有利；無權力或權威的領導者極不易成爲一個仲裁者。爲了在零和對局局面造成組織行動的統一，行政領導者應具有權力或權威。

（二）視導與控制

視導一詞有指導（Directing）及評鑑（Evaluating And Appraising）雙層意義。指導是領導者推動被領導者，指定其行動內容及方向。評鑑則是對行政活動達成目的的情況作一評價（Evaluating）及計量（App-raisal）。評價是對不可量的結果加以評估，計量則爲對於可量化的結果加以計算。準此，視導被看做是一種領導活動是因爲視導具有指導的功能。至於視導的另一功能——評鑑乃整個行政程序的另一部份；它可不包括在領導的範圍內。

控制則是領導者對於行政行爲的掌握，以維持行動程序及方向。爲了執行行政工作，在行動內容確定之後，必須對執行程序及方向加以把握並掌握組織的行政行爲以配合行政工作的進行。

控制方法大致可以分成二類，一是人爲控制，二是非人爲控制。人爲控制由領導者直接監督工作程序及行政行爲。此種控制方法容易使領導者與被領導者間發生對立情境不利於行政工作的執行。

非人爲控制是利用非人構組（Impersonal Mechanism）來達成管制行政行爲及掌握工作程序與方向的控制方法。此類控制最常見的有法令、職業及專業道德與標準和自動控制措施。

1. 法令是行政行爲的規範　行政行爲及工作一旦經由法令制成標準，無形中卽成爲控制的工具。

2. 職業及專業道德與標準　每一項職業及專業都有團體行為道德及標準，成為拘束成員行為的力量。

3. 自動控制措施是利用行政工作程序的安排，使自動發生工作控制效果，如行政工作採櫃枱式生產線作業方式卽可以產生自動控制工作程序的效果。

(三) 改變與革新

領導組織結構、工作內容及程序的改變可說是行政領導的一項最重要活動。改變當然希望使目標更易完成並且要完成的更有效。這種改變卽是一種革新。要使改變是一種革新對於引導改變的過程絕不可草率。一種改變由觀念的提出、決定採行、試驗到加以制度化均應有一定的標準。顧巴等 (Egon G. Guba et al.) 曾針對領導改變達成革新的每一工作程序立下標準。他們認為革新的過程由研究 (Research) 開始，經發明 (Invention)、設計 (Design)、傳播 (Dissemination)、示範 (Demonstration)、試行 (Trial)、採用 (Installation) 到制度化 (Institutionalization) 應有相當的標準如下⑬：

1. 研究階段在發現新知，作為發明階段的準備，應特別注意研究的內在與外在正確度 (Validity)。

2. 發明階段在提出問題解決方案應注意其可行性及影響。

3. 設計階段在潤飾方案內容應特別注意其可行性及推廣可能性。

4. 傳播階段在取得執行者的接受應注意其可理解性及影響。

5. 示範階段在評估方案應注意證據及方案的可用程度以確立其信度。

6. 試驗階段在了解運用的特殊情況應注意其適應性。

---

⑬　Harold W. Boles. op. cit., p. 99.

7. 採用階段在使方案分別在不同情況中實施，應注意其是否有效益。

8. 制度化階段在使新的方案建立成爲制度的一部份，應特別注意其持續性。

任何改變都會有深遠的影響，領導革新從方案的提出到評估其實施的持續性都應有謹愼的掌握。這便是領導革新所應注意的重要工作。

以上所列舉的領導主要活動中，溝通、協調與仲裁在使行政行爲統一，以利團體組織目標的達成；視導及控制則在維持組織行爲能在穩定中依一定步序達成目標；改變與革新則在造成組織結構與工作內容的改變以利目標的達成。行政行爲的統一才能使組織資源發揮最大的功效；穩定行政步序才能使行政工作逐步進行；改變行政措施有助於行政效率的提高。所以，溝通、協調與仲裁是領導活動的基礎而視導及控制和改變與革新應爲領導活動的二個主要脈絡。行政領導便是由這些基礎與脈絡活動所構成的。

第二節　教育領導簡介

教育領導可以說是在有效資源運用條件下，維持或改變教育組織結構與程序以達成教育目的的一股趨力。教育目的至少可以從個人及社會二方面觀察。從社會方面看，教育有政治理想的實踐，文化的傳遞發揚，社會秩序的維持與保障，經濟發展與生活改善，財富平均與預算控制均衡等目的。爲了實踐此類目的，有了一般行政組織來掌握各項可用資源。此類組織的領導特別強調工作的完成與一般內政、外交等公共行政無大差異。

從個人方面看，教育的目的在配合個人身心發展需求，發展個人能力，使個人在成長過程中學習。此時，個人是一個學習者。教育資源的掌握是透過學校組織及學校以外的社會教育組織而進行的。此類教育領導當以學習者為中心。學習者因心理年齡不同，其需求情況不一。如果根據生命循環理論，其領導方式當應學習者不同成熟程度而異其重點，按不同教育階段——幼稚教育、國民教育、中等教育及高等教育而改變其領導方式。社會教育也當因學習者不同心理成熟及發展階段而異其方式。方式的差異自以強調工作或強調關係為區分標準；至於強調工作與強調關係的教育類別及強調工作與關係的量迄未有定論，這將仍有待未來的研究去探討。此處特別強調的是教育領導因社會目的及個人目的不同而有一般行政組織及學校行政組織與社會教育行政組織的差別。一般行政組織與其它公共行政一樣可以工作為領導重點；但學校行政組織與社會教育行政組織則應視學習者成熟及心理發展的需要而異其倚重工作或倚重關係的量。

其次，教育領導者的產生仍是受領導者本身人格特質及情境因素交互影響的歷程所決定的。各國教育領導者與一般行政領導者一樣，其產生均受社會環境因素的限制而有極大的性別差異。多數國家主要的教育行政領導者都是由男性占有職位；女性任職教育行政領導職位者寥寥無幾。這可以說主要是因社會傳統因素所造成的；其實女性的領導人格特質並不比男性領導人格特質差。葛立費等 (Daniel E. Griffiths et al.) 發現男性校長並不比女性優。事實上，女性較能與教師及校外人士相交。這是一個由教育學者所作的研究結果。此外，由男性及女性研究員分別提出的報告也發現女性具有優秀的領導人格特質。

一個由許多男性研究員所組成的佛州大學領導研究隊 (University of Florida-Kellogg Leadership Study Team) 發現女性比男性更民

主化並善用行政技巧。另外，一個女性研究員所做研究說明女性善言辭，爭辯中具說服力並且勇於實施上級命令。

由所開研究結果不難發現，教育領導者有男多女少的現象，實是社會經濟因素所決定。女性的領導人格特質並不比男性差。在未來決定行政領導職位方面應設法使女性成為教育領導者。

教育組織結構與程序的維持在在需要各種領導活動的講求。教育組織仰賴溝通活動與一般公共行政組織原無兩樣。一般教育行政組織所採溝通方式不外單向溝通及雙向溝通二種方式。單向溝通以命令行之。雙向溝通則透過參與、報告及會議而進行。近年為了消除行政力量統一的障礙，雙向溝通逐漸受到重視。過去一直重視單向溝通的國家如法國，也逐漸開放決策參與機會，使教師、學生家長在中央教育行政組織有發表意見的機會。

學校行政中，教師與學生間，一般行政人員與教師，學生間也都增加了各種溝通機會。教育方法的改進使師生間溝通頻繁。學校行政決策由教師、學生代表參加，使學校行為漸能統一。各國學校組織重視溝通的例子更可以近年法國中學行政會議已設置有教師及學生代表中看出。英美等國一向重視學校與社會意見與態度的交換則更不必細表了。

協調原在使組織行為綜合而統一。教育事務簡單，協調就能使學校及‧‧般行政事務獲得合理安排；但近年學校規模擴大，涉及事務日夥，利害衝突處漸多，一個領導者所需扮演仲裁者的角色也日漸重要。卡爾在大學的運用 (The Use of University) 書中討論今日大學校長的重要領導角色就特別強調大學領導者應是一個仲裁者 (Mediator) 就是這個說法了。

教育視導分為一般行政視導及學校行政視導。教育領導中的一般行政視導係採用督導方式，以引導下級屬員執行法定政策為主要課題。

學校行政視導則以決定教育內容及方向為主。教育領導中的學校視導由傳統權威視導到專家視導而演進為現代團隊方法視導 (Team Approach Supervision)。

權威視導是由居於領導職位者指定教學方向。此種視導活動中，領導者居於監督地位，被領導者惟命是從。

專家視導是由具有各項教學專門知識及技術者，由示範、指導方式決定教學方向。此項領導是由各種專家扮演指導的角色。

團隊方法視導是由專家及教師組成研究團體，透過研究及自我改進決定教學方向。

在專家視導中，教育行政領導者並不介入，但採用團隊方法視導時，教育行政領導人員應特別重視教師專業精神的激發⑮，並提供必要的協助以求共同決定教學方向。

由視導活動內涵的演變可見其態勢是由外行人指導走向專家指導再由專家指導走向團隊研究及自我激勵。這正是教育領導活動中視導方式的重要改變方向。

教育領導的控制活動，因為系統分析觀念的推進及管理科技思想的進步，已漸走向建立自動控制措施的方向。為了提高行政效率免於人情干擾，利用工作程序分析，自動掌握工作進程並以科技配合以收維持組織工作的效果。

領導教育改變及革新雖是教育領導的重要活動；但它不比一般公共行政般容易著手。在革新過程中，為了確信所採用新的策略可導致優良

---

⑭　Ibid., pp. 274-5.

⑮　K. G. Frisbie. A Study of The Functions of Supervision as Perceived by Principles And Teachers in Class AAA. (Dissertation Abstracts International Vol, 30, No6, 2286-A. 1969)

的改變，必須先了解策略達成組織目標的效果。不幸的是教育組織目標多而籠統，不容易做細部分析。細部分析不易自難確定所探策略效果的多寡，也就不易看出所欲採用策略的優劣。換言之，在領導教育改變中極難確定某一策略的改變是否是一種革新。

其次，教育是一種關係子女成長及前途的主要關鍵。父母對教育問題極爲敏感。一種新的改變如果不能確信其效果每易引起大衆不安而引起騷動。在新政策未實施前卽可能造成群體抗議，將成爲革新的一大障礙。

領導改變之初，如能有計劃的先分析策略，並嚴格訂出分析策略優劣標準；決定策略後先予試行以確定策略的優劣，待策略試行結果披露能獲大衆接受再計劃革新，則教育領導革新才會有效。相反地，如果在未認識新策略前卽好大喜功，大事渲染，終必阻力重重而難收效。這是教育領導革新所應注意的。

本章主要參考書目

一、Harold W. Boles. (ed.) Multidiciplinary Readings in Educational Leadership (New York: MSS Information Corporation, 1976)

二、Stephen P. Robbins. The Administrative Process. (Englewood Cliffs: Prentice Hall Inc., 1976)

三、Gerald M. Phillips et. al. Comminication in Education (New York: Holt Rinehart And Winston, Inc., 1974)

四、Herbert G. Hicks. et. al. Organigation: Theory And Behavior (New York: McGraw-Hill Company, 1975)

第十一章　教育評鑑

　　有許多不同的詞彙，可以描繪評鑑的部份功能；遂有人將它們也看做是評鑑。這些詞彙當中，最早被人看做評鑑的是測量(Measurement)。心理學家爲了計量行爲特質數量，不斷研究測量工具，以分數來表示不同行爲。這種用量化分數來解釋行政行爲的測量便被看做是評鑑。一九二○年代及三○年代間，人們將評鑑工作看做是利用客觀的工具來測量行政行爲；工作中要求客觀，不許有價值判斷的成分界入。根據這一看法，測量便是評鑑；而評鑑的工作應以發展客觀的測量工具，用分數來將行政行爲量化。

　　一九五○年代，泰倫 (Ralph W. Tylen) 提出評鑑不止在計量學生的行爲，更要求對於行爲是否能與教學目標一致進行判斷❶。最近，部份心理學者固然仍然將評鑑與測量等而視之；但對於測量結果要求給於一定的價值判斷則爲多數教育行政人員用以解說評鑑的統一觀點。教育行政方面，不論是教師行爲的評鑑或是行政活動的評鑑，不只要求用

---

　　❶　Daniel I. Stufflebean et. al. Educational Evaluation & Decision Marking (Indiana: Phi Delta Kappa, Incorporated, 1971), pp. 11-13.

客觀的測量工具量化；更要求量化後的結果能與原先設計的目標對照，以決定其價值。此外，不論教師教學或行政活動皆有不能用客觀測量工具加以量化者；對於這些活動的評價也應是評鑑的主要工作之一。將評鑑看做是測量未免忽略了活動中不能用客觀測量工具加以量化的一面。因此，有人企圖將評鑑與測量二者加以區分。有些人認為測量僅限於用數目字可以描繪的部份，而將評鑑範圍推廣❷。評鑑除了量化之外，尚包括主觀的價值判斷部份。評鑑與測量乃有分別。

其次，由於評鑑工作過程的主要活動在蒐集、整理資料以便提供資訊作為決策的參考，遂有人將估量 (Assessment) 及研究 (Research) 看做是一種評鑑工作。其實，估量僅係將資料蒐集之後，依資料原始特性整理列表❸，工作中未有絲毫價值判斷成分；它不能被看做是評鑑工作的。同樣，研究固然以資料的蒐集、整理、分析以作成資訊，但它與評鑑工作更不能等而視之。

研究與評鑑工作相同之處僅限於資料蒐集、分析、整理及報告；二者根本性質是迥然不同的❹。研究工作的目的在了解現象，由現象中引出結論，並要求結論能類化，建立解釋現象的原理原則。它的目的在發現知識，並不給予知識任何價值判斷。評鑑則不然。評鑑在了解現象後，給於所發現的結論一定的判斷、評價，以便提供給行政決策及執行之參考。它找尋的資訊是基於特殊現象。資訊的提供僅用作行政改進參考；未必要求能獲得普遍適於全部現象的知識。所以，評鑑工作不在發現適

❷ Clinton I. Chase. Measurement for Educational Evaluation (Massachusetts: Addison Wesley Publishing Company, 1978), pp. 6-7.

❸ Gary D. Borich. Appraising of Teaching Concepts And Process (California: Addison Wesley Publishing Company, 1977), p.235.

❹ W. James Popham. Educational Evaluation (Englewood Cliffs: Prentice Hall, Inc., 1975), pp. 11-12.

於全部現象的知識; 它僅就特殊現象所提供的資訊, 加以判斷決定其價值, 以便作行政活動決策的參考。

根據以上資料的解析, 可以發現將具有評鑑工作某些特質的詞彙, 包括測量、估量及研究等看做是評鑑未免失之偏頗。今日適用於評鑑意義範圍的英文字最常用的是評價 (Evaluation)。偶爾也有人用評估 (Appraisal)。其實, 不論用評價或評估, 二者所指均係教育行政活動中的評鑑工作。以下擬進一步說明教育評鑑的意義及其在教育行政上的運用。

第一節 教育評鑑的意義

教育評鑑所指為何? 這可以從學者對於評鑑一詞所作的解釋中看出。

葉博門等 (J. Stanley Abmann et. al.) 在教育評鑑一書中曾經替教育評鑑作如下的定義:「教育評鑑是根據證據決定教育工作效益的系統歷程。」這一個定義首先強調教育評鑑工作是一個系統的歷程。所謂系統歷程具有雙重意義。一是指出教育評鑑本身是一個不斷連續活動的工作。它與教育行政一樣並沒有一個結束。行政工作不停止的做, 也就要求不斷的評鑑。教育評鑑工作與教育行政工作同終始。其次, 評鑑歷程必須具有系統特性。所謂系統特性是指評鑑活動應與教育行政活動息息相關, 交互作用。評鑑活動不能離開行政的每一重要活動包括目標釐訂、計劃、組織及領導等。這就是說評鑑活動必須與目標釐訂、計劃、組織及領導等活動相互關係。評鑑活動不能獨自進行, 評鑑結果更要能對於教育行政的每一個活動有所助益。評鑑活動不能獨自進行意指評鑑

工作必須成爲行政體制的一部份。評鑑工作決不可交由一個與行政體制全無關係的單位去進行。掌理評鑑工作的單位應是整個行政體制的一部份。評鑑結果要求對於教育行政的每一個活動有所助益，顯示評鑑結果必須對於行政活動有所貢獻。凡是評鑑工作交由獨立工作單位進行而結果未能影響行政活動者只可能是一個研究而不能成爲一個評鑑。評鑑所以與研究有別乃是它因行政工作而進行，因此，應對行政活動有所影響。

　　除了强調教育評鑑是一個系統的歷程之外，葉氏認爲教育評鑑在提供證據以決定教育工作的效益。教育行政由目標作導向，經過計劃和組織及領導以實現教育目標；此一歷程是否有效益必須有實證的資訊作證據。教育評鑑的主要工作之一卽在蒐集行政歷程中，每一活動所發生的有關資訊。因此，教育評鑑在提供實證的資訊。資訊提供的目的在替教育工作決定是否有效益。教育工作效益的有無必須根據一些固定的標準加以評價。是以，教育評鑑的另一重要工作卽在替行政活動的效益作一價值判斷並給於一定的標示。

　　由葉氏的教育評鑑定義不難看出教育評鑑在行政工作上至少應有下列特性：

　　一、教育評鑑是教育行政的重要活動；此一活動是一個不斷的連續歷程與行政歷程相始終。

　　二、教育評鑑工作應是行政體制的一環，而評鑑結果應對行政活動發生影響。

　　三、教育評鑑在提供行政歷程中所需的實證資訊。

　　四、教育評鑑在替教育行政工作的效益作評價。

　　葉氏所指繪的評鑑特性固然已能指出教育評鑑的本質；但是，他對於評鑑的實際功用卻未作充分的說明。定義中雖指出評鑑結果應對行政

工作有影響；但如何實現評鑑的結果則未提及。其次，定義中指出評鑑工作在爲敎育工作評定效益卻未曾替其用途作進一步說明。這種定義未免令人有忽略運用評鑑結果的感覺。

要使評鑑工作對行政活動有影響，一定要將評鑑結果加以運用。評鑑不應止於評定敎育工作是否有效益；更應使評定結果能運用在行政工作的改進上面。部份學者在描繪評鑑的定義時，曾明白說明評鑑結果的運用。

史達佛賓等 (Daniel I. Stuffle-bean et. al.) 曾在評鑑的定義中特別指出評鑑的功用。他們認爲：「評鑑乃描繪、獲取與提供有用的資訊以判定決策途徑的歷程。」這一個定義當然仍然以爲評鑑是一個歷程；同時，評鑑的工作在描繪、獲取與提供資訊。這二種特性在葉氏的定義中均已道及。不過，史氏特別標示評鑑的功用在判定決策的途徑，以便取捨。這可以說是替評鑑的運用加以解說。但是，評鑑所提供資訊並不以選定決策所參考者爲限。行政工作中，不論是目標的釐訂、決策及執行均仰賴評鑑來獲取實證資訊以作爲工作改進的依據。將評鑑工作中提供資訊的用途限定在判定決策途徑，不免失之偏，然而史氏將提供證據的活動區分爲描繪、獲取與提供資訊；其分析之細要比葉氏詳盡；這也是史氏替評鑑所下定義的特性之一。今日評鑑工作要求科學化。提供證據四個字不能將一個提供資訊的過程加以描述。如能將這一過程透過資訊的描繪、獲取、分析與提供當更能了解提供證據過程的科學化了。

在替評鑑下定義的學者中，要算羅賓士的定義最能將評鑑工作的功用描寫得最淋漓盡致。他認爲：「評量在掌握活動以確定組織及其單位

⑤　J. Stanley Abmann. Educational Evaluation (London: Allyn And Bacon, Inc., 1975 5th ed.), p. 13

⑥　Daniel I. Stufflebean et. al. op. cit., PXXV.

能否有效取得並運用資源以實現其目標，如果未能如此，卽予糾正的歷程。所以，「評鑑應包括三個活動： 測量、比較及糾正。」●他的意思是評鑑在糾正行政活動使有效取得並運用資源來達成行政目標。這個意思已將評鑑的功用道盡了。評鑑由測量取得資料經過比較、評價之後，其重點卽在研判組織及其單位的各項行政活動是否能有效達成行政目標；如果不能卽應根據資訊適時糾正使行政目標的達成更具效率。這便是評鑑能影響行政活動的最佳寫照了。當然，羅氏的定義未能對評鑑工作加以描繪則又遠不如葉、史二位學者定義的細膩了。

　　綜合以上三位學者有關評鑑定義的解析，不難發現一個較爲詳實的評鑑定義最少要能指出下列評鑑特性:

一、評鑑應是與行政活動相終始的一個系統歷程

　　評鑑活動由資訊的偵測、蒐集到提出糾正內容均應能與全部行政活動發生關聯。爲了滿足這一個條件，評鑑工作最好有一個自動資訊處理中心。中心負責偵測、蒐集與分析資訊的工作；並作爲資訊儲存處，自動處理輸入及輸出資訊工作。各部門的行政活動資料都可透過資訊處理中心獲得分析與評價並作成糾正活動的建議。

　　評鑑工作在資訊提供之外，要求能對資訊加以評價，並分析每一行政活動的利益與弊端，促使行政有關活動的改進。評鑑工作人員至少應對行政活動具有專門知識，否則，評鑑工作將不能作成適當的價值判斷，以爲改進行政活動的參考。

　　評鑑工作作成糾正建議，提出價值判斷資訊，其主旨在影響行政活動，使作成必要的決定及改進。爲了達成此一功能，評鑑工作在行政體系中應具有相當影響能力。這就是要求評鑑單位及人員具有相當的地位

　　● Stephen P. Robbins. The Adminstrative Process (Englewood Cliffs: Prentice Hall Inc., 1976), p.411.

及權力，以使評鑑結果影響行政活動的改進。如果評鑑單位及人員未能在行政體系中居相當地位，並具有適當的行政責任將使評鑑結果束之高閣。這種評鑑已脫離行政體系而獨立，不能說是行政體系的一部份；其評鑑結果不能影響行政活動，就不能算作是一種系統評鑑了。因為系統評鑑應使評鑑工作與行政活動發生關聯，評鑑結果能影響每一行政活動。

　　其次，評鑑工作要求是一個與行政活動相終始的連續歷程。評鑑工作必須有一個永久單位負責。同時，這一個單位應具有資訊處理能力，隨時提供資訊，作成評價，描繪行政改進的途徑以備行政歷程中活動改進的參考。

　　總之，評鑑活動要能滿足是一個系統歷程的條件如次：

　　（一）評鑑應由一個永久單位負責；此一單位應是全部行政體制的一部份。

　　（二）評鑑單位應具有足於影響各行政活動的能力；因此，它須具有相當的法定地位。

　　（三）評鑑單位應建立資訊中心，以利不斷偵測、蒐集資料，作成評價，提供資訊與糾正建議。

　　（四）評鑑人員應具備專門智識，以便作成可用的評價及建議。

二、評鑑歷程至少要包括三個主要工作步序

　　評鑑的三個主要工作步序，一是提供資訊，二是對行政活動評價，三是提出糾正建議。

　　提供資訊由資訊的描繪開始。行政歷程所需的資訊必須先予確定範圍。範圍確定之後，對於每一行政活動所需資料的特性酌予提示。資料蒐集是繼資訊描繪的次一步驟。資料蒐集在求精確。資料來源的可靠性；蒐集工具的信度及效度及資料產生背景的把握均須特別重視。處理資料

爲提供資訊的第三步驟。資料的處理由編碼、存取到編組應極力減少錯誤，並嚴格審理。資料分析爲繼處理之後的第四個步驟。資料分析在產生可用的資訊。它應根據每一行政活動所需的模式作分析，以便提出可用的資訊。資料經過分析之後便可以提出資訊。資訊的提出應特別注意資訊的一致性、眞實性、時間性。一致性是指資訊的前後連貫，內容有無矛盾現象。眞實性意指資訊應由有關的事實資料所組成。無關的細節，不實的資料不可納入資訊形成的範疇。時間性强調資訊的確是當時所需要的。過早的、過時的資訊不宜提出。提出資訊由準備報告到傳播報告仍有須特別注意的事項。準備報告首應確定接受報告的對象，提出報告的傳播工具及程序。資訊提出應在一定程序之下，用簡捷清楚的方式提供給最恰當的人。報告的傳播是基於出版、口頭或書面也應視其需要而作最恰當的安排。

行政活動的評價是根據資訊的提供內容與行政活動所立的標準相互比較以期確定行政活動的價值。規範行政活動的標準不外二類，一是絕對標準，一是相對標準。絕對標準乃對於行政活動預期的標準；它可用以評判行政活動效益的絕對量。相對標準則是對於行政活動要求達成的比較標準。比較標準通常是以常模來代表。根據資訊若發現行政活動具有預期的表現，即使其表現未達常模仍可視爲具有價值；這便是運用絕對標準作評價。反之，資訊顯示行政活動雖達成一定預期標準，但未達成一定常模應被視爲無價值；這便是運用相對標準作評價。行政活動的評價，到底採用那一類標準應視實際需要而定；但不論採用那一類評價標準，行政活動都可以依所提供資訊確定其價值的。

提出糾正建議是在了解行政活動的價值之後，提出强化行政活動價值應與應革的建議及可行途徑。這一步驟的實施除了應利用具有專門智識的人參與工作之外，更要求能聚思廣益。行政活動牽涉範圍極廣，由

專業評鑑人員作糾正建議，除了受職業偏見的囿限之外，將難於面對層層行政問題作全面性及深度的考慮。因此，評鑑人員在提供資訊，作成價值判斷之後，若能將問題及評價提供給專才，滙集衆人智慧，當可提出更可行而具效果的糾正建議，以作爲改進行政活動的參考。

三、評鑑的功用在替行政活動定向、管制並促進活動

評鑑功用的發揮在協助行政活動安排計劃目標，輔助決策方向；這都屬於定向的功能。追踪活動的進行是管制的功能；評鑑透過管制功能使行政步上既定途程。評鑑第三種功能在促進行政活動的進行，改進行政行爲，使更有利於行政目標的實現。

四、目的在有效運用資源以達成行政目標

評鑑的目的在有效運用資源以達成行政目標。這可從二方面說明：一爲評鑑在促進行政目標的完成。行政歷程是否完成目標可以由計劃所設定的衡量標準及尺度加以觀察。衡量標準可以分爲絕對標準及相對標準；衡量目標是否符合標準應依據目標衡量的尺度或刻劃來判斷。行政計劃嚴格要求將目標以尺度或刻劃標出。這也就是將目標加以量化。量化的目標有助於評鑑時判斷目標完成的情況。有些教育目標屬於通常所謂質的一面；多數學者認爲質的目標頗不易加以量化。但是，爲了便利評鑑，卽使質的目標也應該儘可能用不同的尺度設法加以量化。質的目標量化所用尺度固然不像量的目標一樣具有相等的單位價值；但主觀的量化仍比完全不以尺度刻劃表示者爲佳。評鑑者對於可以量化的目標、主觀尺度或刻劃所表示的目標依設定標準加以評價極易了解行政活動實現目標的情況，從而可提出促進目標達成的建議。

不過，有些目標幾乎不可能用量化方法以適當的尺度或刻劃加以表示。評鑑行政活動有否達成此類目標只好依評鑑者的設計、利用專門智慧，評定每一行政活動達成目標的主觀效益，從行政活動對目標執行的

得失分別評價。這一類評價既然缺乏量化的數據，爲了避免採用主觀評價所產生的偏失，在評鑑目標實現的情況時，應能集思廣益，採用多方面評價的結論。

評鑑目的除了爲了解行政歷程中每一活動達成目標的情況以利提出促進目標實現的建議，促進行政目標的完成之外，更要求目標是在最有效運用資源條件下完成。目標是否在最有效運用資源條件下完成可以由三方面品評：

（一）完成某一尺度或刻劃的目標或者獲得某一主觀行政利益，是否在運用最少的資源情況下完成或者在最少損失情況下實現。

（二）以一定貨幣及時間單位的資源是否獲得最多量化目標的完成；或者獲得最多、最大的主觀利益。

（三）同時考慮成本及利益條件下，每一行政活動的生產力是否最大。不能量化或用適當的尺度、刻劃表示的主觀價值中，每一行政活動得失相較是否最佳？

每一行政活動，如果符合上述三個品評標準，便可以判定它是在最有效運用資源之下完成目標；反之，它在實現目標的過程中，多少都有無效及浪費資源之處。評鑑的目的即在設法使每一行政活動不浪費資源，並且在最有效的情況下促進行政目標的完成。

評鑑活動應能盡符上列四種特性；因此，教育評鑑的定義可書寫於次：

「教育評鑑是由資訊的提供、行政活動的評價及建議爲基礎，替行政活動定向、管制並謀求改進之道，以便在最有效資源運用條件下，遂行教育目的一個系統歷程。」

第二節 教育評鑑的運用

評鑑的主要功能既然在替行政活動定向，並且管制行政活動進行，適時提出改進行政活動的途徑以利行政目標有效的實現，則評鑑可以因行政活動適用的範圍而個別加以運用。行政活動的範圍由目標研擬到計劃的提出統稱計劃活動。評鑑對於計劃活動的用途在診斷出教育情境的需要及問題，從而促進教育目標之釐訂並提出策略選擇及決定之評價結果以利決策之參考。這種運用可以說是一種診斷評鑑 (Diagnostic Evaluation)。

診斷評鑑在指出教育計劃的需要及困難並提出規劃的方向。為了指出教育計劃的需要及困難，評鑑宜由教育目的出發，蒐集有關教育情境資訊，經評價後提出過去已經實現及未來可以實現的教育目標；此類目標的決定應有事實資訊為根據。提出決定教育目標的依據的情境資訊，以資決定教育計劃目標的參考可以說是一種背景評鑑 (Context Evaluation)

評鑑者除了協助教育計劃目標之釐訂外，對於計劃者設計策略所需投入資源及每一策略所用資源可能滿足計劃目標的程度提供有關資訊，以做為決策的參考，並協助決策者判斷策略價值。這種指出策略所需資源的評價即是一般學者所稱投入評鑑 (Input Evaluation)。

計劃決定之後，行政當以執行計劃為次一重要活動。行政的執行活動系透過組織及領導活動而實施。評鑑對於行政執行活動的運用在掌握既定計劃目標，指出執行的偏失，並適時提出改進途徑，以維持既定計劃目標的實現。這種替行政領導及組織把握方向，掌握進度及適時糾正

的評鑑活動卽是學者所稱歷程評鑑 (Process Evaluation)。

歷程評鑑的主要目標在掌握旣定行政活動的結構。此一結構包括二方面: 一是旣定的行政程序及方向; 二是旣定的資源投入。歷程評鑑的主要目標卽在使行政程序及方向依原訂計劃進行, 並使資源投入不生偏失。歷程評鑑卽在隨時維持這種旣定的結構, 不斷提供資訊及評價, 適時改進偏失。由於歷程評鑑旨在維護旣定計劃結構, 故又叫做結構評鑑 (Formative Evaluation)。

計劃透過領導及組織活動加以執行之後必然有結果產生。了解執行結果及旣定計劃目標間的關係, 以決定行政計劃的績效。這種評鑑是產出評鑑 (Output Evaluation), 或者又叫做綜成評鑑 (Summative Evaluation)。產出評鑑或綜成評鑑的主要用處在決定計劃的優劣以定取捨。如果評鑑結果發現計劃能有效達成行政目標, 評鑑結果可以決定推廣計劃之實施, 否則, 當捨棄舊計劃而重訂研擬可行而更具效用的計劃。

總之, 評鑑對於行政活動的每一段落都有其運用價值。它是行政活動的樞紐, 也是改進行政活動, 引導不斷計劃的一個根據。評鑑旣然與每一行政活動之進行都有密切關聯, 要使教育行政有健全的發展, 必須使評鑑工作的確能發揮其運用價值。評鑑工作發揮其運用價值的先決條件則爲評鑑工作能影響到每一行政活動。

決定評鑑工作能否影響到每一行政活動取決於評鑑結果能否被行政人員採用。一般評鑑結果所以不被行政人員採用, 大致有下列原因:

一、評鑑者地位不能影響到行政工作 在部層制權責區分體制之下, 隸屬關係決定了行政人員的主要影響力量。評鑑者的地位如果不是處於直隸 (Line), 行政地位就不能使評鑑結果被接受。同時, 評鑑工作又是由不同專門人才合作進行者; 在一般組織中, 此類工作人員往往以

參謀（Staff）地位甚或諮詢地位出現。因此，評鑑結果因評鑑者地位不具影行政體系的力量遂不被採用。有些組織，甚至於不由評鑑人員，而將評鑑工作委由組織之外部人員擔任，終使評鑑工作淪爲研究。研究結果卽易束諸高閣，不止不能發揮絲毫評鑑結果，更因不斷作無結果的評鑑而浪費公帑。

　　二、機關首長以評鑑爲政治手腕，不以合法方式運用評鑑結果　機關首長運用評鑑並不以改進行政活動爲目的，而將它看做一種手段:

　　（一）利用評鑑工作來拖延決策時間。

　　（二）利用評鑑工作來推卸責任。

　　（三）利用評鑑工作來製造大衆影像，從事公共關係。

　　三、組織產生自我防衞機構❽

　　任何行政活動都由一定的人員居於一定的角色之下來進行；因此，組織成員已安於一定角色地位，習於一定角色功能，形成抗拒改變的抵抗力量。此外，組織的一定行政行爲是由一定價值觀念出發而形成一定的理念（Idio-logy）。這一定的理念是由一束固定價值形成。評鑑旨在提出價值判斷並謀改進之道，無形中最容易與組織產生敵對觀念，導致組織形成團體觀念上的抗拒。不論自我防衞機構發生在個人或組織，都使評鑑工作的可行性及被接受性大爲減低。

　　四、評鑑結果未能提出具體改進建議　多數評鑑往往止於資訊提供，證明策略執行的偏失，但不具體提示改進偏失的建議。卽使建議的提出也限於含混不清的觀念或抽象的描繪，而缺乏具體可行的方略，使行政負責人無所是從。造成這種現象的原因，可以說是評鑑工作本身的缺失。評鑑過於偏向理論的描繪歸因於評鑑者不顧事實情況，以致提出

---

❽　Carol H. Weiss. Evaluation Ressarch (Englewood Cliffs: Prentice Hall Inc., 1972), pp. 110-115.

的結論只能徒托空言不足採行。爲了避免發生這種結果，評鑑者至少應有具理論及事實經驗者之參與，才可克竟事功。

五、評鑑結果未能充分傳播　評鑑結果除了須用清晰的語言及有效的傳播工具提供有關人員參考之外，最重要是要使結果公開。評鑑結果不公開，卽使傳播亦不充分。不公開的評鑑往往使評鑑成爲機關首長的政治工具，**對於行政效益毫無裨益**。教育評鑑結果幾乎爲社會上大多數人所關懷；公開結果可以激起衆議，有利於行政行爲的改進。

針對所列造成評鑑結果不被採用的原因，遂擬定下列運用評鑑結果的建議：

一、爲了充分傳播評鑑結果，務求評鑑資料按時提出。並且依一定順序公佈。評鑑結果要能對行政改革有所影響，必須依時提出；在決策後才提出的評鑑結果並無用處。如果明定評鑑結果提出的時間及程序，將有助於評鑑公開及充分傳播。

二、爲了使評鑑結果能指引出行動方案，提出具體可行的建議，評鑑過程應使對實際問題有了解的專門人才參與。對於所提建議應能有明確執行辦法，並有專門人才作示範。

三、爲了消除組織自我防衞機構的產生，有如下注意要點：1.評鑑結果由示範、溝通到採行應有充分適應時間，切忌急功近利。2.開放溝通管道，由人員積極參與中消除對革新的恐懼及擔負新角色要求的勇氣。3.利用獎勵，以鼓舞士氣。4.必要時利用人事更動，以便從新調整角色需求。

四、爲了免除機關首長將評鑑作爲滿足個人權力慾的政治工具，最好應建立良好的評鑑體制。評鑑工作應該脫離政治干預，本身足以發揮獨立功能。評鑑工作由診斷評鑑，結構評鑑到綜成評鑑應由一獨立運作的單位來負責推進。

五、爲了使評鑑工作能對於行政歷程中的活動都有影響，評鑑者的地位應居於部層制的隸屬關係；透過領導活動、發生評鑑功能。可是，一旦使評鑑工作居於部層制的直隸關係，以期統一領導達成行政目標，往往犧牲了評鑑工作的獨立運作要求，而發生機關首長運用評鑑爲政治工具的弊端。這個矛盾是應該獲得解決的。解決這一個矛盾的關鍵當然要看如何建立評鑑單位而定了。

晚近世界各國評鑑工作的實施不外透過幾種不同組織：

一、視導組織 視導兼負指導及評鑑的功能。視導員具有執行政令的督導及監督權責，又兼有評鑑行政活動的責任。美國地方學區的視導員除了部份專業視導員外，均由直隸關係的行政人員兼負視導任務。其視導任務除了指導外又兼負評鑑工作。這種制度使機關首長能左右全部行政活動，固然可以由於領導統一，使評鑑結果對所有行政活動發生影響，但是，由於評鑑工作受政治活動干預，未能獨立發生功能，難免使評鑑工作成爲機關首長政治行動的工具。

二、研究組織 本身不直接隸屬於部層制而獨立發生評鑑功能。美國聯邦國家教育研究所對於國家撥款方案的評鑑及英國爲某些教育問題而組成的研究委員會均屬此類。這一種評鑑工作，功能獨立，但因未具法定直隸關係地位，雖不受政治干擾，但因影響力有限，評鑑結果未必能獲得採用。

三、計劃組織 計劃是由目標導向，經規劃活動由策略設計、選擇及決定到再計劃均需資訊的提供、評價；因此計劃組織往往兼具評鑑功能。法國教育計劃組織卽屬於此種評鑑單位。惟這種偏向計劃的評鑑往往不能作執行的評鑑。同時，計劃單位僅屬於參謀作業，本身既無法發生健全的評鑑功能亦不能阻擋機關首長對評鑑的誤用；由計劃組織執行評鑑工作是不可能發揮評鑑效果的。

由是以觀，世界各國教育評鑑工作迄未有一個理想的運作體系；它仍是以不同的組織方式來進行；而其運用效果也不彰。今後如何建立一個理想的評鑑單位以發揮行政中評鑑應有的功能實為當務之急。

一個理想的評鑑單位至少應備足下列要件：

一、具有診斷、結構及綜成三類評鑑的獨立功能。

二、與機關首長相抗衡可以防止機關首長誤用評鑑。

三、本身應是部層制中的隸屬關係單位能對每一行政活動發生影響。

四、具有不固定的各種委員會組職，可以根據問題需要，組合專門人才，以便對於教育行政活動評價並作成興革的具體性建議。

五、須建立一個完整的資訊中心，以便輸入、儲存及產出資訊。中心應有專人從事程式設計、分析資料及作業研究工作。

滿足上列五個條件的單位，可以由計劃單位加以強化及組成之。計劃歷程原需要一個資訊中心，將評鑑任務交付計劃單位執行，可以免去重複設資訊中心之病。計劃單位設委員制，由人民代表、專門人才及機關首長組成共同參與決策。機關首長為計劃單位之執行秘書，負責推進計劃決策及評鑑工作之執行。由於機關首長僅系計劃單位之一員；有關決策事項，機關首長僅系參與者之一，在其有限權力內不可能使評鑑工作成為達成其權力的工具。另外，教育計劃單位採委員制，自可根據問題需要成立各種委員會進行評鑑工作。委員會的設立既是依問題需要而定，自可不必嚴格限定委員會數目及委員人數。根據問題需要而組成各種委員會；問題解決之後，委員會也就自行解散。事務性工作則由計劃單位分別設置附屬單位職掌之。由機關首長任執行秘書，舉凡計劃單位的工作皆可透過直接隸屬關係而影響全部行政工作，以收評鑑的效用。

本章主要參考書目

一、 W. James Popham. Educational Evaluation (Englewood Cliffs: Prentice Hall, Inc., 1975).

二、 Daniel I. Stufflebean et. al. Educational Evaluation & Decision Making (Indiana: Phi Delta Kappa, Inc., 1971).

三、 Clinton I. Chase. Measurement for Education Evaluation (Massachusetts: Addison Wesley Publishing Company, 1978).

四、 J. Stanley Abmann. Educational Evaluation (London: Allyn And Bacon, Inc., 1975).

三民大專用書書目

書名	著者	學校
公司法論	梁宇賢 著	中興大學
票據法	鄭玉波 著	臺灣大學
海商法	鄭玉波 著	臺灣大學
海商法論	梁宇賢 著	中興大學
保險法論	鄭玉波 著	臺灣大學
民事訴訟法釋義	石志泉 原著　楊建華 修訂	輔仁大學
破產法	陳榮宗 著	臺灣大學
破產法論	陳計男 著	行政法院
刑法總整理	曾振銘 著	臺中地方法院
刑法總論	蔡墩銘 著	臺灣大學
刑法各論	蔡墩銘 著	臺灣大學
刑法特論（上）（下）	林山田 著	政治大學
刑事政策（修訂版）	張甘妹 著	臺灣大學
刑事訴訟法論	黃東熊 著	中興大學
刑事訴訟法論	胡開誠 著	臺灣大學
行政法（改訂版）	林紀東 著	臺灣大學
行政法	張家洋 著	政治大學
行政法之基礎理論	城仲模 等著	中興大學
犯罪學	林山田 等著	政治大學
監獄學	林紀東 著	臺灣大學
土地法釋論	焦祖涵 著	東吳大學
土地登記之理論與實務	焦祖涵 著	東吳大學
引渡之理論與實踐	陳榮傑 著	外交部
國際私法	劉甲一 著	臺灣大學
國際私法新論	梅仲協 著	前臺灣大學
國際私法論叢	劉鐵錚 著	政治大學
現代國際法	丘宏達 等著	馬利蘭大學
現代國際法基本文件	丘宏達 編著	馬利蘭大學
平時國際法	蘇義雄 著	中興大學
中國法制史	戴炎輝 著	臺灣大學
法學緒論	鄭玉波 著	臺灣大學
法學緒論	孫　　著	各大專院校

書名	作者		學校
強制執行法	陳榮宗	著	臺灣大學
法院組織法論	管　歐	著	東吳大學

政治・外交

書名	作者		學校
政治學	薩孟武	著	前臺灣大學
政治學	鄒文海	著	前政治大學
政治學	曹伯森	著	陸軍官校
政治學	呂亞力	著	臺灣大學
政治學概要	張金鑑	著	政治大學
政治學方法論	呂亞力	著	臺灣大學
政治理論與研究方法	易君博	著	政治大學
公共政策概論	朱志宏	著	臺灣大學
公共政策	曹俊漢	著	臺灣大學
公共政策	朱志宏	著	臺灣大學
公共關係	王德馨	等著	交通大學
中國社會政治史(一)～(四)	薩孟武	著	前臺灣大學
中國政治思想史	薩孟武	著	前臺灣大學
中國政治思想史（上）（中）（下）	張金鑑	著	政治大學
西洋政治思想史	張金鑑	著	政治大學
西洋政治思想史	薩孟武	著	前臺灣大學
中國政治制度史	張金鑑	著	政治大學
比較主義	張亞澐	著	政治大學
比較監察制度	陶百川	著	國策顧問
歐洲各國政府	張金鑑	著	政治大學
美國政府	張金鑑	著	政治大學
地方自治概要	管　歐	著	東吳大學
國際關係——理論與實踐	朱張碧珠	著	臺灣大學
中美早期外交史	李定一	著	政治大學
現代西洋外交史	楊逢泰	著	政治大學

行政・管理

書名	作者		學校
行政學（增訂版）	張潤書	著	政治大學
行政學	左潞生	著	中興大學
行政學新論	張金鑑	著	政治大學

書名	作者	出版/學校
系統分析	陳　進　著	聖瑪麗大學 前大
社會		
社會學	蔡文輝　著	印第安那大學 印大
社會學	龍冠海　著	前臺灣大學
社會學	張華葆　主編	東海大學
社會學理論	蔡文輝　著	印第安那大學 印大
社會學理論	陳秉璋　著	政治大學
社會心理學	劉安彥　著	傑克州立大學
社會心理學	張華葆　著	東海大學
社會心理學	趙淑賢　著	安柏拉校區
社會心理學理論	張華葆　著	東海大學
政治社會學	陳秉璋　著	政治大學
醫療社會學	廖榮利　等著	臺灣大學
組織社會學	張苙雲　著	臺灣大學
人口遷移	廖正宏　著	臺灣大學
社區原理	蔡宏進　著	臺灣大學
人口教育	孫得雄　編著	東海大學
社會階層化與社會流動	許嘉猷　著	臺灣大學
社會階層	張華葆　著	東海大學
西洋社會思想史	張承漢　等著	臺灣大學
中國社會思想史（上）（下）	張承漢　著	印第安那大學 印大
社會變遷	蔡文輝　著	大中
社會政策與社會行政	陳國鈞　著	中興大學
社會福利行政（修訂版）	白秀雄　著	臺灣大學
社會工作	白秀雄　著	臺灣大學
社會工作管理	廖榮利　著	臺灣大學
團體工作：理論與技術	林萬億　著	臺灣大學
都市社會學理論與應用	龍冠海　著	前臺灣大學
社會科學概論	薩孟武　著	前臺灣大學
文化人類學	陳國鈞	中興大學

書名	著者		學校
勞工問題	陳國鈞	著	中興大學
少年犯罪心理學	張華葆	著	東海大學
少年犯罪預防及矯治	張華葆	著	東海大學

教育

書名	著者		學校
教育哲學	賈馥茗	著	臺灣師大
教育哲學	葉學志	著	彰化教育學院
普通教學法	方炳林	著	臺灣師大
各國教育制度	雷國鼎	著	臺灣師大
教育心理學	溫世頌	著	美國傑克州立大學
教育心理學	胡秉正	著	政治大學
教育社會學	陳奎憙	著	臺灣師大
教育行政學	林文達	著	政治大學
教育行政原理	黃昆輝	主譯	臺灣師大
教育經濟學	蓋浙生	著	臺灣師大
教育經濟學	林文達	著	政治大學
工業教育學	袁立錕	著	彰化教育學院
技術職業教育行政與視導	張天津	著	臺灣師大
技職教育測量與評鑑	李大偉	著	臺灣師大
高科技與技職教育	楊啟棟	著	臺灣師大
工業職業技術教育	陳昭雄	著	臺灣師大
技術職業教育教學法	陳昭雄	著	臺灣師大
技術職業教育辭典	楊朝祥	編著	臺灣師大
技術職業教育理論與實務	楊朝祥	著	臺灣師大
工業安全衛生	羅文基	著	臺灣師大
人力發展理論與實施	彭台臨	著	臺灣師大
職業教育師資培育	周談輝	著	臺灣師大
家庭教育	張振宇	著	淡江大學
教育與人生	李建興	著	臺灣大學
當代教育思潮	徐南號	著	臺灣大學
比較國民教育	雷國鼎	著	臺灣師大
中等教育	司琦	著	政治大學
中國教育史	胡美琦	著	文化大學

中國現代教育史　　　　鄭世興　著　臺灣師大

中國大學教育發展史　　伍振鷟　著　臺灣師大

中國職業教育發展史　　周談輝　著　臺灣師大

社會教育新論　　　　　李建興　著　臺灣師大

中國社會教育發展史　　李建興　著　臺灣師大

中國國民教育發展史　　司　琦　著　政治大學

中國體育發展史　　　　吳文忠　著　臺灣師大

如何寫學術論文　　　　宋楚瑜　著　臺灣大學

論文寫作研究　　　　　段家鋒　等著　政戰學校等

心理學

心理學　　　　　　　　劉安彥　著　傑克遜州立大學

心理學　　　　　　　　張春興　等著　臺灣師大

人事心理學　　　　　　黃天中　著　淡江大學

人事心理學　　　　　　傅肅良　著　中興大學

經濟‧財政

西洋經濟思想史　　　　林鐘雄　著　臺灣大學

歐洲經濟發展史　　　　林鐘雄　著　臺灣大學

比較經濟制度　　　　　孫殿柏　著　政治大學

經濟學原理（增訂新版）歐陽勛　著　政治大學

經濟學導論　　　　　　徐育珠　著　南康涅狄克州立大學

經濟學概要　　　　　　歐陽勛　等著　政治大學

通俗經濟講話　　　　　邢慕寰　著　前香港大學

經濟學（增訂版）　　　陸民仁　著　政治大學

經濟學概論　　　　　　陸民仁　著　政治大學

國際經濟學　　　　　　白俊男　著　東吳大學

國際經濟學　　　　　　黃智輝　著　東吳大學

個體經濟學　　　　　　劉盛男　著　臺北商專

總體經濟分析　　　　　趙鳳培　著　政治大學

總體經濟學　　　　　　鐘甦生　著　西雅圖銀行

總體經濟學　　　　　　張慶輝　著　政治大學

總體經濟理論　　　　　孫　震　著　臺灣大學

書名	著（編）者		服務機關
數理經濟分析	林大侯	著	臺灣大學
計量經濟學導論	林華德	著	臺灣大學
計量經濟學	陳正澄	著	臺灣大學
經濟政策	湯俊湘	著	中興大學
合作經濟概論	尹樹生	著	中興大學
農業經濟學	尹樹生	著	中興大學
工程經濟	陳寬仁	著	中正理工學院
銀行法	金桐林	著	銀行
銀行法釋義	楊承厚	著	銘傳管理學院
商業銀行實務	解宏賓	編著	中興大學
貨幣銀行學	何偉成	著	中正理工學院
貨幣銀行學	白俊男	著	東吳大學
貨幣銀行學	楊樹森	著	文化大學
貨幣銀行學	李頴吾	著	臺灣大學
貨幣銀行學	趙鳳培	著	政治大學
現代貨幣銀行學	柳復起	著	澳洲新南威爾斯大學
現代國際金融	柳復起	著	新南威爾斯大學
國際金融理論與制度（修訂版）	歐陽勛等	編著	政治大學
金融交換實務	李麗	著	中央銀行
財政學	李厚高	著	逢甲大學
財政學（修訂版）	林華德	著	臺灣大學
財政學原理	魏萼	著	臺灣大學
商用英文	張錦源	著	政治大學
商用英文	程振粵	著	臺灣大學
貿易契約理論與實務	張錦源	著	政治大學
貿易英文實務	張錦源	著	政治大學
信用狀理論與實務	蕭啟賢	著	輔仁大學
信用狀理論與實務	張錦源	著	政治大學
國際貿易	李頴吾	著	臺灣大學
國際貿易實務詳論	張錦源	著	政治大學
國際貿易實務	羅慶龍	著	逢甲大學